THE
JEWISH
DIASPORA

A Chronicle of Scapegoats,
Expulsions and Massacres

嫁禍、驅逐、大屠殺

求生存的猶太歷史

丘引——著

推薦序
我們，猶太人

貝里學院心理學榮譽教授　史蒂芬．貝爾博士

很高興為丘引的《嫁禍、驅逐、大屠殺：求生存的猶太歷史》撰寫推薦序。我不懂中文，必須承認沒有閱讀她的書，但我深信在深入研究這本書的章節和訪談丘引後，能夠真誠地推薦這本書。

丘引的故事和「流浪」經驗與我們的流亡有許多相似之處。我說「我們的流亡」是因為我是猶太人，而且超過半世紀以來，我一直是熱衷於猶太傳統的老師暨學生，我看到我們之間有許多雷同之處。

猶太人的流亡首先是遭到基督徒和其他國家的驅逐和種族屠殺，有許多人為了尋求更多機會和自由而主動離開祖國，倒也是真的，如我母親是波蘭移民，父親的家族逃離俄羅斯，主因是猶太男子被迫要在軍中服役二十五年。父親原名賽蒙．布施羅維奇 (Simon Buslovitch)，在申請牙醫學系時，他發現學校對猶太人的入學有名額限制，因此改姓為貝爾 (Bell)。我的父母後來在紐澤西州的肯頓定居，雙雙成為貝斯以色列猶太會堂的主席，而我就在這個會堂接受十年的希伯來文教育，舉行了我的成年禮及披上經文護符匣祈禱。

四十五年後，我追隨父母的腳步，移居到離紐澤西州一千五百公里的喬治亞州，並在羅馬城的羅德福猶太會堂擔任了兩任主席。

丘引的深入研究包括：從古至今東、西方國家的猶太人；我們和其他的「這本書的民族」（指妥拉，peoples of the book）之間的關係（指猶太教和基督教之間的關係）；歷史上與當前的反猶太主義；甚至是我們傳統的神祕主義等，都讓她的書成為猶太人的虛擬地圖集。

我很欣喜我們的故事、猶太人的故事將與讀者們建立聯繫，過去人們不能了解我們，因為太少像丘引這樣優秀作者的作品問世。

丘引譯

翻譯工作者侯秀琴校閱

It is a pleasure to write this review of Chiu Yin's forthcoming book, *The Jewish Diaspora: A Chronicle of Scapegoats, Expulsions and Massacres.* I do not presume to translate Chinese and must therefore admit to not having read her book, I do believe that after studying its chapters and interviewing Chiu Yin at length, that I can be truthful about this recommendation.

Chiu Yin personal story about her own "diaspora" mirrors our Diaspora in many ways. I say "our diaspora" because being Jewish and for over a half century being an avid teacher and student of our tradition, I see many similarities.

Our Diasporas were primarily driven by Christian and other State expulsions and genocide. It is also true that many of us left our homelands voluntarily to find opportunity and freedom. My mother immigrated from Poland. My father's family fled Russia because Jewish men were forced to spend 25 years in the Army, Born Simon Buslovitch, while applying to Dental School, he discovered there was a quota on admission of Jews. He changed his name to Bell. My father and mother eventually settled in Camden, New Jersey later both becoming President of Beth Israel, Synagogue while I attended 10 years of Hebrew Education; had my Bar Mitzvah; and wore Tephillin while praying.

I followed in their steps 45 years later, having immigrated a thousand miles from New Jersey to Georgia and serving two terms as President of Rodeph Sholom, in Rome.

Chiu Yin deep examination of Judaism throughout History, among the Eastern and Western nations of the World; our maternal relationship to other "peoples of the book"; Historic and current antisemitism; and even our mystical traditions make her book a virtual Atlas of our people.

I am pleased that our Story, our Jewish Story will find a readership heretofore unable to understand us because so little has been written so well by authors such as Chiu Yin.

Steven Bell, Ph. D.
Professor of Psychology Emeritus, Berry College
Wednesday, September 11, 2019

推薦序

雄心壯志的歷史鉅著

歷史學教授、《南方猶太歷史》期刊主編　馬克．鮑曼博士

丘引在著作中陸續完成一項傑出、重要的任務，把對美國猶太人與猶太民族的了解帶入中文世界。她的最新著作《嫁禍、驅逐、大屠殺：求生存的猶太歷史》是一項最雄心勃勃、最有意義的工作。我高度讚揚、推薦這本書給讀者。

丘引譯
侯秀琴校閱

Chiu Yin is fulfilling an outstanding and important task in her many writings bringing knowledge of American Jews and Jewry to the Chinese speaking world. Her current volume, *The Jewish Diaspora: A Chronicle of Scapegoats, Expulsions and Massacres* is a most ambitious and rewarding undertaking. I highly commend it to readers.

Mark K. Bauman, Ph.D.
Professor of History (retired)
Editor, Southern Jewish History

推薦序
最佳的資源與嚮導

亞特蘭大猶太廟高階拉比　彼得．伯格

丘引對猶太人的流亡做了獨一無二且難以抹滅的呈現，她的著作《嫁禍、驅逐、大屠殺：求生存的猶太歷史》展現出學問、知識與深入見解，對書籍、學識和個人成長具有價值，它的突出之處在於既是為理智也是為感情而寫。丘引確實是了不起的資源和嚮導，帶領讀者透過獨特視角與窗口，了解猶太人的歷史與價值。

侯秀琴譯

Chiu Yin presents what is unique and enduringly significant about the Jewish Diaspora. Her book *The Jewish Diaspora: A Chronicle of Scapegoats, Expulsions and Massacres* is presented with scholarship and insight and will be valuable for book groups, scholarship, and personal growth. This book stands out in that it is written both for the head and the heart. Readers will enjoy this unique window into Jewish history and values. Chiu Yin is a truly remarkable resource and an accessible guide.

Rabbi Peter Berg
Senior Rabbi of The Temple

推薦序

真實存在著

大屠殺的倖存者 托夏．史奈德

我的名字叫托夏．史奈德。我從小在波蘭的戈羅堅卡鎮度過。我的外婆、阿姨、姨丈、舅舅、舅媽和表兄弟姊妹都住在這個鎮上。我的父親是一家大型麵粉廠的會計師，母親是老師，哥哥朱利克大我兩歲。

一九四一年七月，德國人占領了我們的城，並在城裡建立隔都，對猶太人的迫害也開始了，包括必須戴上有大衛之星的白色臂章、嚴格配給食物，以及飢餓和疾病肆虐。

一九四一年十二月四日，納粹德國第一次大規模處決，有二千五百名無辜猶太男女和兒童在附近的森林中被槍殺了，之後又有兩次把猶太人大規模驅逐到集中營。我們的城被宣布為「把猶太人排除在外」，意思是沒有猶太人的城。

我和哥哥被帶到一個集中營名為利西夫齊的農場勞動營強迫種田。一九四三年夏天，哥哥才十六歲，他被槍斃了。

一九四四年三月，我們被蘇聯軍解放。

多年輾轉下來，一九五〇年，我在紐約結婚。我的丈夫是喬治亞理工學院的教授，而我教授希伯來

Chiu Yin, the Author of The Jewish Diaspora: A Chronicle of Scapegoats, Expulsions and Massacres, invited me to share my experience of the Holocaust during WWII. As my mother wished, "someone must survive to tell the world," and I am a survivor, I am happy to share my story in the book.

My name is Tosia Schneider I spend my early childhood in Poland in the town of Horodenka. In this town lived my grandmother, aunts, uncles and cousins.
My father was an accountant in a large flour mill, my mother was a teacher. I had a brother two years older, Julek.

In July 1941 Germans occupied our town and persecution of Jews began. A ghetto was established in town. We had to wear a white armband with the star of David on it. Food was severely rationed. Starvation and disease were rampant.

December 4, 1941 the first large scale executions took place. 2500 men and women and children were shot in the nearby forest.

Two more large scale deportations to concentration camps took place. Our town was declared "Juden Rein" free of Jews.

My brother and I were taken to a labor camp called Lisowce. In the summer of 1943 my brother was shot. He was 16 years old.

In March 1944 we were liberated by the Soviet army.
Years of wandering followed. I got married in New York in 1950. My husband was a professor at Georgia Tech. I taught Hebrew for many years.We lived in Atlanta since 1975. We have 3 sons and five grandchildren.

Tosia Schneider
urvivor of the Holocaust
October 18, 2019

文多年。我們從一九七五年在亞特蘭大定居至今，我們共有三個兒子和五個孫子。

丘引譯

前言

第二次世界大戰期間，猶太詩人艾新蘭德[1]逃離奧斯威辛集中營，到瑞士的邊界時身上沒有任何證件，瑞士移民官問他：「你幾歲？」他不假思索地回道：「我二千歲了。」

是的，猶太人流亡二千年了。二千年後，猶太人的流亡沒有結束，仍然繼續滾動。

一個星期五傍晚，安息日祈禱開始時，亞特蘭大猶太廟[2]的伯格拉比[3]問在場的大眾，你們的先人從哪裡來？此時，現場的人紛紛站起來表態，「我的祖父從俄羅斯來，祖母來自烏克蘭」、「我的祖父來自匈牙利，祖母來自立陶宛」、「我的爸爸來自白俄羅斯，媽媽來自德國」、「我的祖父從波蘭來，祖母是西班牙」、「我的爸爸來自瑞士，媽媽來自英國」、「我的祖父來自葡萄牙，祖母來自法國」……在場的我看得目瞪口呆，他們好像占滿了歐洲地圖，連南美洲也包羅在內，甚至有來自中東的伊拉克和伊朗。這一幕猶如電影場景，而隨後的祈禱唱歌時，大家口中唱出來的歌或念出來的祈禱文，竟全是希伯來文，如此的一致，怎麼不教我讚嘆連連呢！

二〇一七年聖誕夜，我邀請格列格和坦亞這對夫妻來家中共進晚餐，他們是我在二〇一三年於美東開車旅行六個月在北卡羅來納州威明頓城的接待家庭。格列格是電影攝影師，他們本來住在加州洛杉磯，隨著美國電影城外放，搬到北卡的電影城威明頓，如今亞特蘭大也是電影城，他們才再度搬家到亞特蘭大。他們問我這幾年在做什麼，我談起研究猶太人時，格列格突然說：「我是哈西迪猶太人[4]。」我驚訝地說：「哇！我在你們家住了幾天，竟然不知道你是猶太人，而且還是哈西迪！」早知道格列格是哈西迪猶太人，我真不該邀請他們聖誕夜來家中用餐，因為猶太人不只不過聖誕節，還覺得聖誕節是尷尬的節慶。

那趟旅行的另一個接待家庭是在佛蒙特州伯靈頓城的猶太作家馬克[5]，他的太太妲那則是社工，他們家的牆壁擺滿了書，我們共享了二〇一四年白雪皚皚的美麗柏曼交響樂的新年音樂會，馬克是樂團的小提琴音樂家，我們還一起看畫展。這兩個接待家庭剛好都是和異族或異教通婚的人，馬克甚至對我說：「妳想知道猶太媽媽怎麼教養孩子，我可以全盤告訴妳，我就是在那樣的家庭長大的。」馬克是紐約市布魯克林出生、成長的人，那裡幾乎是猶太社區的天下。

二〇一六年，我在慢跑時遇到正在蹓狗的大衛，我們開始互相教學，我教他中文，他教我猶太文化。後來我在他家住了半年，近觀和體驗猶太生活、文化和信仰，因而認識了大衛所有的親朋好友，也參加許多猶太家庭派對，進而看到猶太家庭凝聚力之強勝過華人。我看到大衛每天打電話給爸爸，爸爸也如此，他還常打電話給親戚，親戚也常打電話給他，簡訊更是不斷。例如二〇一九年九月底，在猶太新年祈禱會時，伯格拉比談到現代人的壓力時說：「就算我一天三次打電話給媽媽，還是覺得做得不夠。」

家中晚餐時間的客人，吃飯、聊天時若談起我在做猶太研究，偶爾就會有人告訴我，他或她是猶太人，拉力就是如此，他談起祖父母在東歐所受的折磨、壓迫、貧窮……而史蒂夫更告訴我，他的姓氏就是「利息之家」(Zinsenhelm)，點出猶太人在歐洲被禁止從事各種工作，只能做基督徒不可做的行業，就是借貸，也是現代的銀行。由於是「利息之家」，史蒂夫的祖父移民美國時是搭頭等艙。有一個朋友安的姓氏居然是李維特 (Levite)，屬於帶領猶太人逃離埃及的摩西和亞倫的李維 (Levi) 一族。還有一個教我猶太教的朋友史蒂芬，他的父母也來自東歐，還改姓成貝爾，他說：「我的爸爸和其他俄羅斯猶太男性若沒有移民，會被迫在俄羅斯服二十多年兵役……」史蒂芬是心理系退休教授，他的兄弟則是經濟學家。有趣的是，客人的家族流亡故事就順勢地在我家餐桌上蔓延開來。

猶太人是全世界最特別也最具特色的民族，他們是游牧民族，隨時準備遷移到另一個有水草的地方，這樣他們飼養的動物才有食物吃。

西元前六〇五年，猶太王國被新巴比倫攻陷，猶太先知耶利米預言猶太人將流亡七十年。當時有五分之一的猶太人被迫流亡到巴比倫，他們從沒想到在一夜之間會被迫離開定居了二千五百年的以色列土地。果然，波斯王居魯士大帝在猶太人流亡七十年時，讓他們回到耶路撒冷蓋第二座聖廟，直到西元前三三一年才被亞歷山大大帝攻下（這是指位於南部的猶太王國）。西元前七二〇年，北部的以色列王國先被亞述帝國摧毀，很多人逃到猶太王國，有的成為失落的十族。流亡讓一代代的猶太人心靈故鄉都是耶路撒冷，一如《詩篇》中說：「若我忘記您，喔！耶路撒冷，讓我的右手忘記她的靈巧。」

更早之前，猶太人的流亡史是在埃及為奴四百三十年。猶太人從法老王的座上客成為奴隸，從天堂下到地獄，暗無天日，所以得有人帶路逃離，還必須在荒野花四十年去除奴隸的思想和靈魂，才能進入上帝應許之地。

雖然猶太人善於遷徙，但他們不曾想過會在和羅馬帝國戰爭失敗後，從西元七〇年就流亡世界二千年，成為「斷腸人在天涯」，直到一九四八年才在以色列建國。而在這二千年中，猶太人是小小的一群人，他們有如醜小鴨夾在龐大的天鵝群，一直被美麗的天鵝擠壓。

猶太人二千年的流亡是一部不折不扣的偉大史詩。相較於白先勇筆下的《臺北人》，讓我們看到「外省人」經歷多年抗戰，一九四九年戰敗後，逃到臺灣時的落寞和緬懷往日美好時光。「五胡亂華」讓漢人心有餘悸的「恐怖戰亂」，很多人為此逃難到南方。不論是一九四九年的「國共內戰」失利或「五胡亂華」奔竄，華人畢竟還是在自己的文化或土地上生存。猶太人則完全不同，他們不只是「孤鳥插人群」，連宗教都和主流不同，偏偏主流又「不容異己」，他們被認為流的不是乾淨血液，很長時間都夾在「受洗或死亡」以及「受洗或再流亡」的夾縫中。而一再的流亡則成為猶太人的命運；加上歐洲邊界因政治不斷變化，國籍也不停轉換，終至成為因虛無而擁抱更廣大的世界，如知名畫家夏卡爾[6]和畢沙羅[7]就是明證。

納粹獵人西蒙．維森塔爾[8]在《每天都是紀念日》[9]中描述，羅馬帝國時，猶太人占羅馬帝國七～八%的人口，約四百萬人。若以相等人口的大不列顛群島計算，如今世界上該有二億猶太人。這突顯出猶太人在二千年的流亡中，因為堅持「做自己」，不斷被屠殺再屠殺，以致人口的成長和世界背道而馳。根據美國皮尤研究中心[10]的研究，二戰爆發前，一九三九年全世界的猶太人口數是一千六百六十萬人，二戰時六百萬猶太人被納粹屠殺了。再根據猶太空中圖書館[11]的統計，二〇一八年，全世界共有一千四百六十萬六千人，比二戰前還少。我將皮尤研究中心和猶太空中圖書館的統計結合，粗估若未發生二戰的種族清算，從一九三九年算起，如今世界上至少該有六千萬猶太人。

根據我的大屠殺倖存朋友托夏[12]出生於波蘭的扎列希基（現屬烏克蘭）[13]她在著作《有人必須活著告訴世界：回憶》[14]中描述，二戰爆發時其實有戰中戰，一九三九年九月一日，德軍入侵波蘭，殺死一些波蘭囚犯，換穿囚服後宣稱波蘭入侵德國。九月三日英法宣布對抗德國，為猶太人帶來希望。緊接著，托夏和其他波蘭猶太人看見蘇聯坦克上有波蘭軍人，以為是來幫忙，沒想到是將有錢的波蘭人和猶太人送到冷死人的西伯利亞，並將基督徒和猶太人分開，她就讀的學校改教授蘇聯文學、史達林和列寧，並由蘇聯老師教學，「我們被告知活在最美好的世界，但其實相反。」街上全是蘇聯紅軍，對待波蘭軍人如階下囚。一九四一年六月二十二日，德軍反攻蘇聯軍，她的家鄉成戰場。蘇聯軍撤退後，一九四一年七月四日，匈牙利軍隊進駐。烏克蘭國家主義者依照習俗用麵包和鹽歡迎匈牙利軍隊，數天後猶太人居多的城市卻紛紛傳來大屠殺，烏克蘭農人在神職人員高度尼克[15]帶領下把二百個猶太人綑綁，強迫他們上船，並將他們推入聶斯特河[16]活活淹死。本來以為匈牙利軍隊會比蘇聯共產軍隊好，沒想到他們也對猶太人大開殺戒，軍官們在托夏的祖母家用子彈掃射，逼猶太人跳舞娛樂他們。更慘的是德國軍隊來了，不但不許猶太人和非猶太人接觸，還把鎮上猶太人商店的物品全買光，商人本來因生意興隆而喜悅，沒想到猶太人的商店被迫全部交給雅利安人，而且從此不准進入自己的店，納粹隔都[17]也開始了。托夏家後來搬到戈羅堅卡城[18]，該城原有一半的人口是猶太人，二戰時被納粹屠殺，只有十二個人因躲在森林而倖存，托夏則是集中營的倖存者。

無獨有偶，畫家夏卡爾在納粹入侵法國後，原本不相信人性可以壞到那種程度，堅持不肯離開，美國記者一再警告夏卡爾，再不逃走將是死路一條。一九四一年，夏卡爾夫妻被偷渡到美國，他的家鄉白俄羅斯維捷布斯克[19]城的一半人口是猶太人，二戰後剩下二十三人。他出生的猶太小鎮利奧茲諾[20]離維捷布斯克四十公里，在一九四一年至一九四三年間則被納粹占領。

同樣是青少女，托夏因長相如雅利安人，雖在集中營被強迫勞動，但最終倖存，如今她和丈夫弗烈德有三個兒子和五個孫子女。而和托夏相差僅一歲，在荷蘭躲藏兩年的安妮・法蘭克[21]，滿十三歲時獲得生日禮物日記本，於躲藏期間寫了《安妮日記》，一九四四年八月一日寫下最後一篇，三天後被抓走了，一九四五年二月或三月在集中營死亡，重讀英文版《安妮日記》時心有戚戚焉。有「波蘭安妮」之稱的十八歲女孩瑞尼亞[22]的日記《瑞尼亞日記》記錄從一九三九年至一九四二年，直到她在波蘭普熱梅希爾的街上被納粹槍殺為止，日記在紐約的保險箱躺了幾十年後，直到二〇一九年九月底一出版，立刻上了《紐約時報》。兩個愛寫作、想當作家的女孩用她們的生命，意外成為歷史的見證人。

本書一共涵蓋二十一章，從第一章〈猶太人不只幫助猶太人〉開始，到最後一個章節〈療傷，和解，向前走〉，每個章節除了故事外還是故事。透過這些故事，你將認識什麼是真正的猶太人和猶太思想。

閱讀本書，將給你帶來無窮的好處，不只是你想像不到的故事；而且從這本書中看到猶太人一再流亡、受欺凌，一如海明威在《老人與海》中寫的「好漢可以被消滅，不可以被打敗」。不只這樣，他們仍高聲呼喚生命，依然站在世界前頭，不但從沒放棄希望，還在修補世界。二〇一九年九月底，猶太新年的三個祈禱會上，亞特蘭大猶太廟不斷懇請出席大眾做慈善，請帶食物銀行的塑膠袋回家，以便贖罪日[23]回來猶太廟時，帶食物給亞特蘭大的窮苦人，「請不只是提供你們多餘的食物，也請多做善事，將你們最好的食物分給貧窮的人。」誠如維森塔爾的名言：「為了你的好處，請從猶太人的悲劇學習。」讀完猶太人用二千年流亡所做的歷史見證，人生還有什麼不能跨越？請謹記，永保希望，就是深根的和平。Shalom!

---

1 Layser Aychenrand
2 The Temple
3 Peter Berg
4 Hasidic，猶太教正統派的一支，受到猶太神祕主義的影響。
5 Marc Estrin
6 Marc Chagall
7 Camille Pissarro
8 Simon Wiesenthal
9 *Every Day Remembrance Day*
10 Pew Research Org.，The continuing decline of Europe's Jewish population
11 Jewish Virtual Library，Vital Statistics: Jewish Population of the World, 1882-Present，https://www.jewishvirtuallibrary.org/jewish-population-of-the-world
12 Tosia Schneider
13 Zaleszczyki
14 *Someone Must Survive to Tell the World: Reminiscences*
15 Golduniak
16 Dniester river
17 意為「聚集區」，指都市中特定族群群聚生活的區域。
18 Horodenka，現歸屬烏克蘭。
19 Vitebsk
20 Liozna
21 Anne Frank
22 Renia Spiegel
23 猶太新年十天後就是贖罪日。

目錄

推薦序　我們，猶太人　史蒂芬．貝爾博士　003
推薦序　雄心壯志的歷史鉅著　馬克．鮑曼博士　006
推薦序　最佳的資源與嚮導　彼得．伯格　007
推薦序　真實存在著　托夏．史奈德　008
前言　010

第一章・猶太人不只幫助猶太人
槍殺安息日在猶太廟祈禱的人　024
弗蘭克被私刑　025
希伯來移民援助協會　028
猶太人散居世界各國　032

第二章・希伯來文暗藏玄機
希伯來文是唯一死而復活的語言　038
沒有母音的希伯來字母　039
上帝用的希伯來文和現代希伯來文不同　042
希伯來文由右到左　043
希伯來文大驚奇——數字準得嚇死人　045
希伯來文是打開《聖經》的鑰匙　047

第三章 • 行不改名，坐不改姓？改改改

猶太人取名字 052
猶太人姓氏的由來 053
姓不姓，猶太人大不同 055
出生地或職業成為猶太姓氏 058
行不改名，坐不改姓？ 060

第四章 • 猶太人如何作客他鄉二千年？

猶太人在中國 066
猶太人在印度——失落族 076
猶太難民移居荷蘭 078

第五章 • 美國的猶太人比以色列還多

猶太人因白皮膚入美國 084
移民美國三大波 085
從成衣工人到百老匯 088
美國城市的猶太人口分布 091
通婚 093

第六章 • 二千年前的猶太歷史悲歌

羅馬帝國不懂猶太人 102
猶太人的渴望 104
猶太人貧富不均 105
歷史的悲劇與猶太人的反省 106
亡國亡廟後分崩離析 108

第七章・智者與領導者

猶太人諾貝爾獎得主全球居冠 114　猶太人傑出的背後 115
拉比中的拉比 119　優秀領導者養成教育 121

第八章・猶太教是基督教和伊斯蘭教的媽媽

猶太教很小又很大 124　亞伯拉罕是猶太教的創始人 126
十誡 128　基督教 130　伊斯蘭教 131
猶太教是基督教和伊斯蘭教的根 134

第九章・猶太神祕主義

偉大的預言家：諾斯特拉達姆士 139　什麼是猶太神祕主義？ 140
諾貝爾和平獎得主學習卡巴拉的經驗 143

第十章・彌賽亞有別

彌賽亞的定義 149　彌賽亞何其多？ 151

第十一章・教皇國綁架猶太小孩

猶太小孩是義大利國的催生者 158　梵蒂岡綁架猶太小孩 160

爭議　161　教皇的道歉　163

第十二章・嫁禍，屠殺，血祭誹謗

修士造謠血祭誹謗　170　指控血祭誹謗的背後　171
血祭誹謗從中世紀進入當代　172

第十三章・黑死病的代罪羔羊

黑死病爆發，為什麼猶太人沒死？　178　猶太人的墓誌銘　179
謠言、謊言、殺人　181

第十四章・教皇焚書，拉比流淚

基督教國家禁讀猶太書　188　教皇下令，法國焚書　189
教皇國焚燒義大利猶太人家的書　191　什麼是《塔木德》？　193
納粹焚圖書館藏書，猶太人居首　194

第十五章・猶太人被驅逐的背後

英國國王愛猶太人的錢　201　法國國王拍賣猶太人財產　203
西班牙和葡萄牙：發現新大陸的是猶太人　205　東歐恨猶太人恨過頭　212
猶太人在一夜之間滾出中東　215

第十六章・隔都！革掉猶太人的命
教皇國是始作俑者 220
隔都的模樣 221
拿破崙毀隔都的祕密 222
二戰猶太人隔都遭大屠殺 225

第十七章・啟蒙和解放
猶太啟蒙和解放猶太人 230
啟蒙運動 233
解放 234
波蘭——解放猶太人的先驅 235
美國解放猶太人 236
歐洲解放猶太人三階段 237
法國是猶太人的巴勒斯坦 239
拿破崙解放歐洲猶太人 243

第十八章・集中營知多少？
集中營知多少？ 248
希特勒的十二年大事年表 255

第十九章・猶太小孩躲貓貓
希特勒的種族論 266
二戰中只有六～一一%猶太兒童倖存 269
搶救兒童的難民火車 271
搶救孩子的英雄 273

第二十章・戰後，猶太難民

逃難船被驅逐 286　美國 289　以色列 291
澳洲 293　猶太人口的變化 295

第二十一章・療傷，和解，向前走

倖存者面臨的困境 300　流離失所營 301　療傷 303
挑戰上帝 305　和解 308　向前行 320

後記 324

第一章
猶太人不只幫助猶太人

槍殺安息日在猶太廟祈禱的人

二〇一八年十月二十七日星期六，在美國匹茲堡城的生命之樹猶太廟[1]，發生美國有史以來對猶太人最大的槍擊案，十一人當場成為槍下亡魂，六人受傷，其中包括四名警察。

槍擊案發生時，生命之樹猶太廟正舉行安息日聚會。安息日從星期五太陽下山到星期六太陽下山為止，是猶太人的「聖日」，也是他們眾多慶典中最為重要的。猶太人在安息日不工作、不旅行、不開火做飯，甚至不拿筆寫字、不用手機、不用電腦、不接電話，也不能花錢，連電梯都事先設定自動化；他們也會打扮得漂漂亮亮和家人相聚，完全休息和祈禱、敬拜上帝，並研讀猶太經典。

猶太廟是猶太人的家，他們不只在猶太廟安息日祈禱，也舉辦慶典。猶太廟還開設很多課程，如猶太教、猶太文化、猶太歷史、猶太哲學、希伯來文……我每個星期一晚上都在猶太廟接受猶太教育；亞特蘭大的猶太廟，星期日的兒童主日學課程就有七百五十個孩子參加。猶太廟也有圖書館，本書有部分內容就是在猶太廟的圖書館所寫成。此外，猶太廟也提供娛樂，如猶太女人一星期有好幾天會在猶太廟分組打麻將（每次僅兩小時，輸贏約臺幣一百元上下，有些不玩錢的）消遣、社交和為公益募款。

既然猶太廟是猶太人的家，跑到人家家去槍殺人，怎麼都說不過去，何況信仰自由是美國憲法所賦予的。匹茲堡城槍擊事件不只嚇壞了猶太人，也震驚了美國各種族的人，尤其是少數民族，深恐自己也成為被攻擊的對象。同時，也激發出人性的光明面，我任教的天才學校圖書館老師伊蓮是猶太人，她告訴我，匹茲堡城的穆斯林社區大力為這次受難者的喪禮募款。我參加亞特蘭大猶太廟針對槍下罹難的十一個猶太人的守夜亡魂活動，不分族群和信仰的人都湧入猶太廟致意，穆斯林、基督徒……把現場擠得水泄不通，連臺灣在亞特蘭大的佛寺也舉行類似的安魂活動。

四十六歲的嫌犯羅伯特．鮑爾斯[2]是反猶太主義，也是白人至上主義的分子，案發後立刻被逮捕，並被控以二十九項聯邦罪與三十六項州罪。儘管嫌犯聲稱槍擊猶太人是因為痛恨猶太人組織——希伯來移民援助協會（HIAS[3]），這個協會不只幫助猶太人移民美國，也幫助非猶太難民移民美國。事實上，這個槍擊案和發生於一百多年前的弗蘭克被私刑事件有關，關鍵在於反猶太人，都是歧視、仇恨猶太人。只是這次把HIAS拉進來，並突顯了猶太人組織不只是幫助猶太人，也幫助非猶太人，意外打破許多人對「猶太人是團結且只幫助猶太人」的刻板印象。更意外的是，一炮打響了HIAS的知名度，讓這個一百多歲的非營利組織爆紅，還粉碎了有些人以為猶太人歧視其他族群的反思考。

弗蘭克被私刑

反誹謗聯盟[4]在槍擊案發生時，立即表示這起槍擊案是美國史上對猶太人最嚴重的一次攻擊事件。這是因應美國歧視黑人、猶太人、天主教徒及有色人種的三K黨[5]而誕生的組織。起因是一百年前發生於亞特蘭大的一樁私刑猶太人事件，被私刑的人叫做弗蘭克[6]。當時是白人至上主義時代，只要不是白人，在宗教上非基督教徒[7]就會被暴力相對，他們時常對黑人動用私刑，尤其是在美國南部，而亞特蘭大位於喬治亞州，地緣在美國東南部，屬於深南部[8]，又是聖經地帶[9]，正是三K黨活躍之地。弗蘭克被私刑事件太過震撼，當年還上到聯邦法庭。一百多年來，這個事件不斷被改編且搬上大螢幕或舞臺劇演出。

一八八四年，弗蘭克出生於美國德州，在紐約市布魯克林長大，畢業於美國名校康乃爾大學。一九〇八年應聘到亞特蘭大的美國國家鉛筆公司[10]擔任監管；一九一〇年，他和亞特蘭大的富家女塞利格[11]結婚。一九一三年四月二十七日，十幾歲的女孩法根[12]因鉛筆原料碳不足而沒有工作，到工廠領薪水時卻慘遭謀殺。工廠的黑人清潔工康利[13]報案並在法庭上作證，暗示是弗蘭克姦殺女孩並付他二百美元將屍體拖到地下室。康利個性暴戾，酗酒成性，經常借錢不還，他的話本不足採信。但當年美國南方是三K黨的天下，法庭審判時，只要是對弗蘭克有利的證詞，現場暴民立刻噓聲四起；若作證對弗蘭克不利，則是雀躍聲和口哨聲淹沒法庭。

弗蘭克最終被關到離亞特蘭大一百二十公里的米利奇維爾小鎮[14]的監獄，一九一五年八月十六日，亞特蘭大州長史坦[15]認為弗蘭克無罪，判死刑太過分，但若無罪釋放，仇恨猶太人的三K黨暴民將對弗蘭克動用私刑，因此將弗蘭克從死刑改為無期徒刑。不料隔天弗蘭克馬上被其他白人罪犯鞭打並割裂身體，三K黨更把他帶到法根的出生地，吊掛在樹上私刑至死。

一九八三年，弗蘭克事件發生的七十年後，見證人佐曼[16]說出事情的真相。案發時，佐曼只有十四歲，那天正在工廠工作，他看到康利扛著已昏迷但尚未死亡的法根到地下室，康利看到後不但追打佐曼，還恐嚇如果說出去就會被殺。佐曼對父母說了事情的經過，想要出庭作證，但父母卻反對說別給自己找麻煩。「在我死之前，必須把當時看到的說出來，還原事情的真相，是康利殺死法根的。」這出現在《紐約時報》於一九八二年三月八日的一篇文章〈沉默六十九年後，私刑事件被澄清了〉[17]。

這個事件在猶太人世界裡早成為不可說的禁忌，許多亞特蘭大或喬治亞州的猶太人怕被三K黨私刑，紛紛把家人送到其他城市定居。而弗蘭克原是亞特蘭大猶太廟[18]的會員，事件發生後，猶太廟在幾十年間很難招到新的會員。在美國歷史上，弗蘭克是唯一被私刑的猶太人。住在亞特蘭大的律師馬文[19]終生研究弗蘭克的案子，他總結出被私刑的原因只有兩個：一，他是猶太人；二，他在紐約市長大。而三K黨的人不只仇恨猶太人，也不喜歡從紐約市來的人。

當時猶太人到哪裡都成功，他們是店主或公司、工廠的老闆，對白人至上主義者的三K黨來說是無法忍受的仇恨，因為這表示他們不如猶太人。我的猶太歷史教授鮑曼[20]在著作《希伯來仁慈聚會所：不辜負名義和傳統；聖殿及其會友》[21]中記錄著：一八五〇年時，亞特蘭大的人口才二千五百七十二人，其中僅有二十三個猶太人，而他們的商店或工廠卻占了十分之一，也就是說，亞特蘭大地區每十間商店或工廠就有一間是猶太人的。

為什麼亞特蘭大的猶太人會那麼成功呢？和猶太領導人麥耶的領導能力、才華和熱情有關。一八五〇年，出生於巴伐利亞的麥耶[22]，在德國時是培訓牙醫，但定居於亞特蘭大後不只是牙醫，還開設了公司，也協助當地的公共教育系統，並創立了亞特蘭大第一個猶太組織「希伯來慈善協會」，照顧孤苦無依的猶太孤兒和窮人，那是「希伯來慈善會所」的前身，也是如今的亞特蘭大猶太廟；不僅如此，美國南北戰爭期間，麥耶還是美國聯邦的將軍。麥耶辭世時，亞特蘭大地區的學校全部停課並出席葬禮。

麥耶當時認為亞特蘭大正在修建鐵路，適合發展，於是號召擅長做生意的德國猶太人移居亞特蘭大。後來德國猶太人陸續移入，中歐和東歐的猶太人也跟著加入，在猶太人的從商能力下，二〇一九年，亞特蘭大發展為美國電影大城之一，也是美國第八大猶太城。一九三〇年美國經濟大蕭條時期，猶太商人柯力夏伯[23]慷慨捐了數百萬美元給亞特蘭大猶太廟，讓猶太廟中拉比[24]們的薪水因此提高不少。

身兼作家和電視製作人的摩根索三世[25]為家族撰寫的《摩根索家庭社會史》[26]中指出：德國猶太人非商即農，也就是指每個人都該做生意，生意做不來，就去當農民。像摩根索三世的父親有學習障礙，祖父便要他輟學，跟著自己學習，兒子設計房子，爸爸賣房子。但摩根索三世的爸爸還是做不來，爺爺對他說：「那麼就去做農業吧！」但猶太人務農不是下田工作，而是要他去拜訪美國農業部部長，部長認為紐約適合發展農業，派人帶他到紐約找農場。摩根索三世的爺爺後來成為美國外派土耳其大使，爸爸則成為美國農業部部長。

從這些點來看，德國猶太人似乎很像八爪章魚，什麼都能做，能文能武，而且都相當傑出。

希伯來移民援助協會

HIAS是猶太社會裡人人皆知的組織，因為許多猶太人是透過HIAS的幫助而移民到美國。HIAS成立於一八八一年，最初是為了幫助猶太人逃離俄羅斯和東歐大屠殺而設立，連現任美國總統川普的女婿兼白宮資深顧問庫許納[27]的祖父母，當初走投無路時也是受到HIAS的幫助才能移民美國。同年，一個要移民美國的猶太人死在抵達紐約的船上，猶太人埋葬同胞後發現抵達美國，需要有個落腳和吃飯的地方，因此在紐約市曼哈頓下東城[28]成立了「猶太人移民之家」[29]。有了落腳地，也有飯吃，但更重要的是如何移民美國，如何成為美國人，如何找工作，如何謀生……這些層出不窮的新移民需要一個組織幫忙解決問題，HIAS因此成立。

目前已經成立一百三十年，即便發生槍擊案，該網站上「歡迎難民們」的大大字眼仍宣示了組織的使命感，旨在保護被迫害的人權，如猶太人在原居國家被大屠殺，人權不保，非得移民保障人權的美國不可。而HIAS的網站上開宗明義就說：HIAS在世界各地開展工作，以保護因其身分而被迫逃離家園的難民，包括種族、宗教和少數群體。一百三十多年來，ＨＩＡＳ一直在幫助難民安全和尊嚴地重建生活[30]。

要了解猶太人，非了解ＨＩＡＳ不可；要了解華人，也非了解猶太人不可；要了解自己，也非了解猶太人不可。這話聽起來有些蹊蹺，但繼續讀下去，你會發現華人和猶太人在某種層面上具有相當程度的相連性，而ＨＩＡＳ則是最適合進入猶太人世界的一把鑰匙。

創辦人之一約翰．伯恩斯坦[31]，他的兒子愛德華．本頓[32]律師在接受霍華德．西門斯[33]於《猶太時刻：美國猶太人經驗之聲》[34]訪談時，提及他的爸爸十八歲時單槍匹馬來到美國，白天在叔叔的工廠工作，晚上去上夜補校。受了教育，懂英文後便換工作，在非猶太人律師事務所擔任速記員，存到錢後就接媽媽、弟弟和繼妹到美國來。由於在律師事務所工作，他利用晚上時間到法學院研讀，順利成為律師。伯恩斯坦有知識能力了，和幾個猶太人知識分子一起成立ＨＩＡＳ來幫助其他猶太人。

我們從伯恩斯坦身上看到猶太人的勇敢、勤勞、節儉、向學、轉換能力和同理心，幫助了數百萬猶太人。後來，伯恩斯坦告訴兒子，ＨＩＡＳ是非常重要的組織，要兒子積極參與，因此本頓於一九三四年參與組織活動，緊接著，德國納粹組織的大頭目希特勒開始扶搖直上，權力高升，人人皆知他要迫害猶太人，而ＨＩＡＳ在第二次世界大戰期間就格外重要和活躍。

我們從本頓口中知道猶太人從伊朗到了土耳其，找上當地的天主教組織，確認是猶太人身分後就會被安排到維也納；但維也納不能久留，立刻再轉到義大利。ＨＩＡＳ在義大利的職員協助猶太人準備需要的文件和檢驗等所有必須的動作後，再將人船運到美國。到美國後，ＨＩＡＳ的成員會接船或接機，將人轉機到克利夫蘭，再由當地組織接下協助移民的棒子，也就是說，在紐約下船後，若猶太人要留在紐約，就會由紐約新美國人協會ＮＹＡＮＡ[35]接手。

因為敘利亞不准任何人離開該國，但猶太女孩在當地找不到猶太男人結婚，HIAS就會安排她們離開敘利亞，進入美國後，再安排她們和適當的猶太男人婚配。

本頓的太太以斯帖也是律師，以斯帖的媽媽個性獨立，看到姊姊和不認識的男人結婚，不想要有同樣的下場，單槍匹馬於一八九一年透過HIAS安排入境美國，身上帶著一個猶太同胞的地址，為了保護她的安全，HIAS一方面安排她入住和洗滌長途跋涉的疲憊，一方面派人調查那位猶太同胞，發現他有妻子和五個孩子。HIAS確定這個同胞是有責任感的人後，才放行以斯帖的媽媽到家中同住。以斯帖記得童年時和媽媽常將銅板投入HIAS放在廚房的小型捐獻箱裡，這是她們在美國立足後給HIAS的回饋。

一八八一年到一九一四年之間，大約有二百萬個猶太人移民美國，西門斯的爸爸與他的父系和母系等四個祖父母都在此期間來到美國，同樣受到HIAS的安排，這些移民大多屬於東歐猶太人。

現在讓我們來看看一個移民者的經驗，思奎爾的媽媽出生於立陶宛的小村莊，她爸爸是到處兜售的小販，騎馬到哥薩克的村莊做生意時，錢和馬都被偷了，甚至慘遭凌虐至死。思奎爾的外婆沒有了依靠，處境艱難，她知道孩子留在那裡沒有未來，就把十七歲的長子送出去。第二年，思奎爾的舅舅便寄錢回家，她的外婆就安排只有十二歲的女兒（思奎爾的媽媽）到美國投靠哥哥，把錢放在女兒的襯裙裡，並教她「若有人問妳有沒有錢，就說沒錢」。

當思奎爾的媽媽抵達紐約港的花園城堡移民站[36]時，哥哥沒有來接她，嚇得她以為要被遣返立陶宛，孤單地在移民中心過夜。第二天，HIAS的人和她會面並帶來噩耗，她的哥哥兩天前因工作場所發生爆炸，送到猶太人的西奈山醫院時不治身亡。隨後，思奎爾的媽媽就被安排到工廠工作，每天操作機器。思奎爾說她的外婆當年曾對即將離別的女兒提及關於妓女的事情，不知是否在暗示女兒，在不得已的情況下也需要求生存。如果沒有HIAS的安排，思奎爾的媽媽可能會淪為妓女。由此可見，對當時猶太人而言，HIAS是救命恩人，更是未來的希望。

如今改名為柯林頓城堡[37]的花園城堡是美國第一個移民站，從一八二〇年到一八九二年，共有八百萬人進入紐約港，相當於今天約一億個美國人的祖先從歐洲搭船進入紐約港時，第一個報到處的就是花園城堡移民站。

埃利斯島[38]繼花園城堡之後成為美國的移民管理局，位於紐約州和紐澤西州紐約港之間的一個島嶼，和自由女神像相鄰。從一八九二年到一九五四年，許多華人移工當時是從埃利斯島進入美國的前哨站。史塔克是退休的意第緒語[39]老師，她是搭大船而非拖翼船進入埃利斯島，她說那裡的味道太可怕了，生病、死亡是平常事，但有些人在那兒等待很久，若沒人來接就會被遣送回去。她算是幸運的了，因為叔叔和叔公來埃利斯島接她，很快就入境美國。

HIAS不只安排猶太人離開原來定居的國家，以及接駁他們入境美國和轉往其他城市，還提供金錢給剛下船的猶太人，讓他們不會身無分文，惶恐不安，布克史的爸爸說，HIAS安排從各地到美國的移民時，提供了五美元或十美元，這在當時是一筆大數目，剛到新土地的移民有了盤纏，發展就比較有利了。

布克史是愛荷華州購物中心發展商，他的爸爸原本身處奧匈帝國，那裡的猶太人處境非常糟糕，很多人請教拉比該怎麼辦？拉比對猶太同胞說：「你們該去美國。」於是，家家戶戶的爸爸和長子於一九一二年離家上路了，包括布克史的爸爸和哥哥，留下太太和七個孩子。

當船抵達美國時，他們在船上被問道：「除了紐約，是否願意去別的地方？」對於什麼都不懂的新移民，不覺得其他地方和紐約有什麼差別，因此同意了。於是，載著他們的船停靠在馬里蘭州的巴爾的摩，下船後就轉往德州的加爾維斯敦[40]，HIAS的人再將整艘船的人分成五、六個團體，送上火車分散到愛荷華州的不同城市；抵達不同城市的火車站時，不論多晚，一定有HIAS的人在火車站接人。當時迎接布克史爸爸和哥哥的高博格曾戲謔道：「當時接得真累啊！才接完一群車班很晚的人，又得立刻去火車站接另一群更晚抵達的人，真是馬不停蹄啊！」

因為HIAS把同鄉、同船的人分散到愛荷華州的不同城市，日後布克史的爸爸到其他城市做生意時，還可以順道看看鄉親朋友，從這裡約略可看出HIAS對新移民的居所安排考慮非常深遠。

猶太人的思考模式非常不一樣，俗話說團結力量大，但對他們而言，分散也是力量。當猶太人分散到不同城市，他們做生意時就不會削價競爭，也不會傾軋，反而因為有些距離，得以每年相聚和互相交流訊息，更加珍惜彼此，擁有更大的發展空間。

有HIAS的安排和協助，不論單身或已婚，猶太人在美國的發展快速——因為有膽了。相對於華工移民美國的血淚史，低薪、可憐、被剝削、已婚卻單身[41]、不懂英語、沒膽、沒組織、不敢反抗、不敢罷工等，以致埋下美國《排華法案》不准華人移民的種子。用此做對比，我們就能了解猶太人和華人的大不同。

猶太人散居世界各國

美國有HIAS幫助被壓迫、被大屠殺、被歧視等移民美國的猶太人，所以他們散居世界各國時，以移民美國的數量最多，足以和一九四八年五月十四日以色列復國時的人數匹敵。

有些猶太家庭移居同一個國家，這樣相聚便利；有些則分散各國，猶如聯合國。例如退休的美國地方法院法官馬洛必茲[42]，他的父母來自立陶宛第二大城考納斯[43]。馬洛必茲的爸爸在一八八九年抵達美國，出生於一八七四年的媽媽也大約在那個時候到達，當時她年僅十五歲，和十三歲的妹妹跟著大哥移民美國。馬洛必茲的三個舅舅離開立陶宛後，分別移民到愛爾蘭的都柏林、南非的約翰尼斯堡、澳洲墨爾本。

像馬洛必茲這樣的猶太家庭不在少數，他的媽媽在立陶宛沒有上過學，來到美國後，大哥立刻安排她和小妹到血汗工廠工作。她一心想學習，工作之餘就去聽課。其中有兩個讓她印象最深刻的課程，一個是說美國聯邦工人組織的創辦人龔帕斯[44]，他是猶太人；另一個令她感動的是美國前總統林肯，他的全名是亞伯拉罕·林肯，而第一個信奉猶太教的人也叫做亞伯拉罕，猶太人稱他是男性族長或祖先。因此，她一直認為林肯是猶太人。

馬洛必茲的媽媽一聽到講課的人說林肯在廟裡遭到槍殺（實際是在福特戲院被槍殺），更是一口咬定林肯是猶太人，因為猶太人說的猶太廟除了會堂或會所，也稱為廟。馬洛必茲說：「我媽媽到臨死時都深信林肯是猶太人，沒有人能說服她林肯不是猶太人。」真是個美麗的錯誤。

ＨＩＡＳ為猶太人移民美國開啟一條路，成功為猶太人在美國立足、發展奠定了基礎，更讓許多猶太人逃出大屠殺的危機。若沒有ＨＩＡＳ的幫助，猶太人可能不會有今天在美國或世界的地位或發展，猶太人的諾貝爾得獎人數必然也會大大降低（猶太人之中，以美國猶太人獲得最多諾貝爾獎）。

由此可知，猶太人善於成立組織和活用知識與教育背景為他人謀福利，ＨＩＡＳ就是由一群受過良好教育的猶太人所設立而成，其點線面的組織方式，以及受過幫助的猶太人願意回饋，讓ＨＩＡＳ的力量茁壯不枯萎，繼而幫助生命危險的非猶太人移民美國，這也是華人難以望其項背之處。

1 Tree of Life-Or L'Simcha Congregation，希伯來語：עץ החיים– אור לשמחה。
2 Robert G. Bowers
3 HIAS:Hebrew Immigrant Aid Society
4 Anti-Defamation League, ADL，https://www.adl.org/。
5 Ku Klux Klan
6 Leo Frank
7 天主教也是基督教，屬於舊教，而基督教屬於新教，但在那時期，天主教徒也在被歧視的範圍之內。
8 Deep South
9 Bible Belt
10 National Pencil Company
11 Lucille Selig
12 Mary Phagan
13 Jim Conley
14 Milledgeville
15 John Staton
16 Alonzo Mann
17 AFTER 69 YEARS OF SILENCE, LYNCHING VICTIM IS CLEARED，https://www.nytimes.com/1982/03/08/us/after-69-years-of-silence-lynching-victim-is-cleared.html。
18 The Temple，是電影《溫馨接送情》中的猶太廟，曾被白人至上主義者丟炸彈，炸毀猶太廟。
19 Dale Marvin
20 Mark K. Bauman
21 *The Hebrew Benevolent Congregation: Living Up to the Name and the Legacy: The Temple and Its' People*
22 David Mayer, 1815-1890
23 Victor Kriegshaber
24 拉比在希伯來文是老師或學者的意思，特別是研究和教授猶太法典的人。他們整天學習、研究和教導、詮釋猶太法典，非常博學，為猶太人解決困難，也被稱為智者。
25 Henry Morgenthau III
26 *Morgenthau Family Social History*
27 Jared Kushner
28 Lower East Side
29 the Hebrew Sheltering House
30 HIAS works around the world to protect refugees who have been forced to flee their homelands because of who they are, including ethnic, religious, and sexual minorities. For more than 130 years, HIAS has been helping refugees rebuild their lives in safety and dignity.
31 John L. Bernstein
32 Edward M. Benton
33 Howard Simons
34 Voices of the American Jewish Experience: Jewish Times
35 New York Association for New Americans
36 Castle Garden，http://www.castlegarden.org/。
37 Castle Clinton National Monument
38 Ellis Island
39 Yiddish，在德國和東歐猶太人說的語言，屬於混合德語和希伯來語的一種變語。

40 Galveston Texas

41 指把太太、孩子留在中國家鄉，獨自到美國打工，再把錢寄回家鄉，沒有親人同住的人。

42 Abraham Lincoln Marovitz

43 Kovno，也稱 Kaunas

44 Samuel Gompers

第二章 希伯來文暗藏玄機

希伯來文是唯一死而復活的語言

希伯來文有三千年之久，是世上古老語言之一。許多語言在時間更迭中，從地球上永久消失了。第二猶太聖殿於西元七十年被羅馬帝國焚毀後，猶太人散居世界各國。二千多年，猶太人沒有自己的國家，為了生存只好放棄自己的語言，轉而使用當地國語言，希伯來文就從猶太人的生活中失去作用。由於聖殿被毀，猶太人的祭祀從聖殿走出來了。拉比開始強化猶太人從小學習閱讀和書寫，並持續以希伯來文做為祭祀、祈禱之用，從此進入拉比聖經的階段，也在猶太廟擔任教學與安息日或節慶等傳承工作。

雖然猶太人散居世界各國，仍然到宗教學校學習希伯來文和猶太教，他們的安息日及各種節慶必須使用希伯來文，希伯來文成為祭祀和祈禱使用的語言，與生活無關。猶太人耶胡達[1]從小在蘇聯出生長大，五歲學習猶太教經典《妥拉》[2]、十歲學《密西拿》[3]、十五歲則學《塔木德》[4]，這是一般猶太小孩成長的必然過程。耶胡達年輕時到法國讀書，歐洲正好是啟蒙運動時期，看到一八二九年希臘人受到古典雅典和一八四九年義大利人受到古典羅馬而復興的影響。耶胡達和猶太復國主義運動者接觸，復國一定要恢復語言的觀念因此誕生。他開始設計現代生活用的希伯來文，將祭祀用希伯來文做為字根、字首，每個字根、字首設計了二十～三十個字，這些字雖然意思不一樣，但都是同個家族；還發明了一套規則，讓說希伯來語的人可以套用古代的文本來講現代話。

一八八一年猶太人被大屠殺，耶胡達和許多猶太人遷居到巴勒斯坦的「以色列土地」，是第一批阿利亞[5]。他在巴勒斯坦創立報紙，每天寫文章，也在報上教導自創的希伯來文單字，這是希伯來文重新誕生的開始。當時，從東歐回到巴勒斯坦的人原本說的是意第緒語，但他們放棄意第緒語，改學希伯來文。

為了讓希伯來文死而復活，耶胡達只教兒子希伯來文，他的兒子成為二千五百年來第一個猶太母語的使用者，而且只會說希伯來語。後來第二批阿利亞猶太移民到巴勒斯坦，耶胡達繼續在報上和學校開課教授希伯來語，兩批移民共五萬人成功成為希伯來語的奠基者。愛爾蘭人看到猶太人讓希伯來文復活，也複製做法，可惜失敗了。而失敗的原因是愛爾蘭人已學會英文，沒有恢復自己古老語言的動機。

至今，全世界消失的古老語言，只有希伯來文成功復活。

沒有母音的希伯來字母

很久以前，中東和近東地區有一種語言叫做黎凡特[6]語，是指太陽升起的「東方」，屬於猶太語言，廣義是義大利以東的地中海一帶所使用，後來影響了猶太教、基督教和穆斯林。我在亞特蘭大的麥可卡洛斯博物館[7]參觀埃及、希臘和中東地區的古物時，發現黎凡特語的文字書寫相當簡化，而希伯來文和阿拉伯文都是黎凡特語。簡化後便成為西方諸多語言的根，如拉丁語、英語、西班牙語、法語等，表示希伯來文和西方語言有著間接關係。

希伯來文只有二十二個字母，全是子音。我學習希伯來文時，驚訝地發現兩個母音 Alef 和 Ain 都不發音，而發音的全是子音！

國中時學英文有母音 a、e、i、o、u，後來又學西班牙語，也一樣有這些母音；臺灣熟悉日語的人不少，也有母音的設計。各種語言有母音相當普遍，母音從聲帶出發，讓聲音聽得清楚，子音則尾隨其後，如臺灣使用的注音，ㄇ是子音，ㄚ是母音，兩個結合一起，ㄇㄚㄇㄚ就是媽媽。以英文來說，採用羅馬字母表，在有限的二十六個字母中，挑出a、e、i、o、u當母音，有時y也成為母音，例如m是子音，含在嘴唇中，加上母音a，就可以清楚發出ma的音；同樣地，b是子音，加上母音a就變成ba，這就是母音的作用。

希伯來文和英文不同，它和其他閃語（猶太人是閃族）一樣只有子音，而兩個母音都不發音就等於沒有母音。不過沒有母音並不影響閱讀希伯來文，從上帝留下《妥拉》時便是如此。我參加安息日時，拉比請我們一起閱讀卷軸的《妥拉》，但沒有母音還要能讀出來，實在不容易。沒有母音的希伯來文究竟用什麼當母音？用「⋯⋯」、「T」表示母音，叫做點點母音[8]，希伯來文共有九個點和線，大多標示在字母下方，也有一些點落在字母的左上或右上方。這些點和線究竟是誰創造出來的？

猶太人說是上帝創造的。上帝在埃及西奈山除了傳給摩西《妥拉》文本外，也包含口傳的《妥拉》，猶太人稱為《塔木德》。上帝用那些點和線做為母音，口授《妥拉》給摩西。

為什麼希伯來文字母全是子音？因希伯來文字母是身體；那些點和線不但做為母音，更表示著靈魂；而第一個字母 א (Alef) 意即上帝在我們的靈魂裡。這些點和線造就了猶太人辯論的開端，而辯論是歧義力量的衍生。

也許你想問：「文本《妥拉》和口傳《妥拉》都是上帝在西奈山給摩西的，為什麼前者沒有母音，後者卻有母音呢？根據蕭頻[9]在〈為什麼《妥拉》中沒有母音〉[10]文中回答一個要在十三歲成年禮中誦讀《妥拉》的人，但因為沒有母音而增加誦讀的困難度，「這就是歧義帶來的力量。」以下是進一步解釋：

> 歧義可使文本產生多種意思，使口傳《妥拉》更無限制，這傳達了上帝的力量無遠弗屆。所謂歧義的

力量，是指因不同意義而需要辯論，透過辯論引申出寬廣的思維或得出正確的結論。如牛奶的希伯來文是חלב(chaleiv) 或 חלב(chalav)，而脂肪是 חלב(cheilev)，除了母音的點有些不同外，這兩個希伯來文看起來一樣，但口說就不一樣了，能夠分辨出牛奶和脂肪。重點來了，猶太人的飲食得符合「可食」(Kosher) 的規定，例如希伯來文的 לֹא תְבַשֵּׁל גְּדִי בַּחֲלֵב אִמּוֹ，意思是不能在媽媽的牛奶裡煮她的孩子，等於是說，吃肉時不能喝牛奶類的食物。

和英文不同的是，希伯來文是由三個子音字母根部組成，相同子音的詞均有關聯。

現在，你知道不是所有語言都需要母音了吧！至少希伯來文和閃語都只有子音。

אַ	父親 father 中的 a 音
אָ	西裔猶太音：父親 father 中的 a 音 德裔猶太音：鋸子 saw 中的 aw 音
אֵי or אֵ	他們 they 的 ey 音
אֶ	遇見（過去式）met 的 e 音
אִי or אִ	機械 machine 中的 i 音
וֹ or אֹ	獨自 alone 中的 o 音
וּ or אֻ	月亮 moon 中的 oo 音
אְ	音節的尾巴，在中音節時無聲，如獨自 alone 中的 a 音
אֲ	父親 father 中的 a 音
אֳ	鋸子 saw 中的 aw 音
אֱ	遇見（過去式）met 中的 e 音

註：Schwa sound 是發音中的元音，就是母音，希伯來文以 ...（點點點）呈現。西裔猶太人在希伯來文發音與德裔猶太人有些微差異。我的希伯來文老師是德裔猶太人，發音稍微難，相較之下，西裔猶太老師的發音比較簡單，以色列就是西裔猶太發音，美國以德裔猶太發音為多，尤其是正統猶太教。

希伯來文發音

שׁ	שׂ	וּ	וֹ	ו	תּ	ת	פּ	פ	כּ	כ	בּ	ב
Sh	S	U	O	V	T	T(S)	P	F	K	Kh	B	V

上帝用的希伯來文和現代希伯來文不同

上帝用的希伯來文和現代希伯來文哪裡不一樣呢？

如果你學希伯來文是用來讀《妥拉》、《密西拿》或《塔木德》，或是上猶太廟禱告、唱聖詩，抑或是在家守安息日及吃三餐時的禱告，不代表到以色列自助旅行就能暢行無阻。祈禱或讀猶太經典是用希伯來文的「聖文」[11]，現代人說的是耶胡達發明的生活語言，兩者是不一樣的。

根據〈四個聖經希伯來文和現代希伯來文的差異[12]〉解析兩者的差異如下：

1. 用字不同，例如我聖經希伯來文的「我」是 anachi - נכי，但現代希伯來文是 ani-אני；發音、文法和單字也都不一樣。

2. 現代希伯來文受外來語（意第緒語、德語和法語等）影響很大。例如「具體」בטון 是來自於法語 beton，而「牛排」בטון 是來自德語 schnitzel。

3. 聖經希伯來文是很古老的語言，過去沒有的詞如電力 חשמל、電腦 חשמל、汽車 מכונית、電話 טלפון 等都是現代希伯來文才有。

從上述三點來看，若亞伯拉罕從時光機走出來，肯定聽不懂現代希伯來語；同樣的，母語是希伯來語的現代人也聽不懂亞伯拉罕說的希伯來話，基本上他們是無法溝通的。也就是說，母語是希伯來語的人若沒有學習聖經希伯來文，即便是猶太人也讀不懂用希伯來文寫的《聖經》。

若你學習了古希伯來文，可以用來讀猶太經典，但若要到以色列旅行，得另學現代希伯來語。

希伯來文由右到左

希伯來文字母和中文一樣是由右到左，例如第一個是 Alef，第二個是 Bet，所以字母表就叫做 Alefbet。記得，要從右邊開始往左邊移動喔！

我在梅岡城讀大學時，第一次上猶太廟安息日，當拉比說讀安息日祈禱書第十頁時，我從左邊翻書，卻怎樣都找不到那一頁，搞得手忙腳亂，看向其他人才赫然發現大家是從右邊翻書，原來希伯來文書和中文直排書一樣是向右翻開。

希伯來文是象形（圖形）文字，例如第一個字母 א (Alef)，中間斜線以四十五度畫下來，是指上帝1，而兩側則代表我們的靈魂。這表示上帝在我們的靈魂裡，也就是我們的靈魂裡有上帝。而 א 在希伯來文字母表裡排在第一個，表示1是上帝；א 是無聲的，表示上帝的作為有許多是我們不明白的，祂對我們有計畫，我們不可能知道一切。

希伯來文字母之間有的很相似，若不注意細節很容易搞混。例如第四個字母 ד (Dalet) 看起來像數目字7，我讀的是打獵，

ט	ח	ז	ו	ה	ד	ג	ב	א
Teit (T)	Cheit (Ch)	Zayin (Z)	Vav (V/O/U)	Hei (H)	Dalet (D)	Gimel (G)	Beit (B/V)	Alef (Silent)

ס	ן	נ	ם	מ	ל	ך	כ	י
Samekh (S)	Nun (N)	Nun (N)	Mem (M)	Mem (M)	Lamed (L)	Khaf (Kh)	Kaf (K/Kh)	Yod (Y)

ת	ש	ר	ק	ץ	צ	ף	פ	ע
Tav (T/S)	Shin (Sh/S)	Reish (R)	Qof (Q)	Tzadei (Tz)	Tzadei (Tz)	Fe (F)	Pei (P/F)	Ayin (Silent)

槍要伸出去一點，這樣就不會將 ד 和相似的 ר(Reish) 弄混了；第五個字母是 ה(Hei)，三千年前的人會跳上跳下來打招呼，門就得打開一點，說「嘿」！第十三個字母 ל(Lamed)，我用「辣妹的」來記，圖像看起來很妖嬌，也比其他字母高，因為 ל 是上帝的權杖，在埃及的奴隸受不了壓榨，逃離時困在紅海，上帝就是用權杖將紅海的水分開，猶太人才能順利度海，讓法老的軍隊無法追上。

希伯來文的書寫方式和書籍翻頁都是由右到左，而文字均為圖像，是希伯來文的結構。每個字母不只有其圖像、意義，事實上，從第一個到最後一個是一串故事，而且一個接著一個，前後字母之間有著順序關係，而且二十二個字母便涵蓋了人的生命該何去何從。世界上沒有任何一種語言的字母如此豐富且迷人，唯獨希伯來文。

還沒學希伯來文時，猶太朋友教我兩個能立刻上手的單字，而且一輩子忘不了。一個是臺語發音的「阿爸」爸爸 אבא(Aba)，另一個是臺語發音的「姨嬤」媽媽 אמא(Eema)。希伯來文是不是很容易學呢？我的美國猶太朋友學希伯來文時，他的老師針對母語是英語的人這麼教：「阿妮是我，蜜是誰，胡是他，he 是她。」(Ani is me; me is who; who is he; he is she.) 現在，你已經學了四個希伯來文單字「我、誰、他、她」了。我的希伯來文老師弗德門也這麼教的。

你對猶太人打招呼說：「你好」，他會回答：「Shalom!」；你對他說：「再見」，他會回答：「Shalom!」；你說「和平」或「平安」，他的回答還是「Shalom!」；你說「安息日好」，他還是回答「Shabbat（安息日）Shalom!」。

你懷疑這個人不真誠嗎？喔！不！Shalom 的意思很多，以上皆是。

希伯來文大驚奇——數字準得嚇死人

很多人百思不得其解，為什麼猶太人有那麼多科學家，看看希伯來文字母，就會發現「原來如此」！

我們都說數學是科學之母，而希伯來文連結了數值、數論、幾何和線性代數。說希伯來文是數字的文字，你相信嗎？每個希伯來文字母都按照明確的數學規律移動到單詞的根部（字母）上。

每個希伯來文字母都有一個數字，我在美國大學讀數學系，學習希伯來文時豁然開朗，原來猶太人是受惠於希伯來文。

現在，請從以上的希伯來文字母看數字，第一排由右到左是1～9，Alef是1，Bet是2，Gimel是3，Dalet是4，Hei是5，Vav是6，Zain是7，Het是8，Tet是9。接下來是第二排，Yod是10，Kaf／Khaf是20，Lamed是30，Mem是40，Nun是50，Samekh是60。第三排，Ayin是70，Pei／Fe是80，

Tet	Het	Zain	Vav	Hei	Dalet	Gimel	Bet	Alef
ט	ח	ז	ו	ה	ד	ג	ב	א
9	8	7	6	5	4	3	2	1
Tzadei	Pei	Ayin	Samekh	Num	Mem	Lamed	Kaf	Yod
צ	פ	ע	ס	נ	מ	ל	כ	י
90	80	70	60	50	40	30	20	10
					Tav	Shin	Reish	Qof
					ת	ש	ר	ק
					400	300	200	100

Tzadei 是90，Qof是100，Reish 是200，Shin 是300，Tav 是400。

因希伯來文是數字語言，所以人的名字或物品的名稱，把每個字母加一加，數目就出現了。例如「人」אדם（Adam，亞當，也做人解釋）這個希伯來文字挺有意思的。

第一個字母是上帝在我們的靈魂中，第二個字母表示身體。人有靈魂，也得有驅體，若只全心全意敬奉上帝，沒有驅體的生活，這樣人不會快樂，所以人要談戀愛、結婚、生孩子等。而人的重要因素是血，血來自媽媽和爸爸，就是第二個字母 Dalet 的意思。媽媽的希伯來文字母加起來的數目字是41，而爸爸的字母是3，相加等於44，剛好是 Dalet（4）Mem（40）加起來的數字44，這就是上帝創造人的源頭。

女人在卵子和精子結合後，從懷孕到胎兒出生那一天，總共是九個月又一天，等於二百七十一天。現在，我們來看看希伯來文的懷孕 הריון (herayon)，第一個字母 Hei = 5，第二個字母 Reish = 200，第三個字母 Yod = 10，第四個字母 Vav = 6，第五個字母 Nun = 50。

我們將希伯來文數目字加起來，5 + 200 + 10 + 6 + 50 = 271。希伯來文的數字背後隱藏的意義，實在很神奇對不對？

以色列尼格大學[13]工程與管理學系的修[14]教授寫了《數學揭開真相！妥拉是至高無上的》[15]一書，他對希伯來文和科學的研究，驗證希伯來文是非常科學的語言。其中地球、月亮和太陽的希伯來文數值，與美國國家航空暨太空總署[16]公布的直徑幾乎一致。其他如顏色的名稱，其波長和波頻率的準確性也和科學數據相近，金、銀、銅、鐵等也是如此，天體大小和質量的科學根據也被隱藏其中。

諸多關於希伯來文和數學及科學關係的研究，都顯示希伯來文有令人震撼的地方。科學不能憑空而論，需要印證，而證明的方法就是透過數學計算和分析。

有個拉比講解希伯來文時說：「希伯來文的姊妹是化學。」說希伯來文是數字語文也就罷了，怎麼還是化學語言呢？

水分子結構是H_2O，是二個氫原子和一個氧原子結合。根據那位拉比的解釋，希伯來文就是這樣的方式，若用數學公式來說，A＋B＝C；若用化學來說，水就是$H_2+O=H_2O$，而其他物質也是以此方式構成。

現在，你對於猶太人有很多科學家，應該不會太驚訝了吧！

希伯來文是打開《聖經》的鑰匙

好友潘的爸爸大衛是美國空軍退役的牧師，退休後積極學習希伯來文，用來研讀《聖經》。他想從希伯來文中找出上帝記錄在《聖經》的祕密或編碼，或者更精確地了解上帝的旨意是什麼。羅斯來自臺中，她的祖母是天主教徒，她說：「我的祖母一開始學習《聖經》，就直接學希伯來文，因此她讀的不是中文版《聖經》，而是希伯來文的《聖經》。」

美國也有不少牧師（包括年輕的牧師）花費很多心血學習希伯來文，據了解，臺灣也有不少基督徒最大的心願是學習希伯來文，再讀希伯來文寫成的《聖經》。那些基督徒或天主教徒為什麼要用希伯來文讀《聖經》呢？

從我們熟悉的《舊約聖經・創世紀篇》來說，上帝創造光，光的希伯來文（א ו ר），第一個字母 א 代表的是上帝，第二個字母 ו(Vav) 是連結，第三個字母 ר ר(Reish) 表示人，這三個字母加在一起的意思是當上帝與人連結時就有光，這就是光的來由。「愛」א ה ב(Ahava) 這個字也很有趣，從字面上看是上帝關照你的家和家人，而另一個意思是「我給」，唯有給予，才是愛。我不是猶太教徒，也不是基督徒，學到「光」這個單字時，拆解下來就是如此，連背單字的時間都省下來了。

現在你總算明白為什麼基督徒最大的心願是用希伯來文讀《聖經》了吧！翻譯成不同的語言時，總會有些失焦。上帝說的是希伯來語，《舊約聖經》就是《希伯來聖經》，而《希伯來聖經》最開始是用希伯來文撰寫，因此，虔誠的基督徒就想用最原始、最原味的希伯來文讀《聖經》。

希伯來文和希臘文的源頭都是黎凡特語，希臘文字母和希伯來文有很多長得很像，而這兩種語言都是進入精確《聖經》的門檻，畢竟希伯來文就是那把打開潘朵拉盒子的鑰匙。從字母表裡看出希伯來文暗藏上帝的玄機，不只有上帝最初的名（Yoda，字母 Yod），還有上帝的權杖 (Lamed)，連被上帝處罰的蛇 (Tet) 都在其中，還有兩根神柱（Het = Cheit），連上帝的牙齒 (Shin) 都有。

我們耳熟能詳的「哈利路亞」就是希伯來文 ה ל ל ו ， ה。哈利路亞原由兩個希伯來文字組成，「哈利路」（Hallelu，ה ל ל ו）和「亞」（Yah，י ה）；哈利路意思是「讓我們讚美」，亞是「上帝」(Adonai)，就是「讓我們讚美上帝」的意思。

全世界使用最廣的一個詞「阿門」（Amen[17]，א מ ן）也是希伯來文。猶太教、基督教、伊斯蘭教統統用「阿門」，意思是「如此」、「它將如此」、「願意實現這個目的」，一般是祈禱結束或祝福後緊接著說「阿門」。Amen 和 emunah（信仰）的詞根相同，也與 emet（真理）詞根有關，對所表達的想法是堅定的信任、接受和可靠性！

1 Eliezer Ben Yehuda
2 *Torah*
3 *Mishna*
4 *Talmud*
5 First Aliyah,First AliyahAliyah 是指從流亡地回歸以色列。
6 Levantine
7 Michael Carlos Museum
8 nekudot
9 Yehuda Shurpin
10 Why No Vowels in the Torah?
11 Holy
12 4 Differences: Biblical Hebrew vs. Modern Hebrew
13 University of Neger
14 Haim Shore
15 *Math Unveils The Truth! The Torah Was Given By The Supreme Being*
16 NASA
17 Amen:https://www.myjewishlearning.com/article/amen-hot-topic/

第三章
行不改名，坐不改姓？改改改

猶太人取名字

根據猶太人的傳統，替新生兒取名字有規則可循。塞法迪[1]猶太人（西班牙、地中海地區的猶太人）普遍替長子取祖父的名字，第二個兒子取外祖父的名字；長女取祖母的名字，次女取外祖母的名字。接下來的孩子則取父系伯伯、叔叔、姑姑的名字，再下一個孩子才取母系舅舅或阿姨的名字。

如果祖父母或新生兒父母的兄弟姊妹已過世，他／她的名字通常優先被用來做為新生兒的名字。一些西班牙猶太人以父母的名字做為孩子的名字，成為如今西方人為孩子取名的方式之一，和爸爸同名同姓的孩子後面會加上二世(Jr.)做為辨別。例如美國民權領袖馬丁・路德・金恩二世[2]，從他的名字中得知他的爸爸也叫馬丁・路德・金恩。

華人因倫理及長幼有序的文化，通常避諱和長輩取相同的名字，至少我沒見過。猶太人取名的想法和華人大不同，他們以長輩名字替孩子取名表示尊敬、紀念或榮耀。兩者都是從尊敬出發，結果卻完全相反。

猶太人取名字大多來自《希伯來聖經》（即《舊約》）的人名，如亞伯拉罕、大衛、雅各、所羅門、亞當、約書亞、艾賽克、諾亞是男性族長的名字，非常受歡迎，尤其亞伯拉罕是第一個猶太人，也是猶太教創始者，他的名字非常普遍。以色列王國國王大衛王是平民出身，歷經眾多戰爭，開創耶路撒冷[3]為首都，是勇敢的象徵。同樣的，很多女性名字也來自《希伯來聖經》，如撒拉（亞伯拉罕的妻子）、拉結、利百加、夏娃、利亞、呂底亞等。

華人為孩子取名字是一樁大事，通常都有一定的意義，很多名字是由最高輩分的祖父取名；有的是根據族譜的詩而一輩一輩輪下來；或由父母取名，配合生辰、年、月、日的五行而來，還有人花錢請算命師取名字。猶太人為孩子取名的權力通常落在父母身上，而猶太孩子的名字也有一定意義，如亞伯拉罕原來的名字是亞伯拉(Abram)，意思是「很多」，後來上帝幫他改名為亞伯拉罕，意思是「眾人之父」；大衛的希伯來文是「朋友」；撒拉是「公主」；以色列則是「和上帝摔角的人」。如今很多西方人的名字是根據《希伯來聖經》而來，我曾問過一些美國人：「你的名字是什麼意思？」很多人都不曉得，名字對他們來說只是一個符號，不具任何意義，這是因為他們的父母不懂，在為孩子取名時沒能為他們解釋。

華人和猶太人為孩子取名不約而同都深具意義和期待，只是出處不同。如果華人為孩子取猶太人名字如王大衛、李撒拉、黃約書亞、陳亞伯拉罕、林拉結，聽起來就很詭異。由此可見，每個民族都有其所屬的文化，有時候互相欣賞即可，不必一定要穿同一雙鞋子。

猶太人姓氏的由來

散居世界各國時，猶太人在不同年代陸續有了姓氏。塞法迪猶太人在十五世紀時最早有姓氏；其次是十七世紀的德國和東歐的阿什肯納茲猶太人[4]；而其他地區的猶太人則在二十世紀左右才有姓氏。

猶太人姓氏是怎麼來的？

知名品牌 Levi's 是猶太人李維．史特勞斯[5]所創立，他是巴伐利亞猶太人，也是牛仔褲的始祖。「李維」這個字來自於利未一族，也是猶太人最原始、最普遍的姓氏，Levi、Lévi、Lévy、Levy 都代表李維，和摩西的哥哥亞倫是同一族人（利未），而且都是祭司。

有些猶太人姓氏是以最傑出、最有名的祖先為姓氏，象徵家族的榮耀。由於猶太人散居世界各國，姓氏也來自非常多種語言，他們更成為世界上最特殊的族群姓氏。

你們一定聽過音樂家孟德爾頌[6]的《結婚進行曲》，他是德國猶太人，姓氏來自曾祖父的名字，叫做孟德爾 (Mendel)，這個字是希伯來文。孟德爾是用毛筆寫《妥拉》卷軸的人，一個《妥拉》卷軸必須花費十八個月才能完成。他住在德國中部兩河交界的小城德紹[7]，所以他的名字就是「德紹的孟德爾」。那時的德國猶太人沒有姓氏，大體上以居住地加上名字，人家就知道是誰了。

孟德爾頌祖父原本的全名是「德紹的孟德爾的兒子摩西」(Moses Ben Mendel Dessau[8])，是不是很繞口？他是結合德國思想和猶太思想的哲學家，也是影響日後猶太啟蒙運動大躍進的領導人。他來自貧窮的猶太家庭，以自學出發，認為「德紹的孟德爾的兒子摩西」的姓名土裡土氣，會妨礙他接受良好教育的機會，因此就將自己的全名改成摩西．孟德爾頌 (Moses Mendelssohn[9])，而孟德爾頌 (Mendelssohn) 就是孟德爾的兒子。

名字和命運好像有絕對的關係，如今只要在網路上輸入 Moses Mendelssohn，就可以找到很多相關資料，因為摩西．孟德爾頌太有名了，在猶太人的世界裡，他是極具分量的人，他影響了整個猶太文化的發展，對猶太哲學的貢獻讓猶太人的生命產生了化學變化，更是猶太人在現代社會成為翹楚的原因之一。

摩西．孟德爾頌的兒子亞伯拉罕．孟德爾頌[10]是位銀行家，讓他的兒子含著金湯匙出生，成為終生不必為錢煩惱的音樂家。從小，音樂家孟德爾頌的每個科目都有老師一對一授課，每星期家裡開一次音樂會，在這樣的環境長大，讓孟德爾頌創作的音樂聽起來充滿幸福的氛圍。

言歸正傳，猶太人的姓氏因散居世界各國而語言繽紛，如 Mendelssohn 是希伯來語加德語；Abenrey 的起源是西班牙的阿拉伯語，意指國王的兒子，而且有很多變形，例如 Malka、Ben Rey、Ibn Rey、

Avenreyna、Ben Melekh、Reyno、Soberano。

Anonios 是希臘語，意思是永恆。Aragon 或變形 De Aragon[11]來自西班牙的地區 Aragon，也是用居住城當姓氏；Ashkenazi 是希伯來語，意指德國；Ben Sushan 是波斯語，意指古代波斯的首都；Carvalho 是葡萄牙語，變形是 Cabalo，意思是橡樹，位於葡萄牙的小鎮；Dalyan 的變形是 Dalven，是土耳其語，意為漁網或魚塘；Montefiore 是義大利語，來自教皇國家的 Montefiore；Ohanna 的變形語很多，O'Hana[12]、Bohana、Abuhana、Abuhenna，這是北非柏柏[13]的一種閃含語，意思是哈那的兒子；Vidal 是拉丁語，變形語包括 Vital、Vitalis、Bitales、Viton、Hayyim 等，意思是生命。

以上這些姓氏只屬於塞法迪猶太人，有興趣可以到「塞法迪名字起源和意義」的網站[14]探索。

姓不姓，猶太人大不同

從前文得知，雖然李維是利未一族，且猶太人一開始沒有姓氏，他們在散居世界各國之前，也就是在以色列時，並不像華人一樣老早就有姓氏，並可追根究柢到炎黃子孫……

猶太人主要分為兩個團體，一個居住在地中海地區，尤其是西班牙和中東的團體，稱為塞法迪猶太人，講的是拉迪諾語[15]——西班牙語和希伯來語混血的語言；另一個是阿什肯納茲猶太人，居住在德國和東歐，他們講的是意第緒語。

西班牙原先給猶太人兩個選擇，一是從猶太教轉變成基督徒，否則就得離開西班牙；後來又改變政策，要讓西班牙成為純種基督徒的國家。什麼是純種基督徒？就是一出生就是基督徒，而被迫入教的猶太人在血統上並不純正，因此西班牙排斥不是純種基督徒的猶太人（西班牙是天主教國家，天主教屬於基督教舊教，基督教則屬於新教）。西班牙在逼迫和大屠殺猶太人後，還是將他們驅逐了，其中以沒有改信基督教的人居多。

一四九二年，哥倫布第一次出航，我的同事埃菲爾的祖先和很多西班牙猶太人一樣，跟著哥倫布離開西班牙。埃菲爾的祖先先到波多黎各，後來波多黎各成為美國屬地，他的家人順理成章成為美國人，就與父母搬到美國本土定居。

二〇一八年五月，我從美國亞特蘭大搭MARTA火車去機場，準備回臺灣為《猶太人和你想的不一樣》進行新書宣傳時，在火車上認識了史來・辛格，他推薦閱讀《航行的希望：哥倫布的祕密使命》[16]，該書作者維森塔爾是納粹大屠殺的倖存者。維森塔爾在世時，極力研究和追查納粹黨員，並將他們送上紐倫堡法庭受審。第二次世界大戰期間，維森塔爾和妻子的家族共有八十九個親人死於集中營。他曾陸續被囚禁於十二個集中營，其中五個專門屠殺猶太人。在更多猶太教育課堂上，我聽聞拉比說：「哥倫布帶著猶太人出航時，一些有錢的猶太人資助航行。」拉比也說：「哥倫布當初是想為猶太人找一塊可以移居的土地，而發現美洲新大陸是航程的意外結果。」

遭西班牙驅逐的塞法迪猶太人，他們移居的地點不同，有的跑去葡萄牙，有的移居土耳其，有的去了中東，還有到荷蘭或義大利，甚至是北非……當家人四處分散時，他們必須掌握保持聯繫的方法，因此這群塞法迪猶太人開始有了姓氏，並用姓氏連結散居世界的家人[17]。

相對於西班牙猶太人，阿什肯納茲猶太人於十八世紀開始有姓氏，從一七八七年的奧匈帝國到一八四四年的俄國沙皇，這群猶太人在這段期間都有了姓氏。為什麼德國和東歐的猶太人要有姓氏？因為這些國家要猶太人繳稅，有姓氏才方便課稅。猶太人在那之前也納稅，但散居時各國允許他們有自治政府，由自治政府收稅，再繳給當地國家。

根據穆拉史金[18]在〈猶太人姓氏解釋〉[19]一文中說：「在那之前，德國和東歐猶太人的姓名是每一代都改。」如今，有些猶太人名字和姓氏之間有個 ben，代表是「○○的兒子」；若名字和姓氏之間出現 bas，代表是「○○的女兒」，例如孟德爾的兒子摩西 (Moyshe ben Mendel) 和麗貝卡的女兒莎拉 (Sora bas Rifke) 結婚，兩人生了兒子的全名就是「摩西的兒子薩姆爾」(Shmuel ben Moyshe)；若兩人生了女兒，全名就是「莎拉的女兒費吉樂」(Feygele bas Sora)。

在意第緒語或德語中，兒子用 son、sohn 或 er 表示，就是孟德爾頌這個姓氏用的方法。亞伯拉罕兒子的姓就變成 Abramson 或 Avromovitch；而在斯拉夫語系（如波蘭語或俄語），兒子是 wich 或 witz。由此可見，面納西 (Manishe) 的兒子就變成 Manishewitz，伊薩克 (Itzhak) 的兒子就變成 Itskowitz，柏爾 (Berl) 的兒子就成了柏林那 (Berliner)，卡什 (Kesl) 的兒子就是卡史樂 (Kessler)。這種縮短名字加上「兒子」，就變成猶太人的姓氏了。

猶太男性如此，女性除了以「媽媽的女兒」方式命名外，十七世紀時，傑出猶太女性的社經地位高，她們的名字就成為兒子或丈夫的姓氏。比如有個知名作家才肯 (Chaiken)，她的兒子就是「才肯的兒子」(son of Chaikeh)，媽媽的名字成為兒子的姓氏。而伊德 (Edel) 是社會菁英，她的丈夫就叫做 Edelman；Gitl 是成功的女人，她的丈夫就是 Gittelman。

從猶太人散居世界各國為自己找姓氏的過程來延伸了解西方文化，會有頓悟的感覺。若用這個方法來看英文和西方人的姓名或街道名稱就簡單多了，很多外文都是複合字，了解來源之後，學英文或外語就能易如反掌。

出生地或職業成為猶太姓氏

猶太人姓氏會以居住國、居住城或家庭來自哪裡為主，若知道這個竅門，一看到猶太人姓氏，大致可推測他的家族來自德國或東歐的哪個國家、哪個城市。更有趣的是，當我上網查這些姓氏，好像進入名人堂，不論從何而來，他們幾乎都是十分傑出的人士。

姓氏 Asch 是城市的縮寫字，如美國社會心理學先驅所羅門．阿希 (Solomon Eliot Asch)，又如阿姆斯特丹 (Amshterdam) 和伯格 (Berg) 有山丘地之意；拜耳 (Bayer) 是從巴伐利亞而來；Berliner、Berlinsky 來自柏林，如世界知名的蘇聯鋼琴家德米特瑞．柏林斯基 (Dmitri Berlinsky) 和大提琴家瓦倫汀．柏林斯基 (Valentin Berlinsky)；Gordon 是從立陶宛的 Grodno 城來的；Hollander 不是來自荷蘭，是因立陶宛的荷蘭人定居村莊而來，如集詩人、編輯和考古學家於一身的荷蘭德 (John Hollander)；Horowitz、Hurwich、Gurevitch 來自波西米亞的 Horovice 城，如蘇俄出生的美國鋼琴家霍羅威茨 (Vladimir Samoylovich Horowitz) 和美國作家、生態學家的古里維奇 (Jessica Gurevitch)；Ostreicher 來自奧地利，如被玻利維亞政府監禁的美國商人奧斯特瑞裘 (Jacob Ostreicher)；Prager 來自布拉格 (Pargue)，如美國作家和脫口秀主持人布拉格 (Dennis Mark Prager)；Rappoport 來自義大利的 Porto 城，如法國作家、新聞工作者和政治家拉波波特 (Charles Rappoport)；Unger 來自匈牙利；Vilner 來自波蘭和立陶宛的 Vilna；Warshauer、Warshavsky 來自波蘭首都華沙 (Warsaw)；Wiener 則來自維也納 (Vienna)。

德國和東歐猶太人的姓氏有些是因職業而來，如手工藝或工人，包括德國猶太人愛因斯坦 (Einstein) 的姓原是石匠，可推測他的祖先在德國是從事石匠工作；而費因斯坦 (Feinstein) 是珠寶手工藝者，如自一九九二年蟬聯美國參議員至今、首任舊金山女市長的黛安．費因斯坦 (Dianne Feinstein)。Garfinkel、Garfinkel 是鑽石經銷商，如美國社會學家加芬克爾 (Harold Garfinkel) 和歌手亞特．葛芬柯 (Arthur Ira Garfunkel)；Holzman、Holtz、Waldman 是木材經銷商，如美國籃球明星和教練霍爾茲曼 (William "Red" Holzman) 和美國作家沃爾德曼 (Amy Waldman)；Rokeach 是香料經銷商，如社會心理學家羅卡其 (Milton Rokeach)；Seid、Seidman 是絲綢商人，如美國經濟學家塞德曼 (Lewis William Seidman)；Tabachnik 是鼻煙壺商，如瑞士知名指揮家和作曲家塔巴奇尼克 (Michel Tabachnik)；Tuchman 是布商，如得了兩次普立茲獎的美國史學家和作家塔奇曼 (Barbara Wertheim Tuchman)；Zucker、Zuckerman 是糖商，如美國有線新聞網 NBC 總裁佐克 (Jeffrey Adam Zucker) 和身價二十九億美元的媒體業主祖克曼 (Mortimer Benjamin Zuckerman)。

和職業有關的姓不少，電影《屋頂上的提琴手》中求婚的大女婿是裁縫師，Kravitz、Portnoy、Schneider、Snyder 四種姓氏都是裁縫師，如美國鼓手麥克．波諾 (Michael Stephen Portnoy)、導演和製片人查克．史奈德 (Zack Snyder)；Sher、Sherman 則是拿剪刀的裁剪師，如美國南北戰爭海的「魔鬼將軍」威廉．特庫姆塞．薛曼 (William Tecumseh Sherman)。

和宗教有關的姓，如 Klausner 是指小猶太會堂的拉比，如美國科學家、癌症權威理查德．克勞斯納 (Richard Klausner)；Rabin 則是指比小猶太會堂還大的猶太會堂的拉比，如以色列軍事家、前總理伊扎克．拉賓 (Yitzhak Rabin)；而拉比的兒子則是 Rabinowitz，如美國生物學家艾倫．拉賓諾維茨 (Alan Robert Rabinowitz)。喝酒是猶太教裡的重要部分，和酒有關職業的姓氏，如釀啤酒的人是 Braverman、Meltzer；驚悚作家布拉德．梅爾策 (Brad Meltzer) 和新聞工作者戴夫．梅爾策 (Dave Meltzer)；酒商則是 Wine、Weinglass，如美國刑事辯護律師萊納德．韋恩格拉斯 (Leonard Weinglass)；釀紅酒的人就是

Weiner，如美國前任眾議院議員安東尼・韋納 (Anthony David Weiner)。

還有針對個人特質產生的姓，Erlich 是誠實的人，如阿根廷國際概念藝術家厄利什 (Leandro Erlich)；Frum 是虔誠的人，如時事評論員大衛・弗魯姆 (David Jeffrey Frum)；Gottlieb 是上帝的愛人，如白血病專家高特力卜 (Scott Gottlieb)。而 Fried、Friedman 是快樂的人，如經濟學家米爾頓・傅利曼 (Milton Friedman)；Shein、Schoen、Schoenman 是漂亮的人，如美國左翼行動家舍恩曼 (Ralph Schoenman)；Schwartz、Shwartzman、Charney 是黑頭髮的人，如集多重身分於一身的喜劇演員、作家、導演和製片的本・許瓦茲 (Ben Schwartz) 和氣象學家查爾尼 (Jule Gregory Charney)；Scharf、Scharfman 是聰明的人，如國際聞名的運動攝影家夏弗曼 (Herb Scharfman) 等。

行不改名，坐不改姓？

說個笑話，猶太人從東歐移民美國，入境通關時，海關問：「你叫什麼名字？」不懂英文的猶太人用意第緒語回答：「Shoyn fargesn.」意思是「我忘記了」，發音聽起來像英文的肖恩・弗格森 (Sean Ferguson)，海關便誤以為這是名字。許多猶太人的名字都是肖恩・弗格森或姓弗格森，源自於此。

卡汗[20]的小說《耶可：紐約貧民窟的故事》[21]於一九七五年改編成電影《西斯特街》[22]，該部電影於二〇一一年被選入美國國會圖書館電影檔案。在這部電影中，東歐猶太人顏可[23]單槍匹馬移民美國，馬上改名為傑克[24]。顏可深受美國文化吸引，並愛上更早移民且被同化的猶太舞者咪咪，後來他的太太和兒子也搭船來了，但他已經習慣美國的時髦文化，對穿著打扮還保有東歐猶太人風格的妻子和兒子非常冷淡。

移民到一個國家就改名換姓，在猶太世界沒什麼大不了。律師亞倫・分伯格 (Alarn Finberg) 的曾祖父帶著四個兒子（其中一個是分伯格的祖父）於一八八〇年代從波蘭移民美國，他們本姓米奇羅莎史基 (Mikiloshansky)，但在波士頓下船時，人潮擁擠，四個兄弟分別從不同海關通關。通關後亞倫祖父的姓氏搖身一變成為分伯格 (Finberg)，那是他們在波蘭小區的市長姓氏；另一個兄弟變成非德曼 (Fiedman)；還有一個變成雷迪諾 (Reddinorv)；最後一個則成了魯賓斯坦 (Rubinstein)。通關就好像變魔術一樣，一家的四個兒子變成四種姓氏，看起來好像是毫無血緣關係的人！四兄弟從此便使用美國海關給的姓氏，唯一的共同點是沒有人改回米奇羅莎史基。究竟有多少猶太人移民美國時在海關改了名，不得而知。

有個叫愛德華・扁頓 (Edward M. Benton) 的律師原姓伯恩斯坦 (Bernstein)，一看就是猶太姓氏，而美國歧視猶太人的情況很常見，他到銀行辦信用卡會受銀行員的冷眼相待，到政府機關辦事情也受到阻撓，連入學都可能受到杯葛，例如有些名校會拒絕猶太人。有一天，愛德華的爸爸說：「兒子，你不必扛著歷史的重擔，去改姓吧！」他起初很掙扎，最後聽了爸爸的話，把姓氏從伯恩斯坦改成扁頓，後來果然受到完全不一樣的待遇。

不只是美國猶太人改姓氏，原是義大利猶太人的知名英國學者摩西・芬柯斯坦 (Moses Finkelstein) 在羅格斯大學[25]教書時，因猶太人姓氏而被大學炒魷魚，把姓氏從芬柯斯坦改為芬利 (Finley) 後不但到耶穌大學[26]任教，並成為古代歷史權威。後來更搖身一變成為摩西・芬利爵士[27]，在劍橋享譽學壇；阿諾爾多・莫米利亞諾 (Arnoldo Momigliano) 則因猶太姓氏無法進入義大利一流大學，日後卻成為奇才歷史學者多諾。

據我所知，把猶太姓名改成西方姓名的大有人在，主要是避免歧視，入學或找工作也比較容易，甚至對進入專業領域也有影響，如我的朋友史蒂芬的爸爸原名為 Simon Buslovitch，從俄羅斯移民後申請牙醫學系時發現有猶太名額限制，改名為 Simon Bell 就順利入學，也成為牙醫。華人可能很難做到這一點，我們堅守行不改名，坐不改姓，而猶太人豁出去了，改姓又改名，路更寬，命更順，幹嘛不改！

若回推歷史，猶太人改名從始祖亞伯拉罕開始，上帝把他的名字從 Abram 改成 Abraham，另一個族長因和上帝角力，由雅各 (Jacob) 變成以色列 (Israel)；亞伯拉罕的妻子名字也從撒萊 (Sarai) 變成撒拉 (Sarah)。這些改名深具意義，都是和上帝有關係後由祂改名的。

---

1 Sephardic
2 Martin Luther King Jr.，二世或三世的名字大多是父親、兒子和孫子名字相同時而做區別的方式，這種取名方式不一定要照輩分排序，有時也會跨輩分。如拿破崙的兒子叫拿破崙二世，他很年輕就過世了，拿破崙的姪兒繼承王位，就叫拿破崙三世。
3 耶路撒冷是從散居時期，甚至到現在都是猶太人心中永遠的首都。
4 Ashkenazi
5 Levi Strauss
6 Felix Mendelssohn
7 Dessau
8 ben 是希伯來文，意思是兒子。
9 Mendelssohn 裡面的 sohn 是德語和意第緒語，意思是兒子。
10 Abraham Mendelssohn
11 De 在西班牙語是屬於之意。
12 前面的 O 是兒子的意思。
13 柏柏人是北非一個說閃含語系柏柏語的民族，並非指單一民族，而是眾多在經濟、政治、文化、生活相似的部落族人的統稱。
14 Some Sephardic Names Origins and meanings，https://www.sephardicgen.com/nameorig.htm。
15 Ladino
16 *Sails of Hope: The Secret Mission of Christopher Columbus*
17 塞法迪猶太人講拉迪諾語，姓氏相對的希伯來西班牙語化。可上網查看西班牙猶太人的姓氏：https://www.ancestry.com/

boards/thread.aspx?mv=flat&m=175&p=topics.religious,jewish.sephardic。

18 Bennett Muraskin

19 Jewish Surnames Explained，https://slate.com/human-interest/2014/01/ashkenazi-names-the-etymology-of-the-most-common-jewish-surnames.html

20 Abraham Cahan

21 *Yekl: A Tale of the New York Ghetto*

22 Hester Street

23 Yankle

24 Jake

25 Rutgers University

26 Jesus College

27 Sir Moses Finley

第四章

猶太人如何作客他鄉二千年？

猶太人在中國

一二八六年，義大利旅行家馬可波羅經絲路到達中國時遇到猶太商人。元朝時，忽必烈注意到中國有基督徒、穆斯林和猶太人等不同信仰的人定居。十四世紀時，摩洛哥穆斯林學者伊本・巴圖塔[1]旅行了三十年，足跡遍及四十多國，在《伊本・巴圖塔遊記》中描述了搭船進入廣州，拜訪當地的穆斯林和猶太人；再去杭州，又拜訪了當地的穆斯林和猶太人社區；然後沿著京杭大運河去北京，拜訪了穆斯林區時，發現有猶太人和穆斯林一起生活。

猶太人是從商的民族，足跡遍及黑海和地中海。他們散居之前住在中東，是位於東西方之間的橋梁。若說猶太人因為貿易，二千年前就到印度買香料，以及去中國買絲綢、瓷器等賣到西方，都不足為奇。

中國的猶太人住在河南開封已有一千年之久的歷史，最多曾有五千人，原先是從波斯（今伊朗）前往中國經商，代代居住在開封；其次是住在哈爾濱的猶太人社區，人數最高達到二萬；第二次世界大戰期間，曾有超過三萬猶太人因躲避納粹大屠殺而住在上海。

猶太人在開封有自治政府，一如在其他國度。不過，在猶太廟守安息日、猶太節慶和每週三次的讀經祈禱都沒有穿上流蘇[2]，也沒有經文護符匣[3]。廈門大學人文學院易中天教授曾說：「猶太人是油，穆斯林是奶，基督徒是酒。」油是指猶太人自成一格，不被當地國同化，就像油浮在水上面一樣。猶太人散居世界二千年，很少被同化。不可思議的是，中國的猶太人把猶太教儒家化，若說華人是水，猶太人是油，油融入水，變成油水（好處）。開封的猶太人被華人同化，這是猶太人散居世界最特殊的例子。

猶太教除了儒家化，還有道家化、佛家化——如祭祖是對有自然血緣關係的祖先，而中國的猶太人也會祭祖（中國化），只是蠟燭及讀誦祈禱文（猶太化）。猶太人認為儒家宇宙論和猶太教沒有衝突，盤古等同於亞當；儒家講的是道德而非宗教，與猶太教的上帝沒有衝突。

開封猶太人大多住在黃河兩岸，靠近猶太廟，為的是星期六可以徒步參加安息日，而且他們有職業自由，沒有被迫加入任何宗教。猶太人在中國的自由反擊了基督教的正統觀念，證明了猶太人是人，不是奴隸，也不是罪犯。

開封猶太人從宋朝通過絲路到中國

中國曾經至少六個城市有猶太人社區，包括哈爾濱、上海、北京、泉州、杭州、開封等，其中以開封的歷史最悠久。

究竟猶太人何時到開封？有人說是宋朝、唐朝或漢朝。總的說來，北宋時期（約八世紀左右），波斯和伊拉克的西語系猶太人經絲路做生意，帶了印度棉料到開封染色，當時中國有絲綢但缺乏棉布。猶太人把印度布料送給北宋皇帝，皇帝允許他們在開封府定居和成立猶太社區。也有人推測，漢朝時就有猶太人抵達中國定居，若屬實，與第二聖殿在西元七十年被毀，猶太人遭流放的時間一致。

我的教授說伊斯蘭教興起後，猶太人從歐洲到中東，再到遠東，他們帶歐洲武器到亞洲販售；從中國買絲綢、茶和瓷器，從印度買香料，再賣到歐洲和非洲。猶太人的驛站分布世界各地，做生意時既安全又便利。

一六〇五年六月，天主教傳教士利瑪竇[4]在北京接待穿著長絲綢外套的訪客，自稱開封猶太人艾田，他告訴利瑪竇：「河南開封黃河兩岸有不少猶太人後裔，也有許多《妥拉》卷軸。」一六〇七年，利瑪竇派遣兩個已改信基督教的華人到開封查看。根據歷史學者俠馬教授[5]在《猶太人的故事》[6]中提到，開封猶太廟阿拜賽拉比[7]曾和利瑪竇面對面討論關於上帝和耶穌。

開封猶太社區有四個分別是一四九二年、一五一二年、一六六三年和一六七九年刻的石刻銘文。「中國的猶太人和猶太教」[8]網站指出其中三個石碑內容：第一塊碑文是紀念一一六三年猶太教會堂建造；第二塊可追溯到一五一二年，上面詳細介紹了猶太人的宗教習俗；第三塊則追溯至一六六三年，主要是紀念猶太會堂的重建工作，並重新回顧了前兩個石碑的信息。

美國辛辛那提的希伯來聯合學院[9]擁有開封社區希伯來語（一六六〇年～一六七〇年）的宗譜、一八五〇年～一八五一年基督教傳教士從開封獲得大量的祈禱書，以及一本獨特的《以斯帖記》[10]卷軸。

一一六三年，猶太會堂在開封建立。開封猶太人信仰的宗教通常被稱為猶太教、天竺教、一賜樂業教（Israel 教）或挑筋教（因住在挑筋胡同）等。這座猶太會堂歷經兩次水患，包括一六四二年（明崇禎十五年）黃河決口，淹沒開封城，兩百多戶猶太人外移，洪水過後，猶太人回去重建家園，修復猶太會堂；一八四一年鴉片戰爭時又遇水患，猶太會堂再度損毀，一八五四年時全毀，原址賣給加拿大傳教士，如今是開封市第四人民醫院，醫院的古井是猶太會堂唯一留下的遺跡。

明朝時，開封猶太人達到頂峰的五千人。根據史料記載，明朝皇帝賜給猶太人中國姓氏，如李、俺、艾、高、穆、趙、金、周、張、石、黃、李、聶、左、白等。有些是依照猶太人原來的姓氏轉換，如李是李維 (Levy)，石是示巴 (Sheba)，艾是亞當 (Adam)。趙是皇帝賜姓，自明代趙俺誠醫生開始，官位最高的猶太人當推趙承基；清康熙年間，福建漳南道按察司僉司趙泱乘也是猶太人。開封猶太人雖有中國姓名，但也有希伯來文姓名；有了中國姓氏，開封猶太人融入中國社會的速度變快，但也加速同化。

十八世紀，開封猶太人與同樣信奉一個上帝、不吃豬肉的穆斯林通婚，後來也與漢人、旗人通婚。

一八五〇年，開封最後一位拉比過世，因為沒有拉比繼續教希伯來文和《妥拉》，猶太人逐漸不認識希伯來文，也不懂《妥拉》和猶太文化，只知道不吃豬肉的傳統規矩，猶太社區逐漸走向沒落和消失。

對猶太歷史而言，開封猶太人的意義非比尋常，而中國是儒家、道家、佛教的文化，因此給予猶太人完全的自由與空間，可以從事任何行業。

「基督教正統觀念[11]堅持猶太人淪為世界的奴隸，墮落和無家可歸做為殺害耶穌罪行的懲罰。一六六三年石刻銘文中寫著，宋朝皇帝給猶太農民土地補助金，又能自由從事任何行業和選擇居住地，在基督教社會完全無法想像。很多猶太人是商人和店主，但像艾田這樣的人很容易被接納為學者、匠人等。艾田是聰明的人，被鼓勵讀四書、孔孟學說和其他經典以參加科舉考試，讓他得以打入中國人的精英世界。」俠馬在《猶太人的故事》如此說。

猶太人在哈爾濱

猶太人移居中國分為三波，第一波是英國猶太人於一八四〇年移居香港和上海；第二波是東歐猶太人逃離騷亂和大屠殺，移居哈爾濱；第三波是第二次世界大戰期間，奧地利、波蘭和俄羅斯有高達三萬猶太人逃到上海。而猶太人移居哈爾濱也分三波，都和逃難有關係。

第一波

一九〇三年，有五百個猶太人到達哈爾濱，一如散居其他國家一樣，哈爾濱猶太人有自治區。一九〇五年，日俄戰爭結束後，許多俄國猶太士兵就地利之便在哈爾濱定居。一九〇五年～一九〇七年，俄國西南部地區大屠殺中倖存的猶太人也瘋狂逃入哈爾濱。到了一九〇八年，哈爾濱已有八千個猶太人定居。

哈爾濱猶太人決定建造一座新的猶太會堂，就是「猶太總會堂」。一九〇七年五月三日動工的總會堂位於埠頭區砲隊街（今道里區通江街），於一九〇九年一月完工啟用。除了猶太公墓外，哈爾濱猶太社區內陸續設立了公共機構，包括俱樂部、養老院和醫院，方便服務猶太人和普通大眾。

一九〇七年，哈爾濱猶太人興建了第一所猶太教小學——海德爾。兩年後，第一所猶太中學——卡亞中學[12]成立，一年後招收了一百多個猶太學生，其餘七成學生因猶太中學沒有足夠的班級而就讀非猶太中學。

在哈爾濱猶太社區，有些猶太家族在當地的工業發展上扮演了重要的角色，特別是木材和煤炭方面，他們還積極推動哈爾濱與俄羅斯帝國、歐洲、美國和日本之間的貿易關係。這些猶太家族包括邦納、卡巴爾金、卡羅、孟德爾維奇、薩母頌納維奇和斯基德斯基[13]等。

以色列總理到哈爾濱猶太墓地祭祖

猶太人移居任何地方一定先買墓地，這是非常特殊的文化，散居全世界的猶太人全部如此，哈爾濱當然也不例外。

一九〇三年開放的哈爾濱猶太人墓地是亞洲最大的，原址在市區太安街，多達二千多座墳墓。一九五八年時被遷到東郊的皇山，占地面積八百三十六平方公尺，還有約七百座墳墓。由於哈爾濱猶太人來自俄國，墳墓上碑文大多是希伯來語和俄語，有些只有希伯來文，有些甚至有中文。

一九一七年，以色列第十二任總理歐麥特[14]的祖父從俄國移居哈爾濱，和歐麥特的爸媽長期在哈爾濱生活，他的爸爸畢業於哈爾濱工業大學，會說流利的中文，而祖父母過世後安葬在哈爾濱。歐麥特在以色列出生，卸任總理後曾到哈爾濱掃墓並重立祖父母墓碑。

歐麥特祖父母的碑文是希伯來文和中文並列，內容如下：

> 感謝你們保護家族的過去，並讓曾是這個猶太社區一部分的人感受到尊嚴，感受到他們獲得的尊敬。這一切我們將永遠銘記在心，曾有很多猶太人生活在這座城市——哈爾濱。

歐麥特的爸爸莫迪凱．歐麥特[15]在哈爾濱認識歐麥特的媽媽，兩人熱戀後結婚。這對新婚夫妻響應錫安主義[16]（以色列建國），舉家移居以色列。

歐麥特說：「我的爸爸在八十八歲過世前的最後一句話是用中文說的。」他的爸爸常自豪地說：「我曾在學校用中文為中國學生講課。」

自詡為半個中國人的歐麥特，擔任耶路撒冷市長、以色列總理期間和卸任之後，曾多次到哈爾濱祭祖。而他的哥哥曾在以色列駐中國大使館工作，兄弟兩人似乎有意無意地追隨了祖父母的腳步，與哈爾濱連結。

中東鐵路不在中東

研究猶太中亞史的以色列 Achva 教育學院歷史學家和研究員弗拉基米爾博士[17]在以色列特拉維夫流散博物館[18]網站的〈中國哈爾濱猶太人〉[19]指出，十九世紀哈爾濱屬於滿州北部，當時還不是一個城市，只是松花江畔一大片部落的統稱。哈爾濱的發展從俄國沙皇入侵滿州開始，並於一八九七年簽署了《俄滿條約》，同意俄國蓋中東鐵路[20]，從此，鐵路沿線五十公里的範圍逐漸成為行政中心。

料想不到的是，興建中東鐵路的總工程師不是中國人，也不是俄國人，而是改信東正教的俄國猶太家庭出生的尤戈維奇[21]，他是土木工程師，也是在沙漠和高地修建鐵路的專家。

中東鐵路以哈爾濱為中心，往西到滿洲里（今內蒙古自治區境內），往東到綏芬河（今黑龍江省牡丹江市），往南則到大連、旅順，路線呈丁字型。

自那時起，俄國猶太人得到沙皇批准，開始移居哈爾濱，也獲准開發當地城郊，以開店和承包商居多，猶太人在哈爾濱的社會地位比在俄國還好。

第二波

一九一七年，俄國十月革命爆發，參加第一次世界大戰的俄國軍隊趕緊撤回家中滅火。第一次世界大戰、十月革命和蘇俄內戰三場戰爭時間重疊，引發猶太人逃往哈爾濱的熱潮，哈爾濱猶太人急速增加到二萬多人。

哈爾濱猶太人於一九一九年成立一所猶太中學，一九二〇年成立塔木德律法學校、猶太貧病救濟會和猶太養老院。兩年後，婦女職業學校設立了，猶太圖書館和新猶太會堂也相繼報到。

大量猶太人擠入哈爾濱，人才濟濟，消費市場擴增，現代化飯店、銀行、商店、咖啡館、報紙和出版社應運而生，哈爾濱變得熱鬧不已，所有的經濟活動都與猶太人脫離不了關係。

一九一八年到一九三〇年之間，哈爾濱創立了二十家猶太報紙和期刊，變成沸沸揚揚的猶太文化、經濟和宗教中心。

這樣的時刻，哈爾濱猶太錫安主義和俄國建立復國連線，哈爾濱成為猶太政治中心了。後來，猶太復國被俄國禁止，剩哈爾濱獨挑大梁。

一九二五年，俄國推出新經濟政策，掐住猶太人的商業脖子，又激起另一波大逃亡，他們在猶太組織幫助或非法越境，用外幣向蘇聯申請簽證。

第三波

一九二六年，中俄邊界發生大衝突，又有猶太人移入哈爾濱。

一九二八年六月，國民政府外交部長王正廷發動了一場以修正不平等條約為主的革命外交，包括收回鐵路權。張學良把目標鎖定在蘇聯控制的中東鐵路，強硬地對抗，蘇聯因此把中東鐵路移交給國民政府；而國民政府、軍閥及中共三方因中東鐵路事件糾纏不清，引發經濟危機，許多猶太人因此離開哈爾濱，轉往蘇聯、上海、天津或其他城市。

一九三一年，哈爾濱和滿州地區被日本軍隊占領後，日本開啟「河豚計畫」，試圖拉攏哈爾濱和上海的猶太人，以吸引投資進入日本的「共榮圈」。但日本在滿州建立傀儡政權後，形勢益加惡化，導致敲詐、勒索哈爾濱猶太人的事件頻頻發生。

第二次世界大戰前，許多猶太人離開哈爾濱，前往美國、澳洲、巴西和其他國家。日本是二戰「軸心國」會員，在俄國右翼的影響下，日本實施了「反猶政策」。二戰結束，日本戰敗，一九四五年到一九四七年間，蘇聯再度占領哈爾濱，更多猶太人移往西方國家和以色列。

結論

當時住在哈爾濱的猶太人幾乎家家戶戶都有俄羅斯或中國女傭，生活非常富裕。電影《國王與我》中飾演泰國國王的尤．伯連納[22]就是在俄羅斯出生的猶太人，被媽媽帶到哈爾濱，接受當地教育。

一九五〇年代，哈爾濱猶太人被中共懷疑是「帝國主義資本家」而遭驅趕，財產和企業則被中共沒收，最後一個在哈爾濱的猶太女人於一九八五年過世，哈爾濱猶太老城區如今成為吸引旅客的標記。

猶太人在上海

猶太人在上海分成兩波。

第一波是十九世紀末逃離俄羅斯大屠殺的猶太人。沙遜[23]和嘉道理[24]兩家人在上海經營茶、鴉片和絲綢等生意，是當時上海影響力最大的猶太人。維克多．沙遜[25]是來自巴格達的英國猶太人，經營鴉片、房地產和賽馬，二戰時期幫助很多上海猶太人逃離納粹德國，他的國泰酒店成為有錢人喝酒、聚會的主要場所。

第二波是第二次世界大戰時，有高達三萬猶太人逃離納粹德國，以奧地利、波蘭和俄羅斯為主。一九三八年埃維昂會議[26]有三十二個國家參加，但只有多明尼加願意提供特定名額讓猶太人移居。在這個節骨眼上，猶太人無路可走，上海是唯一不需要簽證的自由城市，這是猶太人逃到上海的第一個原因。

第二個原因是中華民國駐維也納總領事何鳳山簽發簽證給猶太人，救了許多猶太人的性命，被猶太人稱為「中國的辛德勒」。在香港出版的何鳳山自傳《外交生涯四十年》中，針對發簽證給猶太人的事情沒有著墨太多，但他研判當時局勢，給予猶太人非常重要的忠告，奉勸他們拋下財產或企業，三十六計走為上策。

第三個原因是日本駐立陶宛領事杉原千畝[27]，總共簽發了二千一百五十張日本過境簽證給猶太人，因過境簽證可給全家人使用，過境後就到了上海，估計拯救約六千個猶太人，杉原千畝也被猶太人稱為「日本的辛德勒」。

一九三七年八月十三日，八一三事變（淞滬會戰）爆發，日本占據了上海。一九四三年，日本在盟友德國的壓力下，把猶太人趕入洪都灣（今虹口）「隔都」。納粹德國決議用「最終解決方案」趕盡殺絕，要日本在駁船上為一萬八千個猶太人（大部分來自奧地利）開猶太新年派對，把他們送上一個島嶼集體毒殺，日本人發現駁船上有化學毒物而拒絕。猶太人揣測日本會拒絕納粹德國的「最終解決方案」，可能是因為一九〇四年日俄戰爭時，猶太人借錢給日本人，因此知恩圖報。

二戰結束後，上海猶太人紛紛移往澳洲、加拿大和美國，只剩下約二百個住在變得空蕩蕩的猶太社區。

當時上海被日軍占領，上海人面臨饑餓，日本人對上海人的態度比對猶太人更差，儘管上海人貧困，卻不斷給予猶太人資助、友誼、安撫等，至今美國及世界各地曾在上海的猶太人，還會聯繫上海人或他們的後代，也會回去上海敘舊（可參考《猶太人和你想的不一樣》）。上海在二戰期間給予的溫暖，至今仍讓猶太人銘感於心。他們在異鄉客居二千年，唯有在中國被徹底同化，正是因為沒有受到歧視和壓迫。同化與壓迫像是一刀兩刃，在猶太人歷史裡難以想像卻真實存在過。

猶太人在印度——失落族

一九四八年，以色列立國，印度繼伊朗、俄羅斯和以色列後，成為亞洲第四多猶太人的國家。孟買、加爾各答、德里、科欽、布那的猶太社區都有印度化傾向，印度東北部的曼尼普爾邦[28]也有龐大的猶太社區。

「回歸以色列」主席弗朗德是美國紐約人，一九九五年搬去以色列，翌年在以色列總理納坦尼雅胡[29]任內擔任辦公室副通訊主任，他收到一封來自印度曼尼普爾邦猶太人請求回歸以色列的信函，這個請求一直在弗朗德腦中徘徊不去，於是，二〇〇二年創立了「回歸以色列」組織。

根據弗朗德的說法，印度曼尼普爾邦猶太人屬於班尼免納旭族[30]，也就是《聖經》中失落的十族之一。他們在所羅門王過世後，因不贊成所羅門王的兒子波安繼承王位，西元前九三〇年將以色列王國分裂為兩國，北方是十族組成的以色列王國，有示劍和撒馬利亞兩個城[31]；南方是兩族的猶大王國，首都是耶路撒冷。以色列王國於西元前七二二年被亞述帝國消滅後，猶太人就被流放到很遠的地方。相較於開封猶太人一千年的歷史，印度曼尼普爾邦猶太人已經失落了二千七百年之久。

「回歸以色列」組織已安排三千個印度曼尼普爾邦猶太人移居以色列，他們的社區鄰近耶路撒冷，弗朗德說：「還有七千個印度班尼免納旭族正在等待回歸。」

除了失落的印度猶太人，「回歸以色列」組織也積極在西班牙、葡萄牙、義大利和中南美洲尋找被強迫成為基督徒的猶太人，到二〇一六年為止，已從世界各地找回失落的三萬個猶太兄弟姊妹，包括開封猶太人。

對我們來說，把流落他國一千年的兄弟姊妹找回來幾乎是不可能的夢想，但猶太人居然連失落二千七百年的都找回來了。他們把《聖經》的每個字都認真化為行動，這世界上還有什麼事是不可能的！

猶太難民移居荷蘭

一四九二年，西班牙宗教裁判所強迫猶太人改信基督教，不加入就驅逐出境，多數猶太人到葡萄牙、土耳其和北非。到葡萄牙的猶太人最為淒慘，一四九七年再度被強制成為基督徒，甚至在一五三六年成立宗教裁判所，監視他們是否暗中繼續過著猶太教生活，還是真的改信基督教。葡萄牙猶太人為此逃到法國和巴西尋求庇護，半世紀後，因經商輾轉來到荷蘭，恢復了他們的猶太教信仰。由此可知，西班牙猶太人和葡萄牙猶太人移居荷蘭的都已成為基督徒，但私下仍崇拜猶太教，而移居荷蘭的目的是追求宗教自由。

哲學家史賓諾沙[32]家族就是典型的西班牙猶太人，被驅逐逃到葡萄牙，又於一五九二年逃到荷蘭。史賓諾沙在阿姆斯特丹出生，家人從西班牙猶太人變成葡萄牙猶太人，最後再變成荷蘭猶太人。而史賓諾沙的祖父不只是成功的商人，還是猶太學校和猶太公會的領導人物，其父後來接棒。

西班牙猶太人和葡萄牙猶太人擁有豐富的貿易經驗，荷蘭被西班牙禁運的十二年之中，猶太人把貿易經驗帶入荷蘭，讓荷蘭貿易和交易的腳步跨得快又準。猶太人也因家庭成員分布歐洲各地而跨入外交領域，荷蘭西印度公司於一六二一年成立，猶太人成為該公司員工，幫助荷蘭和南美洲建立關係。

荷蘭隨著葡萄牙船長李貝羅[33]征服巴西後，由於猶太工匠非常傑出，巴西又需要工匠，六百個荷蘭猶太人因此去了巴西。葡萄牙和荷蘭爭奪巴西殖民地時，猶太人理所當然支持荷蘭。由此可見，猶太人讓荷蘭不只飛翔世界，還擴展海外版圖。

荷蘭原歸西班牙控制，歷經三十年戰爭[34]，信仰喀爾文基督教的荷蘭人脫離了西班牙和天主教，加上愛賺錢，因此，對宗教的寬容度高，猶太人也在阿姆斯特丹發展出非常成功的商業和猶太社區，當地的交易所聚集了全球各地、不同語言的人進行商業交易，十七世紀上半葉成為猶太人第二個黃金時期的僑居世界。

一六一五年左右，荷蘭因宗教和社會緊張曾考慮要立法限制猶太人移民，雖沒通過，但在一六一九年，每個城鎮可以自由決定是否要讓猶太人定居或有條件接受，還允許合法地將猶太人隔離，但並未強制執行。

猶太人定居荷蘭的四百年間仍保有自治政府，他們在歐洲國家或新世界都是先買墓地，再建猶太廟，建立猶太社區，而買墓地、建廟或教育費用都來自自治政府或捐獻。十七、十八世紀是猶太人在荷蘭最興盛的時刻，擁有猶太州或省，叫做枚迪內[35]，枚迪內的猶太傳統生活所需的職業包括商店、牛的貿易和屠宰業。

一七九六年，荷蘭給予所有居民完全的公民權（包括猶太人），猶太社區因此變化很大。猶太人可以愛住哪兒就住哪兒，愛從事什麼行業就從事什麼行業，最多人選擇當醫生。

第二次世界大戰期間，荷蘭被納粹德國占領，納粹幾乎摧毀了枚迪內，《安妮日記》作者安妮就是荷蘭猶太人，她用文字記錄了躲藏納粹的日子。

1 Ibn Batttuta，Ibn Battuta, https://en.wikipedia.org/wiki/Ibn_Battuta

2 流蘇又稱縫子，是猶太人祈禱時披在身上的藍條披肩、披背。

3 一組黑色小皮匣，內部裝有《摩西五經》的羊皮紙。

4 Matteo Ricci

5 Simon Schama

6 *The Story of the Jews, Volume Two: Belonging 1492-1900, Simon Schama, Harper Collins Publishers*

7 Abishai

8 中國的猶太人和猶太教：http://chinakosher.com.cn/chinese-jews-and-judaism/

9 The Hebrew Union College in Cincinnat

10 the Book of Esther

11 一五五五年教皇公牛的命令文件。

12 Evreiskaya Gimnaziya

13 猶太家族：邦納 (Bonner)、卡巴爾金 (Kabalkin)、卡羅 (Krol)、孟德爾維奇 (Mendelevich)、薩母頌納維奇 (Samsonovich) 和斯基德斯基 (Skidelsky)。

14 Ehud Olmert

15 Mordechai Olmert

16 錫安主義又稱「猶太復國主義」，由猶太人發起的民族主義政治運動和猶太文化模式，目的在支持或認同以色列重建「猶太家園」，也是建基於對以色列土地聯繫的一種意識形態。

17 Irena Vladimirsky

18 The Museum of the Jewish People at Beit Hatfutsot

19 中國哈爾濱猶太人，Irena Vladimirsky，https://www.bh.org.il/jews-harbin/。

20 也稱「東清鐵路」，東是東三省，清是清朝。

21 Alexander Yugovich

22 Yul Brynner

23 Sassoons

24 Kadoories

25 Victor Sassoons

26 Evian Conference

27 Chiune Sugihara

28 Manipur

29 Benjamin Netanyahu

30 Beni Menashe

31 示劍 (Shechem) 和撒馬利亞 (Samaria) 二城。

32 Baruch de Spinoza

33 Francisco Ribeiro

34 神聖羅馬帝國當時控制大部分歐洲地區，斐迪南二世於一六一九年成為神聖羅馬帝國元首，強迫公民成為羅馬天主教徒；但一五五五年簽署的《奧格斯堡和約》(the Peace of Augsburg) 中包括了基督教體系的信仰自由，也包含天主教、喀爾文主義和路德教。奧地利和捷克的波希米亞貴族們拒絕斐迪南二世的命令，並得到瑞典、挪威和丹麥的支持，與德國新教聯盟國家結盟對抗斐迪南二世，斐迪南二世尋求姪子西班牙國王腓力四世的支持，三十年戰爭拉開序幕。這場戰爭是人類歷史上最長和最野蠻的戰爭之一，引起的饑荒和疾病造成八百多萬人傷亡。一開始是神聖羅馬帝國的天主教和新教國家之間的戰爭，隨著戰爭的演變，宗教的意義漸漸減少，取而代之的是哪個群體將治理歐洲。改變了歐洲的地緣政治面貌，以及宗教和民族國家在社會中的作用，最後簽定《西發里亞》(the Peace of Westphalia)才結束三十年戰爭。

35 Mediene

第五章

美國的猶太人比以色列還多

猶太人因白皮膚入美國

美國是全世界最多猶太人散居的國家，比以色列還多。

十六世紀時，猶太人大量移居荷蘭，隨後跟著荷蘭船隻到達巴西，成立了猶太社區。一六五四年，葡萄牙從荷蘭手中奪回巴西時又驅逐猶太人，多數猶太人去了南美洲與北美洲之間的加勒比海，另有二十三個猶太人要回荷蘭。他們在途中被西班牙海盜洗劫一空，幸而被法國船隻救了，又遇到好心人讓他們搭便船，這些猶太人因此朝北而去，意外到了新阿姆斯特丹（今紐約市）。雖然他們是荷蘭猶太人，但不為新阿姆斯特丹的荷蘭省長所接受，經過荷蘭的猶太機構與荷蘭政府斡旋後，第一批猶太人才在美國居留，這也許是紐約市下東區成為猶太人根據地的背景。

一八二〇年，美國只有三千個猶太人，但一九二四年暴增為三百萬，包括一八八〇年到一九二四年有二百萬東歐猶太人因受壓迫而移居美國。為什麼一九二四年之前有大量猶太人能移民美國？根據「世界各地的猶太人」課程老師亞布許－瑪格納拉比[1]的說法是，猶太人「外觀和白人一樣，而美國要增加白人的人數，不論白人從哪裡來，都可以不受管制進入美國」。因此，一九二四年之前，猶太人不必身分證件就可以進入美國。

一九二四年，美國頒布了移民法，採取配額限制，以原居國人口決定移民數量，但大不列顛和北歐白人與美國人的祖先相同，沒有移民限制。亞洲地區，華人因排華法案而被禁止移民美國，只有日本人因自律和屬於美國的菲律賓可以移民。但很快的除菲律賓之外，美國全面禁止亞洲人移民，包括日本，主因是歧視亞洲人。美國移民局規定隨著時間而改變，並非一成不變。

一九二四年，美國移民法立法後，移民美國的猶太人減少了，直到第二次世界大戰，猶太人被納粹大屠殺，無處可去，美國因此增加猶太人移民的人數。

因膚色白而得以大量移民美國，這是當今猶太人面對美國社會反猶太或歧視猶太人時感到尷尬的原因。「美國需要更多白人人口時，我們被當成白人自由移民美國，而黑人和其他有色人種被擋在門外。但我們不是白種人，和白人還是有差異。」亞布許－瑪格納拉比有感而發地說。

也許是我的六百度近視太嚴重，雖然猶太同學和老師就在身旁的近距離，我實在分辨不出他們和美國白人的膚色到底差在哪裡，但猶太人能夠辨別出微妙的差異。

移民美國三大波

猶太歷史學家在傳統上將猶太人移民美國歸納為三大波，第一波是從西班牙移居荷蘭的猶太人。荷蘭當時擁有巴西，又到北美探險，取得了新阿姆斯特丹，這群西班牙裔的荷蘭猶太人跟著去巴西發展，再從巴西進入美國。後來荷蘭人戰敗，新阿姆斯特丹落到英國人手中，也變成英國人的紐約。同一個城市的兩個名稱都加上「新的」，一是「新阿姆斯特丹」(New Amsterdam)，一是「新約克」(New York)，意指從母國的阿姆斯特丹或約克而來。

當時美國是英國殖民地，而殖民屬地是東岸十三州，因此猶太人定居美國以東岸十三州為主。第一波西班牙裔荷蘭猶太人以經商為主，擅長進出口貿易，以港口為中心，主要分布在五大港口城市，除了紐約外，還有費城、羅德島的紐波特、南卡的查爾斯頓，以及喬治亞的薩凡納。

西班牙裔荷蘭猶太人移民美國面臨的是舊世界和新世界的衝突與磨合，歐洲舊世界的猶太會堂什麼都管，出生要管，死亡要管，連商人做生意也要管；而美國是自由民主社會，猶太會堂不能再管商人怎麼做生意，當然，猶太自治政府也不存在了。雖然買墓地、建猶太廟、成立猶太社區、慈善和照顧貧窮寡婦等傳統還是照舊，但猶太女性走出家庭，不只擔任義工或英語教師、成立女性組織，還到猶太廟參加安息日或猶太節慶，都是相當大的衝擊。我拜訪了查爾斯頓改革後的猶太廟KKBE[2]，它建立於一七四九年，是美國第一間改革猶太廟，由英國倫敦來的西班牙裔和葡萄牙裔猶太人所建。當時猶太廟只有正統猶太教，沒有改革猶太教或其他教派（如保守猶太廟），而查爾斯頓有四個不同教派的猶太廟，見證了猶太人移民美國後所受的衝擊和改變，並奠基於十八世紀歐洲猶太人解放運動之下，加速民主化。

一八四〇年後，德裔猶太人在德國受到壓迫、立法限制、經濟困頓，以及宗教改革運動失敗，他們為了解決這些問題而移居美國。KKBE的導覽人員在回答我的問題時指出，德裔猶太人搬到查爾斯頓後取代了西班牙裔和葡萄牙裔猶太人，並將他們在德國失敗的宗教改革運動引入KKBE，使其成為改革猶太廟。根據紐斯納[3]在〈美國是猶太人的應許之地嗎？〉[4]提到，猶太人感覺住美國比以色列安全，可以發揮自己的才能和天賦，在政治、文化、經濟和藝術等方面都能全力發展，未來更充滿希望。因此，猶太人普遍認為美國是上帝應許之地，是可以讓猶太人實現夢想的地方。

德裔猶太人屬於第二波移民，人數很快就超越了第一波的西裔猶太人。第二次世界大戰爆發時，二十五萬德裔猶太人前往美國中西部，透過挨家挨戶推銷的小攤販或開小店營生，但他們不是省油的燈，很快就看到商機——在地理上做為生意中間站，貫穿美國西部和東部，辛辛那提就是因此創造的城市。於德國失敗的宗教改革運動在這裡實現了，辛辛那提成為改革猶太教總部。我上課的亞特蘭大猶太廟已有一百五十一年歷史，當初是為德裔猶太人而設立，有些拉比也是從辛辛那提的改革神學院出來。

第三波移民在一八八〇年到一九二四年之間，因東歐人口過剩、壓迫立法、貧困和大屠殺，短短三十幾年之間，有二百萬東歐猶太人湧入美國。

其實東歐猶太人滿害怕移居美國，擔心美國的自由開放會讓他們的信仰消亡。他們的子女從美國寄錢回東歐資助家人時，會附上在照相館拍攝、打扮有如公主和王子的照片，美鈔加上實際畫面成為最好的宣傳，想像到美國可以實現夢想，因此很多東歐猶太人只帶了猶太信仰的小圓頂帽和披肩就來到美國了。

我的猶太朋友中，他們的祖父母從東歐移居美國的最多，其次是德國，最少的是西裔猶太人，這和現今美國猶太人數的比例吻合。一八八〇年代，每六個美國猶太人只有一個來自東歐，但四十年後，每六個猶太人就有五個是來自東歐。

雖然東歐猶太人也是來自德國，也說意第緒語，但東歐猶太人不論在教育、經濟和文化上均比德國猶太人弱勢，因此當初來美國承受了德國猶太人的冷眼相待，宛如城市人看待鄉巴佬。但東歐猶太人日夜工作，同時學英語，後來居上。

從猶太人移民美國的過程，可輕易看出西裔猶太人最有錢，其次是德裔猶太人，最窮的是東歐猶太人。這得回推到他們所處的歐洲社會，在宗教愈寬容、政治愈穩定的國家，猶太人的發展相對較好；否則，今天賺錢今天吃，難有隔夜糧。

雖然猶太人在美國還是被歧視，如禁止住在麻州，很多城市有禁止居住的區域，還面臨買房困難，不只是美國白人不賣房給猶太人，銀行也不提供貸款，長春藤系統大學和最好的大學都對猶太學生設立入學配額。國中看電影《精武門》時，看到上海租界地有「華人與狗不得入內」的牌子；「猶太人在世界各地」課堂上的投影片居然看到美國也有「猶太人與狗不得入內」的牌子，真令人難以相信。

猶太人走投無路時，美國大開方便之門，而美國的宗教自由和平等，讓猶太教多元發展，得以選擇留在猶太正統教、改革猶太教或保守猶太教，美國因此被視為上帝許諾的牛奶與蜜之地。美國和英國打獨立戰爭期間，紐約猶太領導人呼籲猶太人在財政上支援美國；而美國南北戰爭時，猶太人也如同美國人分成支持解放奴隸（北）和反對解放奴隸（南）兩派參戰。

從成衣工人到百老匯

猶太人移民美國，吃的苦頭不比華人少。一九一〇年之前，美國七〇%的女裝和四〇%的男裝都出自猶太人之手。和華人成衣廠一樣，猶太人的成衣廠也是按件計酬，設備奇差無比，那叫做血汗錢，引起猶太工人運動在美國崛起。

一八九〇年，約八〇%的紐約成衣廠集中在下東區，而大多數成衣廠老闆是德裔猶太人，工人當然是東歐來的那些窮人。一八九七年，約有六〇%的紐約猶太勞動力從事服裝業，和臺灣在一九七〇年代的成衣工業相似。

除了紐約市，猶太移民也湧入芝加哥西區、費城和波士頓的聚居區，但還是紐約市工作機會較多，例如我的猶太朋友大衛的祖母就獨自帶著五個兒子從芝加哥搬到紐約市。除了生存因素外，在猶太人的工廠工作，就有參加安息日的機會。

猶太人大量移民美國，使紐約在一八八〇年時僅占一〇％的服裝業，三十年後大幅成長到四七％。猶太人在東歐時就有高達六七％的人擁有縫製技術，他們工作之餘積極學英語，許多人迅速轉業或轉行做生意。因此，不只很快脫貧，還成為各行各業的傑出人才，收入占據金字塔頂端。

百老匯演出的服裝全出自猶太人之手，主因是意第緒語的劇院在下東區吸引猶太人，緊接著，百老匯的音樂、劇本、演員和導演等幾乎全是猶太人的天下。

百老匯最受歡迎的音樂劇，幾乎都是由猶太人創作。東歐猶太人數量龐大，意第緒語劇院提供了多重功能，市場需求量自然就大，除了讓在新國家的猶太人可享受家鄉的戲劇外，也能得到如何在新世界活下去，如何避免或解決家庭糾紛的資訊。

讓我們看看猶太人的意第緒劇院和百老匯的關係，一九一八年，紐約下東區有二十間意第緒劇院，一年內表演了一千場次，吸引超過二百萬猶太人觀賞。門票是二十五美分到一美元，對在血汗工廠工作的人而言非常昂貴，但猶太人不論階級，總是全家總動員觀賞；門票部分收入會投入慈善，連娛樂都沒有脫離猶太傳統。

好萊塢電影工業也是猶太人居多，連演員、導演和製作人都是。曾被稱為印鈔機的布魯克斯[5]，集導演、編劇、作曲家、作詞家、喜劇演員和製片人於一身，得過很多獎項，例如奧斯卡獎、東尼獎、艾美獎、勞倫斯．奧利弗獎等。布魯克斯兩歲時，爸爸過世，從小被同儕霸凌；九歲時，叔叔帶他去看音樂劇，他看到知名的音樂劇演員加克斯頓[6]、默爾曼[7]和摩爾[8]，當下對叔叔說：「我不想回去做成衣了，我要從事劇院的生意。」布魯克斯於一九六八年主演的電影《製片人》[9]，讓我觀賞時笑得東倒西歪。

美國舞王亞斯坦[10]也是相當知名的百老匯表演者，他的爸爸從德國移民美國後想從事釀酒貿易，但失業後只好靠推銷子女給表演團體賺錢，亞斯坦因此從事了七十六年表演工作，他曾演出三十多部歌舞劇，一九四八年在《萬花錦繡》[11]中精湛的舞蹈表演，簡直讓人無法閉上眼睛。

對意第緒劇院表演有興趣的讀者們，請到 Youtube 看紐約意第緒劇院[12]和美國公視的紀錄片《意第緒劇院》[13]；也可觀看意第緒語版《屋頂上的提琴手》的精彩片段[14]和《如果我是有錢人》[15]，以及傑出的演員芬克爾[16]和拜克爾[17]表演的《為生命喝彩》[18]；也可以在〈第二街與百老匯相遇〉[19]文中看到芭芭拉．史翠珊在《好笑女孩》[20]的劇照，默劇巨星卓別林也是意第緒劇院的鐵粉。

意第緒劇院和百老匯在很多方面相通，都是由西方古典戲劇改編，如莎士比亞，也有從俄羅斯和東歐戲劇移植過來，有音樂劇、喜劇、文學劇和政治戲劇等，讓移民的猶太人在熟悉的語言中與過去的經驗連結，同時從女性權利到美國化，滿足猶太人的生活需求，讓他們不只看到自己的投射，也跨過移民的過渡期。

百老匯的地緣和包厘街[21]相連，住在包厘街以東的是下東區猶太人，南區是中國城，西區是小義大利，北區就是百老匯。意第緒劇院和百老匯不只在地緣和表演上相通，更是百老匯的基礎，這也是為什麼百老匯會是猶太人的天下。美國公視拍的百老匯猶太人訪談紀錄片中，不論是作曲家、作詞家、導演、製片人或演員等都說在百老匯很難找到沒有猶太人參與的戲劇。

美國城市的猶太人口分布

猶太人的成功與居住城市有關，城市資源多，文化自然豐富，他們是終身學習的民族，城市便提供了學習的良機。猶太人在歐洲不被允許有土地，從事農業的機會就被剝奪了，沒有土地的人該往哪裡去呢？城市是不二之選。

雖然以色列是猶太人國家，以色列猶太人和美國猶太人的數量旗鼓相當。若以城市人口分布來說，以色列遠不及美國。我們從美國的猶太人城市排名來看看其他國家主要城市的猶太人分布，以下是當今美國猶太人口分布前十名的城市。

第一名是紐約，猶太人口最大集中地，有一百一十萬人。嚴格來說，紐約市可說是猶太人的城市，也被認為是美國的耶路撒冷。以色列耶路撒冷是全球猶太人口的第二大城，但只有紐約市的一半（約五十四萬六千一百人）。

第二名是洛杉磯，有五十一萬九千二百人，和耶路撒冷的人數差不多。好萊塢是電影工業城，製片人、導演、演員、編劇、電影公司老闆等幾乎都是猶太人。東尼對我說他在加州工作時，最要好的朋友就是猶太人：「弗蘭克家族從事影業，住在山丘上，俯瞰洛杉磯。」以色列前首都特拉維夫也不過四十萬一千五百人。

第三名是舊金山灣區。只有灣區，不是整個舊金山，就有三十九萬一千五百五十人。灣區連結的是矽谷，也是當今世界電腦科技的龍頭。

第四名是芝加哥，高達二十九萬一千八百人。二〇一七年六月，我到芝加哥參加猶太朋友的婚禮，現場來了兩、三百個猶太人。與芝加哥相近的是法國巴黎有二十七萬七千人，是歐洲猶太人最多的城市。

第五名是波士頓，二十四萬八千人。波士頓交響樂、哈佛大學和麻省理工學院所在的城市，其中表演音樂和大學教書的猶太教授不少，從哈佛出走的猶太教授在麻省理工學院獲得諾貝爾經濟學獎。與波士頓接近的是以色列第四大城里雄萊錫安，有二十二萬九千三百人，以及以色列中央城市佩塔提克瓦，有二十二萬九百人，位於特拉維夫以東，是猶太正教的大本營，由羅斯柴爾德家族資助的城市。

第六名是華盛頓特區，共有二十一萬五千六百人。華盛頓特區是美國首府，白宮和國會的所在地，這表示猶太人從政或在政治上的影響力非常可觀。和華盛頓特區人數相當的是以色列第三大城海法，有二十一萬七千六百人，海法是巴哈伊世界中心所在地，聯合國教科文組織世界遺產，也是巴哈伊朝聖者的目的地[22]。

第七名是費城，有二十一萬四千六百人。費城在美國歷史上代表的是自由，美國開國元勛都受到猶太經典的影響，包括華盛頓、富蘭克林、約翰·亞當斯，甚至連湯馬斯·傑弗遜寫美國憲法時，也把信仰自由放入其中。和費城接近的有以色列第六大城、第一大港口阿什杜德，有二十萬四百人；位於特拉維夫以北的內坦亞十九萬六千三百人；加拿大多倫多十八萬八千人；以色列南部沙漠之城別是巴有十八萬一千人；英國倫敦有十七萬二千人；阿根廷布宜諾斯艾利斯有十五萬九千人。

第八名是亞特蘭大，有十一萬九千八百人。如今是美國電影工業成長最迅速的城市，也與猶太人在影業界的人數相關。我住在亞特蘭大，這裡的朋友以猶太人居多，左右鄰居大多是猶太人也不足為奇了。

第九名是邁阿密，十一萬九千人。邁阿密是美國東南的大城，南佛羅里達的金融、經濟和文化中心，以及度假勝地。

第十名是聖地牙哥，十萬人。二〇一九年四月二十七日，安息日和逾越節的最後一天，聖地牙哥的

「波威查巴德猶太會堂」[23]在祈禱敬拜時，遭遇十九歲仇視猶太人的加州大學生開槍掃射，造成一死三傷的悲劇。

猶太人居住國家和城市的排名，可參見「猶太人口的城市地區列表」網站資料[24]。

通婚

猶太人通婚很高

猶太人作客他鄉二千年中，夾雜在融入當地被同化或保存猶太傳統的困境中。除了面臨經濟、政治、信仰的衝擊外，最受關注的就是猶太傳統和猶太教面臨猶太人與非猶太人通婚所影響的未來，也就是猶太人口下降的隱憂。

根據〈一九九〇年猶太人口研究〉[25]統計，高達五二％（但經分析的正確數字是四三％）的猶太人和不同種族的人通婚。一八八〇年到一九九〇年間，大批猶太人從歐洲移民美國，而美國的民主與開放解除了他們的限制和傳統，也讓猶太人在傳統和現代間更為糾結。看看我的猶太朋友們通婚情況多普遍，就可印證研究的結果。

安是白人基督徒，她的丈夫是猶太人，一個不願意成為猶太人，一個不肯成為基督徒，相約在我的教會——跨信仰的UUCA[26]結婚。跨信仰教會有猶太教、基督教，讓兩人如魚得水。安的丈夫十年前過世，她因思念丈夫開始在教會上一些猶太教育課。

另一位朋友愛德是猶太人，他的妻子印尼斯是德國人，兩人都是第二春。他們家依照德國傳統過聖誕夜，團聚晚餐，也讓孫子們玩歡樂復活節的兔子找彩蛋遊戲；遇上猶太新年、逾越節等猶太節慶時，就一起吃猶太食物。

同事埃菲爾老師是西班牙正統教猶太人，他的太太潔西卡是厄瓜多天主教徒，因母語都是西班牙語而相戀。這對夫妻各自信仰宗教，埃菲爾用心帶孩子們上猶太廟，但效果有限。

大衛家兩兄弟都是跨信仰、跨種族通婚，大衛和來自克羅埃西亞的太太結婚，而哥哥再婚的太太也是基督徒。還有我之前的猶太音樂家鄰居，兩次婚姻的妻子都是白人基督徒。

史帝夫和原是基督徒的太太結婚，但他是從正統猶太家庭出生，因此太太是不是猶太人對史帝夫很重要，他說：「唯有我的太太是猶太人，我們才能把孩子教養成猶太人。所以我們結婚前，我的太太先上了兩年猶太課，成為猶太人後才結婚。」史帝夫的太太來自虔誠的白人基督教家庭，但他的岳父、岳母沒有反對，不只這樣，他的岳父第一次出國就是史帝夫帶他去耶路撒冷，他說：「後來我岳父又獨自去了兩次。」

我的猶太學生中有不少是通婚的後代，例如一年級牛頓的父母都是律師，他的媽媽不是猶太人；二年級拿撒尼爾的爸爸是猶太人，媽媽是華人；三年級艾利奧特的爸爸是猶太人，媽媽是白人基督徒。有趣的是，這些學生們都自認是猶太人，星期日也到希伯來文學校學習希伯來語、猶太歷史和文化，一如純猶太人學生。

通婚：曾是猶太人的禁忌

歐洲基督教國家中，因基督教禁止猶太人和基督徒住在同一區，若猶太人和基督徒通婚則被基督教視為「通姦」；猶太人也不願意通婚，將通婚視為禁忌。

電影《屋頂上的提琴手》主角泰維有五個女兒，三女兒卡娃愛上了白俄羅斯東正教徒的費耶卡，泰維難以承受巨大衝擊，因費耶卡不只是不同種族的人，還是基督徒。他說：「《聖經》上說物以類聚，就算鳥愛上了魚，牠們以後要住哪裡呢？」早期猶太人的傳統中，和異族通婚就會被家人斷絕關係，甚至用猶太人葬禮第一天「坐七」[27]的方式來表示對跨婚兒女的哀悼，代表跨婚就像死去一樣令家人哀痛。

正如前文所說，猶太人通婚從禁忌轉向普遍化，除了正統猶太教的人外，猶太人跨婚就像臺灣的客家、閩南通婚，本省、外省通婚一樣，先是階段性禁忌，隨著社會開放，以及自由度增加而大鳴大放。

依照猶太律法規定，「母系」猶太人就是猶太人，意即媽媽是猶太人，她的孩子就是猶太人。非猶太男人和猶太女人結婚生下的孩子是猶太人；但依照猶太律法，猶太男人和非猶太女人結婚生下的孩子不是猶太人，為了解決這個難題，非猶太女人通常在結婚前先轉變為猶太人，如大導演史蒂芬·史匹柏的太太，我的朋友史帝夫和他的太太也是。為因應通婚的普遍化和日漸減少的猶太人口，一九八二年的猶太改革運動認定只要父母一方是猶太人，生下的孩子就是猶太人。

猶太正統教和哈西迪還是堅持唯有母親是猶太人的孩子才是猶太人，和其通婚的非猶太女性較少，而且必須先轉為猶太人。猶太正統教和哈西迪家庭生育很多孩子，我的希伯來文老師弗力門的太太生了六個孩子，而他住在耶路撒冷的哥哥生了十一個孩子。哈西迪雖是猶太正統派之一，但和猶太正統教差異相當大，他們受猶太神祕主義影響，是非常極端猶太正統。現今，他們的婚姻仍需透過媒婆[28]配婚，而且男女年紀要相當，約在十七歲到二十五歲結婚，平均每對夫妻生育八個孩子。

猶太人散居世界二千年，怎能杜絕子孫和非猶太人通婚呢？除了正統派和哈西迪外，猶太人跨族、跨教通婚，甚為普遍。

步步升高的通婚

聽猶太朋友說他們的父母會鼓勵孩子和猶太人結婚，而結果相反時，父母也不得不接受。例如大衛的父母叮嚀過兩個兒子要找猶太人結婚，但他們都反其道而行，和異族、異教太太結婚。在自由主義之下長大的美國年輕人中學就開始談戀愛，猶太父母為了避免孩子和非猶太人通婚，會送他們參加猶太夏令營，或讓孩子滿十八歲後在猶太組織贊助「出生權」下免費去以色列旅行十天，藉著團體旅行認識更多猶太人。那些猶太組織常由猶太慈善家捐款設立，希望鼓勵猶太人和猶太人結婚，猶太人口才不至於降低。

亞特蘭大猶太廟每個月一次星期五的安息日設定在晚上八點，服務對象是年輕的專業猶太人（指工作專業，如電腦工程師、律師或醫生），安息日禮拜之前有聚會，提供酒和食物，也是為了增加猶太人彼此交往的機會，當然也和把專業人才留在猶太教有關。

猶太領袖及慈善家和猶太組織（如北美猶太人聯盟[29]）為了維持猶太人的連續性，曾於二〇一一年到二〇一四年舉辦三年會議，讓猶太年輕人聚集社交。而猶太人「出生權」是由史坦哈特[30]基金會捐助，若在那趟旅行中擦出火花而結婚，史坦哈特還會幫新人支付蜜月費用。史坦哈特是對沖基金經理，也是有名的慈善家，熱衷於配對猶太人。安息日成年禮時，拉比會致送「出生權」證書給成年禮的孩子，十八歲後就可以完全免費到以色列旅行十天。

為什麼猶太慈善家和拉比那麼努力配對猶太人？先是〈一九九〇年猶太人口研究〉的爆炸性報告，接著是二〇一三年美國皮尤研究中心[31]的調查報告顯示，自二〇〇〇年以來，猶太人跨族通婚已飆升到五八%，導致客居他鄉的猶太領袖憂心匆匆，深恐猶太嬰兒將日益減少。

猶太人是機會主義者（這裡指的機會主義是正面的），例如在原居國被壓迫，有機會移民美國就一定要去，那裡有很多發展機會。而原先猶太領導人認為猶太人和非猶太人結婚是「危機、威脅」，也是「挑戰」，如今卻認為是「機會」。事實上，針對通婚的研究，有高達五成以上的猶太通婚者非常滿意他們的婚姻。

年代	美國猶太人通婚比例
1970 年前	17%
1970 年	30 ～ 35%
1980 年	41 ～ 42%
1990 ～ 1994 年	46%
1995 ～ 1999 年	55%
2000 ～ 2004 年	58%
2005 ～ 2013 年	58%，漸趨穩定

通婚，正是猶太人作客他鄉二千年自然結成的果實，就像氣候變化一樣自然。也印證了皮尤研究中心在二〇一三年針對美國猶太人通婚的研究成果：

猶太領袖們的擔憂也能被理解，皮尤研究中心針對跨種族通婚的猶太人撫養下一代的研究，證實他們的憂慮「正確」。研究顯示，猶太人和猶太人結婚的家庭有九六%孩子在猶太教育下被教養為猶太人，只有一%沒有宗教背景。但跨族通婚家庭中，只有二〇%以猶太教教養孩子，二五%是「部分猶太教」，而高達三七%的家庭沒有進行猶太教教養，或只有一個孩子是部分猶太教教養，另有一六%通婚家庭將孩子教養成有文化傾向但非猶太教的猶太人。

還是和氣候變遷一樣，是猶太人跨族、跨教通婚的自然結果，就像移居國外的華人和異族通婚的比例也高於臺灣、中國和香港。約會網站很多，猶太人約會網站 Jdate[32]除了配對猶太人外，也有非猶太人上網站去找猶太人結婚；而在普通約會網站上，也有不少猶太人去找非猶太人交友、結婚。有趣的是，他們在人種欄寫的是猶太教或猶太人，而非「白人」；在收入欄，猶太人大多在十萬美元年收入以上，我很好奇這樣在找約會對象時是否會比較吸引人。

猶太人不論是否跨族、跨教通婚，還是維持了猶太人的婚姻觀，一如希爾曼拉比[33]在〈猶太人的婚姻觀〉[34]文中所說：「猶太人的婚姻有如兩個人結伴開車旅行，要有共同的目的地，也就是生活的目標，接著是對婚姻的共同承諾，以及親和力和吸引力。」猶太人的婚姻觀也是普世的婚姻價值。

1 Rabbi Ruth Abusch-Magner
2 Kahal Kadosh Beth Elohim
3 Jacob Neusner
4 Is America The Promised Land For Jews?
5 Mel Brooks
6 William Gaxton
7 Ethel Merman
8 Victor Moore
9 The Producers
10 Fred Astaire
11 Easter Parade
12 Yiddish Theater in New York, GERALD SORIN，https://www.myjewishlearning.com/article/yiddish-theatre-in-new-york/。
13 Yiddish Theater，https://www.youtube.com/watch?v=VDoTugbLZOs。
14 Fiddler on the Roof in Yiddish: Highlights，https://www.youtube.com/watch?v=X7yryjpzUv8。
15 If I were a rich man，https://www.youtube.com/watch?v=8nPdrrDJFvg。
16 Fyvush Finkel
17 Theodore Bikel
18 Fyvush Finkel, z"l, performs "To Life" with Theodore Bikel z"l，https://www.youtube.com/watch?v=ir4ESzKDBQ4。
19 Second Avenue Meets Broadway: New York's Yiddish Theater at MCNY, Saul Noam Zaritt，https://ingeveb.org/blog/second-avenue-meets-broadway-new-yorks-yiddish-theater-at-mcny。
20 Funny Girl
21 Bowery
22 巴哈伊信仰創始人是出生於伊朗德黑蘭的巴哈歐拉，他是伊朗的宗教領導者、先知及信仰巴哈伊。該信仰主要在倡導宇宙和平，包括所有國家、種族和宗教。
23 The Chabad Synagogue of Poway
24 List of urban areas by Jewish population, Major Jewish population centers worldwide，https://en.wikipedia.org/wiki/List_of_urban_areas_by_Jewish_population。
25 he 1990 National Jewish Population Study
26 Unitarian Universalist Congregation of Atlanta
27 shiva
28 Shidduch
29 Jewish Federations of North America
30 Michael Steinhardt
31 Pew Research Center
32 https://www.jdate.com/en-us。
33 Rabbi Dan Silverman
34 The Jewish View of Marriage

第六章
二千年前的猶太歷史悲歌

羅馬帝國不懂猶太人

為什麼猶太人被迫離開自己的土地，在各國流浪了二千多年？原因出在政治與經濟上。

政治上，猶太人本身有責任，曾統治的希臘帝國及羅馬帝國也有責任。不同時代的統治者在猶太人的土地上實行本位主義的統治方式，未將猶太人的歷史、文化及宗教合併思考。

經濟則關係到人民的生存條件，或不同宗教信仰之間的利益不均，或統治者利用不同信仰加上政治煽動而加劇衝突，都是導致猶太人流亡二千年的主因。

當羅馬帝國的疆土大到無邊時，希臘、敘利亞、埃及、高盧等都成為羅馬帝國的省分，猶太人的家——巴勒斯坦也不例外。

羅馬帝國統治埃及和希臘不是問題，埃及文明和希臘文明都在羅馬帝國的掌握之下，很容易明白；但羅馬帝國沒有明白猶太文明與前兩者不同，不只誤解了猶太文明，還嘲笑猶太教。

例如半瘋狂的第三任羅馬暴君皇帝卡利古拉[1]派軍隊駐紮在猶太聖殿，他自認是上帝、是神，派遣敘利亞省長佩特羅尼烏斯[2]率領軍隊，浩浩蕩蕩地要把皇帝雕像放進猶太聖殿，引起猶太人反抗，他們視死如歸，對佩特羅尼烏斯強調寧可被踐踏在馬蹄下，也不會讓羅馬皇帝的雕像進入猶太聖殿。佩特羅尼烏斯看到猶太人那麼認真，就放棄執行皇帝的命令。這個消息傳到卡利古拉耳中，立刻下令佩特羅尼烏斯自殺謝罪。

敘利亞省長還把大祭司的長袍用鑰匙鎖住，那是大祭司的官服，是主持猶太人最神聖的禁食慶典——贖罪日必須穿的長袍。派駐的羅馬士兵侮辱猶太聖殿的行為，也令虔誠信仰猶太教的猶太人難以承受。

希臘帝國安條克三世[3]統治猶太人時期，開始執行希臘化計畫。他的兒子安條克四世於西元前一七六年繼位後，恢復父親的原始政策，在猶太人叛亂時，強硬取消猶太教的中心原則，例如安息日和割禮[4]。不只如此，在猶太聖殿為宙斯建神壇，還打開聖殿，猶太人認為這個行為玷汙了聖殿；甚至強迫行「可食」的猶太人吃豬肉，並要他們改信希臘多神教。

一個官員強迫猶太神職人員瑪他提亞[5]向異神教獻祭，於是他憤恨地殺了這個官員。安條克四世為此展開報復，導致瑪他提亞和五個兒子於西元前一六七年起義，稱為馬加比起義[6]，歷經二十多年奮戰，猶太人奪回耶路撒冷，並淨化猶太聖殿。

西元前一四二年，安條克四世的繼任者同意以色列獨立，猶太人因此有了長達兩世紀的獨立。這段歷史對猶太人非常重要，表示羅馬皇帝在褻瀆猶太教或猶太聖殿時，他們就會誓死反抗到底。羅馬帝國沒有謹記希臘帝國所犯的錯，仍重蹈覆轍，顯見不了解猶太人。

由此可見，羞辱猶太人的宗教是造成悲劇的因素之一，而猶太人的意志和力量在維護猶太教上可是不遺餘力。猶太人民族意識強，當巴勒斯坦被羅馬帝國滅亡，猶太人認為是國恥，要復國、要獨立。他們人數雖少，但曾在馬加比起義和希臘帝國奮戰成功，因此對獨立寄以厚望。

另外，羅馬帝國執政上的好意，如讓猶太人擔任猶太王，還是不敵派遣到巴勒斯坦的腐敗官員，包括彼拉多[7]屠殺成千上萬猶太人，以及由皈依為異教徒的猶太人亞歷山大[8]擔任省長。更糟的是，下一任省長弗羅魯斯[9]故意挑起猶太人的叛亂，以掩蓋其犯罪紀錄。這些腐敗的羅馬官員讓巴勒斯坦沒有寧日。

奢侈浪費、臭名昭著大希律王的孫子希律亞基帕一世[10]繼承猶太王位後，頓悟自己對猶太人的責任，要回歸猶太傳統。當時，猶太人和異教徒間的衝突很大，異教徒認為希律亞基帕一世在政治和經濟上都維護猶太人。亞基帕一世統治七年（西元三八年～四四年）後過世，羅馬帝國不肯派土生土長的巴勒斯坦猶太人為王，怕繼位後會繼續執行他的政策，改派他的兒子亞基帕二世為希律王朝末代國王。

猶太人為什麼感激凱撒？因其尊重猶太人的信仰，懂他們只敬拜上帝，不只沒有強迫把羅馬皇帝當神膜拜，甚至下令猶太人可以合法祈禱及執行猶太教儀式。可惜，羅馬帝國不是凱撒，不懂尊重猶太人的信仰及民族，而希臘帝國也不懂。

猶太人的渴望

猶太人敢對抗羅馬帝國的統治有幾個因素：

一、猶太人不是以卵擊石或自不量力，有馬加比起義在前，他們擁有馬加比精神，既然能擊敗希臘帝國，一定也能擊敗羅馬帝國。

二、期望巴勒斯坦為數眾多的猶太人得以組成龐大的軍隊，加上海外僑民的援助，在巴勒斯坦起義時，海外猶太人會設法引起羅馬內亂，那麼羅馬帝國的軍隊會集中在羅馬，不會也不能派出太多軍隊到巴勒斯坦對抗猶太人。

三、當時擁有敘利亞和小亞細亞的安息帝國[11]是羅馬帝國的敵手。因此，巴勒斯坦猶太人寄望僑居安息帝國的猶太人不只援助家鄉，還能協助說服安息帝國伸出援手。

四、巴勒斯坦猶太人深信被羅馬帝國殖民的那些人，尤其是東方的殖民，一定也想脫離羅馬帝國的統治枷鎖，尋求獨立，因此他們將和巴勒斯坦猶太人一起反叛。

五、猶太人在不同時期都有不同的彌賽亞（拯救者）期待，他們認為彌賽亞會來拯救猶太人脫離羅馬帝國。猶太人的信仰非常虔誠，認為上帝是錫安[12]之王，而猶太人是上帝的選民，所以猶太人認為上帝一定會幫助他們。

猶太人貧富不均

另一個造成悲劇的因素來自猶太人內部。

巴勒斯坦猶太人當時已經發展為上層階級、中層階級和下層階級。上層階級的人如神職人員和土地所有者，他們每天都很輕鬆，精神愉快，還成為猶太社會的貴族。有錢、有閒地在信仰裡遊蕩，沒有為社會貧苦者著想，例如沒有提供足夠的工作機會，也沒有充裕的智慧和羅馬帝國斡旋，無法緩衝下層農民對羅馬帝國的不滿。

下層階級當時以農民居多，賦稅高、土地收益少、外部競爭激烈。窮苦的農民長期處於饑餓之中，不得不放棄務農，但轉入城市謀生卻沒有一技在身而碰壁，難免憤恨不平。下層階級的猶太人認為世界對他們不公平，因此要摧毀不公平的世界。

至於中產階級的人則以小販、工匠和收入較高的農民為主，他們夾在上層社會和下層社會之間。猶太主義是理想主義的世界，猶太人以信仰猶太教為榮，中產階級的人也不例外。但他們到底該站在上層階級或下層階級？或是袖手旁觀？下層階級的人最終沒有獲得中產階級的充裕協助，起身反抗羅馬帝國的統治，爆發混亂、衝突和戰爭。

歷史的悲劇與猶太人的反省

下層階級猶太人大多貧困、饑餓，而羅馬帝國省長弗羅魯斯又貪得無厭，除了透過職權賣官和貪汙外，又在西元六六年搶劫聖殿，快速累積個人財富。猶太人看不下去他的貪心作風，透過如演話劇般公開募款給「窮弗羅魯斯」，這樣的諷刺性演出在街頭巷尾出現，使弗羅魯斯的軍隊和猶太群眾發生衝突，數千個猶太人被殺。弗羅魯斯看到暴動是因私欲而起，不敢也不願善後，乾脆落跑閃人。到這個階段，猶太人只是停留在對抗省長，並沒有升高到對抗羅馬帝國。

猶太希律王朝末代國王亞基帕二世得知猶太人和弗羅魯斯的軍隊起衝突後，火速從王宮抵達現場安撫猶太人，但他是羅馬帝國指定的猶太王，為了保護權杖和王位，當然站在給予權位的羅馬帝國這一方，必然會和人民對立；對此，猶太人對亞基帕二世非常失望，認為他沒有站在猶太人的立場，因此憤怒情緒繼續升高而反抗羅馬帝國。

除此之外，猶太聖殿前大祭司以利亞撒[13]鼓動祭司們除了敬拜以色列的神之外，什麼都不拜，年輕祭司們擁護猶太人的上帝，等於公開和拜多神的羅馬帝國對抗，這麼一來，引起上層階級和亞基帕二世的緊張，聯手要弗羅魯斯回來鎮壓群眾暴動。落跑的弗羅魯斯正好趁機回來，並把一切動亂都嫁禍給猶太人。由於兩路軍隊聯手，羅馬帝國士兵和亞基帕二世的軍隊會合，使耶路撒冷的暴亂更加激烈，起義的猶太人不只把欠債的帳單和檔案銷毀，還燒了亞基帕二世的王宮，更摧毀上層階層猶太人的家，來不及逃出城的人也被殺光。猶太王亞基帕二世和羅馬帝國的軍隊聯手都不敵耶路撒冷的猶太群眾，下層階級猶太人這場野火一燒，造成的傷亡相當慘重。

猶太人和異教徒之間本來就有政治和經濟衝突，羅馬帝國決定處置猶太人叛亂時，異教徒的城市趁火打劫猶太人。變為異教徒的亞歷山大已從耶路撒冷官員改派為埃及省長，他從埃及派出軍隊，讓耶路撒冷變成三股羅馬帝國勢力的軍隊對抗下層階層的猶太農民，導致情勢更加惡化；而敘利亞省長也加入打壓猶太叛亂。這種兵分多路進入耶路撒冷的方式，造成戰爭一觸即發。

猶太人知道叛亂一定會受到羅馬帝國的處罰，為此想從兩條路中挑選一條，要嘛對抗羅馬，要嘛束手就擒。戰爭需要花錢，而起義的是下層階級的貧窮猶太人，只得趕緊向中產階級猶太人募款，做為和羅馬帝國對抗的本錢。羅馬皇帝尼祿當然不能對巴勒斯坦的動亂坐視不管，除了派出軍方將領為巴勒斯坦新省長外，還從羅馬調派軍隊到耶路撒冷助陣。

西元六七年～六八年戰爭持續，猶太人在馬沙達被圍困三年後仍堅持不投降，而猶太教又不允許自殺，無路可走之下，他們選擇一個人刺殺其他人後再自殺，這已經算是最不違背猶太教精神的方法，而戰爭也因這個舉動而進入尾聲。

西元七十年，第二聖殿被羅馬帝國燒毀，猶太人開始散居世界，而 Diaspora（離散、流亡或散居）這個英文字則是針對猶太人散居世界各國的專有名詞。

猶太人是非常求真的民族，他們探討歷史悲劇時不會一面倒地責怪羅馬帝國，也不會庇護自己人，他們把猶太世界的問題真實地攤開，再從已發生的歷史中擷取智慧。如果讓歷史重來，悲劇得以避免嗎？

猶太歷史學家格雷賽爾[14]認為這個歷史悲劇是可以避免的，如果統治巴勒斯坦的羅馬官員誠實一點，猶太上層階級的人更有智慧，猶太群眾更有耐心和順從，那麼，歷史悲劇不但可以避免，猶太歷史和世界史也將重新改寫。

亡國亡廟後分崩離析

西元七十年，悲劇發生在猶太世界，也是猶太歷史的轉捩點。這個轉捩點不是屬於單一個人，而是含括整個猶太族群的命運，他們從此作客他鄉二千年。最明顯的轉捩點展現在宗教、政治和經濟等方面。

猶太教成為違法宗教

猶太教是猶太人的靈魂，聖殿毀了對猶太人來說無疑是在宗教上撕裂與異教徒的關係。戰敗後，猶太人失去了對歷史和猶太教的驕傲。這時，異教徒神職人員以聖殿被毀為由，積極向猶太人傳教，宣稱上帝已拋棄猶太人，不要他們當祂的選民了。

猶太國被毀、猶太人流亡時，許多猶太人轉變為基督徒，他們相信拿撒勒的彌賽亞或基督教，堅信彌賽亞就是耶穌。人在那樣的處境下，轉變信仰是人之常情。不過當時不論是猶太教、基督教或任何宗教，都認為基督教是猶太教的一部分，因為基督教來自猶太教，一樣信奉上帝，而耶穌也是猶太人，還信守安息日和猶太教節慶。但猶太教和基督教最大的差別是猶太教不承認耶穌是彌賽亞。

羅馬帝國皇帝大多禁止猶太人研讀《妥拉》，也不允許教授《妥拉》。學習《妥拉》不但是犯罪的行為，還要被處死。

羅馬帝國皇帝哈德良下令禁止猶太男嬰行傳統割禮；禁止猶太人做禮拜、行安息日；還不准猶太人使用猶太曆調整節慶，這樣他們就無法慶祝自己的節慶了；同時禁止猶太人的學術研究和傳承，以及不准組成猶太公會或猶太法庭[15]。

哈德良不喜歡繁華的耶路撒冷在戰爭下變成廢墟，因而下令重建耶路撒冷，也重建聖殿，但那不是猶太人的聖殿，而是異教徒的聖殿——朱比特[16]廟。朱比特神是義大利眾神之神，有如希臘的宙斯。羅馬帝國建立朱比特廟不令人意外，但羅馬帝國規定猶太人得繳納朱比特廟稅，這對守護猶太教、守護上帝不遺餘力的猶太人來說是非常屈辱的命令，就像是異教徒向他們宣戰一樣。

以前猶太人也散居他國，如被亞述帝國或巴比倫帝國擊敗後，還是以耶路撒冷的聖殿為生活中心。猶太人身在他國，心在耶路撒冷，生活遵循著猶太法庭或猶太會堂所指導的猶太教或猶太傳統。而聖殿被毀後，羅馬帝國不准猶太人回耶路撒冷，若回去就是死路一條，一年只准許在聖殿被毀日回去。以猶太教為依託的猶太人流浪他鄉時，失去了生活傳統，心靈也頓失依歸。

猶太人失去政治權力，淪為奴隸或乞丐

聖殿被毀之前，雖然猶太國是羅馬帝國的行省，但在地位上屬於獨立國家，猶太人還有些許政治權力，如擁有自己的國王、自治政府和猶太法庭。如今，猶太人不再有國家了，耶路撒冷由羅馬帝國的軍隊駐紮，其他小鎮也被摧毀了。

年輕的猶太男女被羅馬帝國擄掠或變賣為奴隸，他們沒有自由，只能聽從主人的命令行事，甚至再被轉賣給其他人。有些猶太人移居羅馬帝國統治下的行省，如羅馬、埃及等。

猶太人離開了自己的土地，到異國異鄉求生存，經濟發展受到很大的限制，因此，多數猶太人窮到沒有立錐之地。

在羅馬帝國的埃及行省看到猶太乞丐不足為奇，他們在地中海的亞歷山大港口附近行乞維生，對照今天猶太人在世界上擁有的鉅富來看，猶如地獄與天堂的對比。而其他猶太人不論是在羅馬或高盧等地，當時也是窮到僅能糊口，能填飽肚子就是幸福，遑論發展。

猶太人散居世界，被各國趕來趕去，甚至慘遭屠殺，但他們從來沒有消滅，還是直挺挺地走過來，甚至成為世界的翹楚。猶太人的聖殿如今只剩下「西牆」，也就是舉世聞名的「哭牆」。

1 Gaius Caligula

2 Petronius

3 Antiochus Ⅲ

4 一種宗教儀式，只對男孩施行割包皮。猶太男人都必須割包皮，代表和上帝簽約；男嬰出生第八天就要割包皮。

5 Mattathias

6 Maccabees

7 Pontius Pilate

8 Tiberius Alexander

9 Florus

10 Herod Agrippa

11 Parthian

12 錫安 (Zion)，泛指耶路撒冷，也被指為以色列土地。

13 Eleazar

14 Grayzel

15 猶太公會 (Sanhedrin) 是上帝要摩西找七十個猶太人，連同摩西組成七十一人的法庭。

16 God of Jupiter

第七章
智者與領導者

猶太人諾貝爾獎得主全球居冠

猶太人人數很少，只占全世界不到〇．二%的人口，但傑出的人卻很多。一如《猶太人和你想的不一樣》書中所寫，截至二〇一七年的諾貝爾獎得主中，猶太人占了二二．五%。二〇一八年呢？猶太人像是探囊取物，又有兩個美國猶太人獲得諾貝爾獎，一個是物理學獎的亞希金[1]，另一個是經濟學獎的諾德豪斯[2]。當很多臺灣長者由外籍看護二十四小時全職照顧時，亞希金以九十六歲高齡孜孜矻矻地做研究並得到諾貝爾物理獎。

從一八九五年成立諾貝爾獎開始，至今不過一百二十四年，猶太人得獎者總共有二百零三人。換句話說，猶太人每年諾貝爾得獎平均人數是一．六五人[3]，甚至將六大項（物理、化學、生理或醫學、文學、和平、經濟學）大獎全部囊括，六項全能，無一缺陷。說要平均發展，這就是最好的證明，猶太人做到了，而第一個奪得諾貝爾獎的猶太人是一九〇五年化學獎的馮拜爾[4]。

納粹大屠殺猶太人期間，獲得諾貝爾獎的猶太人包括一九八六年和平獎《夜》[5]的作者魏瑟爾[6]和二〇〇二年文學獎的匈牙利猶太人卡爾特斯[7]，他們都在滅絕營中倖存下來；而二〇一三年物理獎得主的比利時猶太人恩格勒[8]，因為被藏在孤兒院和兒童之家而得以活命；逃離德國並獲得諾貝爾獎的猶太人，包括因「相對論」而聞名的愛因斯坦在一九二一年獲得物理學獎；美國猶太人科恩[9]在一九九八年獲得化學獎；一九四三年物理獎得主斯特恩[10]；一九五三年生理學或醫學獎得主克雷布斯[11]和二〇一三年物理學獎得主卡普拉斯[12]。

還有不少學者在事業中遭受反猶太待遇，但並不影響他們獲得諾貝爾獎，包括一九五九年諾貝爾化學獎得主科恩伯格[13]、一九八六年諾貝爾生理學或醫學獎得主義大利猶太人列維－蒙塔爾奇尼[14]、美國生物化學家豪普特曼[15]和美國猶太人卡爾[16]在一九八五年共同獲得諾貝爾化學獎、一九九八年諾貝爾生理學或醫學獎得主佛契哥特[17]。

由於猶太人散居世界各國，兩百多位諾貝爾獎得主的猶太人國籍非常可觀，包括德國、法國、匈牙利、美國、英國、比利時、加拿大、以色列、奧地利、俄羅斯、奧匈帝國、瑞士、波蘭、義大利、阿根廷、丹麥、蘇聯、瑞典和南非等十九個國家，好像有猶太人定居的國家，就可能出現諾貝爾獎得主。

連猶太人都很好奇為何他們得到那麼多諾貝爾獎？以色列正在編撰猶太人諾貝爾獎百科全書，我相信以色列的訪談和研究一定很有看頭。猶太人傑出的成績，對全世界的種族或民族來說是個奇蹟，不得不教世人刮目相看。

猶太人傑出的背後

奇蹟的背後當然要談到猶太人的三大支柱：《妥拉》、慈善和學習。

首先，《妥拉》是猶太人的教育來源。猶太人從《妥拉》學到了「學習」這件事，例如我的猶太同學已經持續上了幾十年《妥拉》課。而猶太經典《塔木德》或《妥拉》的希伯來文也都是學習，是巧合嗎？猶太人也從《妥拉》中學習了「慈善」[18]，要修補世界[19]，讓世界更美好，同時推動把《妥拉》應用到猶太同胞和世界上。由此來看，猶太人的世界裡，《妥拉》、慈善和學習是三位一體。

猶太人愛學習，目的不是「書中自有黃金屋，書中自有顏如玉」，也不是學而優則仕，他們不是為了光宗耀祖，猶太父母也沒有把「我都是為你好」的字眼掛在嘴邊。猶太人孩子週日要上希伯來文學校學習希伯來文、猶太文化、傳統和歷史，旨在認識自己；華人孩子的學習目光鎖定在分數，而猶太人在世界上的任務就是把世界修復得更好，因此學習動機更強烈。

每星期六早上，我在亞特蘭大猶太廟上《妥拉》課，約有五、六十個同學，年紀從三十到九十多歲，我是唯一的非猶太人。他們風雨無阻，有拉比，也有律師、法官、心理學家，甚至有美國職棒大聯盟亞特蘭大勇士隊的執行長。每星期由不同拉比輪流擔任《妥拉》課老師，課堂上總是笑聲不斷；每星期一晚上，猶太廟的課是猶太教育。可見學習這件事在猶太文化裡是自然而然的事，活著，呼吸著，就要學習。

我還參加猶太廟的圖書館討論課，同學們都是猶太人，在課堂上針對主題做討論，而主題是現今世界發生的大事，大家在黑板上寫題目，一條一條討論，欲罷不能，絕無冷場。

課堂中的猶太同學幾乎都是領導者，也都是被領導者，討論非常激烈，老師得隨時接槍，不能期待按表操課。授課老師大多是猶太人，只有跨宗教課程才外聘非猶太人，他們對激烈的發問或辯論都處變不驚。舞伴東尼和我一起去猶太廟上課時說：「史珮琳教授怎麼對學生不斷提問還能處之泰然，不覺得干擾教學嗎？」因為史珮琳教授和猶太同學都是從那樣的環境長大，若是華人看到這種課堂秩序，一定會瞠目結舌。

我有次請教猶太同事埃菲爾老師：「為什麼我的學生上課時意見那麼多？為什麼不安靜地聽我上課？」埃菲爾笑容可掬地說：「那是猶太文化。辯論、爭論、討論、抱怨……都是猶太文化。」我曾旁聽一學期埃菲爾老師國中和高中班級的希伯來文課，他的學生都是猶太孩子，課堂上的亂象比九二一大地震還可怕，就算課堂只有三個學生也不得安寧。我本來很同情埃菲爾老師，但他說：「這就是猶太文化。」

我在美國的天才學校教了七個班級，從幼兒園到四年級，幾乎每個班級都有幾個猶太學生。最讓我頭疼的是意見最多的猶太學生，但最喜歡的也是猶太學生，他們非常用功，而且十分謙虛。三年級學生本尼曾和我討論猶太文化和希伯來文，在那之後，他上課時會主動維持課堂秩序，請同學安靜聽課，下課時會和我握手表示感激。

猶太人為什麼討論那麼熱烈？為什麼不是乖乖聽課、抄筆記？圖書館討論課同學湯姆是該課程的帶領人之一，有次他對我說：「妳要參與討論，別只是抄筆記，要發言，把妳的想法表達出來。」

面對一群「雄辯滔滔」的猶太同學，我謙虛地說：「我是來學習的，所以靜靜地聽課和抄筆記。」湯姆卻不以為然，馬上說：「討論、辯論就是學習。」的確，經過討論和辯論後，思緒更清晰，思考更徹底，邏輯更強。你看，猶太人喜歡學生參與討論和辯論，而非當個「乖」學生。

從每堂課的熱烈討論中，猶太人的領導能力被激發出來。領導人絕非是愛作秀、愛出風頭或讓自己的履歷更漂亮，他們有願景，要把團體帶向更寬廣的層面。

猶太人常是正反兩極進行討論或爭論，好像辯論課一樣，但不論怎麼爭論或辯論，就是針對主題，就事論事，因此不會臉紅脖子粗，不會拍桌子、踢椅子，也不會有人出面打圓場，更不會口出髒話。當意見不一時，猶太人也不覺得是針對他，他們對各種論點都沒有防禦，也不會以小人之心度他人之腹。

為什麼猶太人討論、爭論、辯論時不會臉紅脖子粗，也不會大打出手？這就是猶太人的文化之一。猶太人從小被鼓勵要討論、爭論、辯論，每次討論前，主持人一定要先宣讀注意事項，是公領域、客觀、集思廣益地討論，不能帶有個人情緒、情感或偏見，而且要有佐證、資料來源，必須具有權威，不能空口說白話，也不能人云亦云。討論時若有人越線了，主持人馬上喊暫停，提醒當事人必須遵守規定。一個圖書館討論課竟然像寫論文般必須引經據典，也像出庭辯護一樣，難怪有那麼多律師和作家是猶太人。

猶太廟教室兩側都有標語，一個是「強烈贊同，這對我很重要」[20]，另一個是「強烈不贊同，這對我很不重要」[21]，後面一句的「不」是用大寫的「NOT」，擺明了同意很重要，不同意很不重要，這是多麼有趣的對比啊！這就是猶太人。

為什麼猶太人的傑出領導者那麼多？亞特蘭大猶太廟伯格拉比[22]在《妥拉》課上說：「一起讀書是猶太人特有的文化。」接著解釋：「猶太人為什麼要一起讀書？因為你會和對方辯論、爭論、討論，也會引發對方和你辯論、爭論和討論。」

我的看法是習慣爭論、討論和辯論讓猶太人擅長說話，思考敏捷，頭腦靈活，邏輯能力強，而且從中學到組織能力和尊重不一樣的看法，就是民主精神，而這也是領導者的最佳訓練基地。

《妥拉》不只是《聖經》，也不只是《摩西五經》，它會連結到《塔木德》，也會連結到《密西拿》。因此，《妥拉》學習超越《聖經》，這也是猶太人領導力的養成過程。

《妥拉》課不只讀《妥拉》，還有《哈夫塔拉》[23]預言書的部分，閱讀力在猶太世界相當重要。每星期三都會收到亞特蘭大猶太廟寄給我《妥拉》課閱讀的部分，如以二〇一九年八月十七日來說，《妥拉》是閱讀〈申命記〉的3：23－7：11；《哈夫塔拉》則閱讀〈以賽亞書〉40：1－26。

第二聖殿被羅馬帝國毀滅後，猶太人離開自己的國家，不再以耶路撒冷為中心。因此發展出讓全世界猶太人都站在同一條線上的一個點，不論住在世界哪個角落，猶太人每星期六閱讀和學習《妥拉》的章節完全一致。猶太人將《妥拉》分成五十四個部分，分別在五十四週上課，也就是一年內讀完，明年又從頭讀起。散居巴比倫的猶太人從七世紀開始到現在都這麼做[24]；巴勒斯坦猶太人則在六世紀開始，以三年為一個循環，每星期六安息日時讀《妥拉》。

而今，世界各國的猶太人有根據三年一循環或一年一循環，每星期六上《妥拉》課，這就是我在猶太廟《妥拉》課的課程。這個方式讓全球猶太人可以一起讀《妥拉》，走到哪都能參加當地的《妥拉》課討論，在學習上是全球零時差。

二〇一七年度，我的最後一堂課在二〇一八年九月底，是〈申命記〉第三十三章；二〇一八年度，我的第一堂課是在二〇一八年十月六日開始，是〈創世紀〉第三章。猶太人連閱讀《妥拉》都根據猶太陰曆，九月分大抵是猶太新年。若我回臺灣一個月，也可以在臺北猶太人聚會的《妥拉》課繼續上課，全球都是如此。

由以上所說，明白猶太人是一起讀書的，因此博學的猶太人很多，各行各業傑出的猶太人也很多，不足為奇。

經過多方面研究，以及我參與猶太人的眾多課程和討論，發覺他們的領導者特別傑出。而在傑出領導者為猶太人開路之下，他們的世界無比寬廣。當然，猶太人的傑出絕對與散居各國的生命經歷，以及對人類的愛所產生的學習動機有關。

猶太人成功的背後有許多奇蹟，而奇蹟來自以上所述的部分。

拉比中的拉比

猶太智者很多，所羅門王是大家熟知的，他仲裁兩個女人爭奪一個嬰兒的案件，提出把嬰兒砍成兩半，一個人得一半。當下，一個女人說好，另一個女人卻哭了，寧可把嬰兒給對方。所羅門王當下判定讓出嬰兒的女人才是真正的媽媽。

另一位重要的猶太智者薩凱[25]是西元一世紀的人，為猶太人的學習立下堅強的基礎。若沒有薩凱，猶太人之後二千年的歷史將會改寫。薩凱活了一百二十歲，生命分成三個階段：第一個四十年做生意，第二個四十年學習，第三個四十年教學。由此，薩凱被尊稱為拉班[26]。希伯來文的 Rab 意思是「太棒了」；而拉比一開始是「我的上司」，後來變成「我的老師」。猶太世界裡，拉比是很博學的學者；而拉班就是拉比中的拉比，是最偉大的拉比領袖。

猶太第二聖殿被毀後，羅馬帝國不准猶太人設立學校，而薩凱明瞭教育是團結猶太人的力量，也能讓猶太人的生命有出口，因此他冒著生命危險，勇敢地為猶太人重新開了一扇教育的大門。

下層猶太人和羅馬帝國對抗敗戰後，雙方攻防繼續，羅馬帝國不許猶太人靠近耶路撒冷，城內則被起義的人圍城，猶太人要經過檢查才准出城。因此，愛好和平、不喜歡戰爭的薩凱決定要學生向羅馬帝國申請將他埋葬在耶路撒冷附近，這樣才能離開耶路撒冷。薩凱裝死讓五個學生抬棺離開，靠近羅馬帝國軍營附近時，他立刻從棺材中跳出來，為什麼呢？薩凱和羅馬帝國的以色列行省總督維斯帕仙[27]，面對面請求允許猶太人在靠海的小鎮亞夫內[28]設立學校。維斯帕仙知道薩凱對猶太人有很大的影響力，便允許他創立學校，叫做貝丁[29]。貝丁的領導者叫做納西[30]，而薩凱是貝丁的領導者，但他太偉大了，因此被叫做拉班。

薩凱還計畫讓猶太法庭復活，依照傳統選出七十一個學者拉比來組織新猶太法庭，其中有一個大法官和一個副大法官。猶太法庭在古代可以審判國王，擴張聖殿及猶太邊界。

有了學校，又有了猶太法庭，猶太教就能夠綿延下去。從此，猶太人就得以維持傳統的猶太生活了。

優秀領導者養成教育

納西的權力很大，可以指定法官，因此選對領導人格外重要。薩凱創立貝丁時年紀大了，決定從有子弟兵住在亞夫內的知名權威希勒爾[31]家族中，選出迦瑪列[32]為新納西。

貝丁雖然得到以色列行省總督的同意設立，但羅馬帝國還是禁止猶太人學習《妥拉》和猶太教的禮拜事宜，當時學習和教學都得冒生命危險，知名的約瑟夫拉比[33]就躲著羅馬軍隊繼續學習。直到一世紀末，羅馬帝國才給貝丁合法的地位。

貝丁是學者和領導者的培訓學校，一代一代的領導人才從中培養出來。為猶太人撒下學習的種子，也撐起學習的網，拉比們學成後就各自回到僑居地教導學生。

猶太人因散居各地，不能再依照以前的方式學習，改由拉比教導孩子識字。猶太社會中，再窮的猶太人也會讓兒子從五歲開始每天長達十幾個小時的學習，可以說猶太人掃盲是從第二聖殿被毀後開始。以猶太人流亡到西方初期算起，約西元七十年之後，正是後漢時期（西元二五年～二二〇年）。而唐、宋時，中國大約只有二%的人口識字，相比之下，猶太人傑出有跡可循。

另外，中國是重男輕女的社會，女子無才便是德；猶太人卻認為女人非常重要，猶太女人生養的孩子才是猶太人，等於是母系社會，而猶太媽媽從猶太傳統、文化和猶太教一路把猶太生活方式教給孩子。

1 Arthur Ashkin
2 William Nordhaus
3 參閱猶太人諾貝爾獎得主的名單，https://www.jewishvirtuallibrary.org/jewish-nobel-prize-laureates。
4 Adolf von Baeyer
5 意第緒語：*Un di Velt Hot Geshvign*
6 Elie Wiesel
7 Imre Kertesz
8 Francois Englert
9 Walter Kohn
10 Otto Stern
11 Hans Krebs
12 Martin Karplus
13 Arthur Kornberg
14 Rita Levi-Montalcini
15 Herbert Hauptman
16 Jerome Karle
17 Robert Furchgott
18 Tzedakah
19 Tikkun olam
20 Strongly Agree is Very Important to Me.
21 Strongly Disagree is NOT Very Important to Me.
22 Rabbi Peter Berg
23 Haftarah
24 https://www.myjewishlearning.com/article/why-jews-read-torah-on-a-yearly-cycle/。
25 Johannan ben Zakkai
26 Rabban
27 Vespasion
28 Jabne
29 Bet Din
30 Nasi
31 Hillel
32 Gamaliel
33 Rabbi Akiba ben Joseph

第八章

猶太教是基督教和伊斯蘭教的媽媽

猶太教很小又很大

猶太教[1]是個很古老的宗教，從西元前二千年的亞伯拉罕時代到現在已有四千年歷史，猶太人的《希伯來聖經》成為基督教的《舊約聖經》。

世界文明史裡，猶太教出現的七百年前，埃及深具前瞻性和理想性的浪漫詩人法老阿蒙霍特普四世[2]，曾打破多神教傳統，創造了一神教，信仰阿頓[3]太陽神，並將自己改名為阿肯那頓[4]，但他只統治埃及十七年就過世了，他的女婿圖坦卡門被祭司拱上王位，圖坦卡門不但毀了岳父創造的一神教，還回歸埃及的多神教。

就延續上來說，猶太教是世界上第一個只有一個神「上帝」的宗教。說猶太人信奉猶太教，而他們只占世界總人口的〇．二％，亦即只有一千四百萬猶太人信仰猶太教，比臺灣的人口還少。

猶太教不像其他宗教四處宣教，而是只針對猶太人，讓每個猶太人都能信奉猶太教，或者尋找已出走的猶太人回歸猶太教。更正確地說，猶太教是開放給大眾的宗教，但要自己走進去，而且不會鼓勵或強迫別人成為猶太教徒；要上兩年課，男性得行割禮，經過拉比的測試後才成為猶太教徒。因此，猶太教是人數很少、很小的宗教，但對世界的影響力卻很大。我雖然參與許多佛教課程和禪修營，而且曾茹素兩年，卻非常害怕有人積極要我皈依佛教，也怕一進教堂就要我受洗成為基督徒的人；反觀接觸猶太教，不只敢長期在猶太廟學習和參加安息日等猶太慶典，而且自在自如。若非猶太教如此開放和猶太朋友從沒提過「妳怎麼不成為猶太人」的話，愛自由如命的我，早就逃之夭夭了。從二十歲開始，我每年在外國自助旅行長達二、三個月，接觸過不同宗教，住過不同國家的人的住所，我最懼怕的就是要把我拴住的人或宗教。而猶太廟從沒給我壓力，連暗示都沒有，他們完全讓我做自己，所以深得我心。

猶太教不只在西方文明上產生很大的作用，還是基督教和伊斯蘭教的根。延續至今，信奉上帝耶和華的一神教，還不斷擴展到世界各個角落。

事實上，猶太教不只是宗教，更是猶太人的文化歷史及生活方式。猶太教這個字來自猶太人（Jewish或Jews），而猶太人的字源是猶大(Judah)。猶大來自以色列十二支派[5]中最大支派，是雅各的第四個兒子。

那麼雅各又是誰？根據《妥拉．創世紀》第二十五篇的紀錄，雅各是亞伯拉罕的孫子，以撒的雙胞胎小兒子。爸爸以撒偏愛以掃，媽媽利百加喜愛雅各，眼盲的爸爸臨終前要給予以掃祝福，但媽媽耍手段，讓雅各取得爸爸的祝福。

深怕雙胞胎哥哥報復，雅各離開老家別是巴，千里迢迢到拉班舅舅家避禍。雅各在途中愛上了給他喝水的拉結，而她正是舅舅的小女兒。

雅各和舅舅談判，願意做七年工以換得拉結為妻，但舅舅遵守當地習俗，大女兒先嫁了，小女兒才能出嫁。婚禮當天，舅舅將大女兒利亞送入洞房，第二天雅各發現昨夜上錯床，為了娶心愛的人，他又為岳父做工七年。

雅各寵愛拉結，上帝補償利亞，讓她連生四個兒子，卻使拉結不孕。拉結想有自己的孩子，要丈夫和女奴睡覺；利亞發現自己停止生育後也使出同樣手段；後來，兩姊妹吃了催情物分別又生了孩子。

雅各帶著妻子、兒子們和羊群回老家時，在中途和神搏鬥、摔角都贏了，上帝因此把雅各改名為以色列，希伯來文意思就是「和上帝摔角搏鬥」。

上帝還給雅各及他的後代祝福，一切上帝給亞伯拉罕和以撒的，也統統要給予雅各和他的後代。所以雅各就是以色列，以色列後來成為國家的名稱。

從這樣的關係來看，猶太人出自猶大一族，是以撒和亞伯拉罕的子孫，這個線索非常重要。信仰猶太教的人至今還是很少，根據美國皮尤統計研究中心於二〇一二年的調查統計，全世界信仰猶太教的人口依然只有〇．二％。

猶太教雖然很小卻很大，大是因為影響力，不只是在宗教上，在文化、歷史、文明、經濟、科學上，幾乎有著全面性的影響。

亞伯拉罕是猶太教的創始人

根據〈創世篇〉的紀錄，亞伯拉罕是閃的後代，閃是挪亞的長子，挪亞是亞當和夏娃的後代。挪亞沒有缺點，是當代唯一的好人，他和上帝交往密切，其餘的人在上帝眼中都是邪惡的。上帝決定毀滅人類，要挪亞造方舟帶著妻子、兒子們和媳婦們，以及各一對的各種動物保命。四十天後洪水消退，挪亞獻祭，上帝賜福給他及其子孫，並和他立約保證絕不再因人的行為詛咒大地，也不再毀滅生物。這樣簡單介紹，大家就明白亞伯拉罕的血緣和宗教是一脈相傳。

亞伯拉罕原本住在古代美索不達米亞[6]的吾珥城[7]。吾珥城以前是很富裕、很文明的城市，近東（鄰近歐洲的東方）第一個文化——蘇美文化即源自於此，而吾珥就在波斯灣畔。

住在吾珥城時，亞伯拉罕的名字叫做亞伯蘭，他的爸爸他拉[8]後來帶著亞伯蘭和媳婦撒萊及家人往北移動，也就是從幼發拉底河上游搬到上美索不達米亞的哈蘭[9]定居。他拉在此過世，也葬在此，亞伯蘭就在哈蘭停腳，沒有繼續往前。一二六〇年蒙古帝國（成吉思汗孫子旭烈兀）軍隊西征敘利亞，攻克大馬士革時，哈蘭被毀，從此走入歷史。

上帝挑選亞伯蘭，要他遵照上帝的法令，聽從上帝的旨意，就賜給他所需的土地和一切。亞伯蘭遵照上帝的指示，帶著妻子和姪兒離開哈蘭，往西南到迦南[10]。亞伯蘭從家鄉波斯灣沿著幼發拉底河來到地中海附近，爾後猶太人到了「牛奶與蜜之地」，也就是地中海畔。

到了迦南後，亞伯蘭在上帝顯現的地方蓋祭壇，上帝也和亞伯蘭在迦南的別是巴[11]立約。亞伯蘭很富裕，可惜到七十五歲都沒有孩子，他向上帝要孩子，上帝承諾了。亞伯蘭九十九歲時，上帝和他立約的記號是後裔都要割禮，將他的名字改為亞伯拉罕，而他的太太則從撒萊改成撒拉。亞伯拉罕的希伯來文是「多國之父」，而撒拉的希伯來文是「公主」，意指上帝要給亞伯拉罕許多後代。上帝為什麼挑選亞伯拉罕？

亞伯拉罕的爸爸是靠雕刻神像、賣神像維生，他曾反抗父親的行徑，堅持只有一個神，就是上帝。後來上帝考驗亞伯拉罕的忠誠度，要他殺兒子以撒[12]祭祀上主。亞伯拉罕沒有質疑，準備動手砍殺時，上帝認可了他便阻止殺子，改成殺羊祭祀，這就是亞伯拉罕成為猶太教創始人的前因後果。

亞伯拉罕一家人當時都住在迦南的希伯崙[13]，從此成為猶太教和伊斯蘭教的聖地。希伯崙於二〇一七年七月被聯合國教科文組織列入保護的文化財產，但將其判給巴勒斯坦，美國認為他們歧視猶太人，憤而退出該組織，以色列也立刻跟進。同年十二月，美國總統川普宣布美國駐以色列大使館要從特拉維夫搬到耶路撒冷，因此希伯崙和耶路撒冷是息息相關的。

亞伯拉罕有兩個兒子，長子以實瑪利[14]是和埃及女奴夏甲所生。當時撒拉認為上帝允諾要給孩子，而她年紀很大，不可能生得出來，就要丈夫和女奴睡覺。以實瑪利成年時，夏甲找了一個埃及女人給他當妻子。以實瑪利後來成為阿拉伯人的祖先，伊斯蘭教的信仰者。撒拉後來也生了孩子，就是以撒。以撒長大時，亞伯拉罕已經很老了，要奴僕回到出生地吾珥為以撒找個妻子，以撒的妻子是亞伯拉罕弟弟拿鶴的孫女利百加。以撒後來成為猶太人的祖先，猶太教的信仰者。

亞伯拉罕的足跡不只在吾珥、哈蘭和迦南，還到了埃及。他不只是猶太教創始人，根據學者研究，埃及字母也是由亞伯拉罕傳入。

十誡

《十誡》是猶太教最重要的核心價值。

猶太人在埃及當奴隸四百三十年後，上帝要摩西和哥哥亞倫帶領受苦受難的族人逃離埃及。摩西是亞伯拉罕和以撒的後代，是雅各第三個兒子利未這一支，等於是雅各的曾曾孫。

雅各在埃及過世時，子孫共七十人。當時稱為希伯來人，他們很會生養孩子，加上不斷移民，到了摩西時，已經有很多希伯來人，埃及法老擔心希伯來人有一天會和埃及人開戰，於是開始殺死希伯來人的男嬰。

摩西出生時，依照當時的規定，女嬰可活，但男嬰都得殺死。摩西的媽媽不忍心殺死他，長大到無法隱藏時，就用蒲草編成籃子，要摩西的姊姊將他帶到尼羅河旁的蘆葦叢，看看誰會撿到男嬰。

當時法老的女兒正在尼羅河洗澡，她的宮女在河畔聽到男嬰的哭泣聲。此時摩西的姊姊米利暗對埃及公主說她可以幫忙找到猶太奶媽餵養嬰兒。摩西的媽媽因此成為摩西的奶媽，並親自教養他。由於摩西是在蘆葦叢被拉上來的，公主替他取名「摩西」，意思是「拉上來」。

長大的摩西有一天失手打死了正在鞭笞希伯來人的埃及人，深恐法老追究，逃到米甸過著放牧生活。約四十年後，上帝召喚摩西，要他和哥哥帶領以色列人（指雅各的後代）逃離埃及。法老派軍隊追殺到紅海時，上帝的權杖將紅海的水分開，以色列人才順利穿過紅海到西奈山。

猶太人過紅海後，上帝在西奈山和摩西立下《十誡》約定，還用兩顆大石頭雕刻而成。《十誡》既是猶太教的核心，也是猶太人非遵守不可的戒令。而摩西成為猶太教的先知，一如亞伯拉罕。

《十誡》的內容都是「關係」，一是猶太人和上帝的關係，二是猶太人和父母的關係，其他則是猶太人和別人的關係。

電影《十誡》於一九五六年根據《妥拉．出埃及記》改編，由美國影星希斯頓[15]扮演摩西，而埃及法老王則由猶太人影星尤．伯連納主演，是有史以來最暢銷的宗教電影。

孩子還小時，我曾帶著兄妹隨著猶太人在埃及為奴，跑遍了埃及，也搭船穿過紅海。我們還跟著摩西的腳步登上西奈山，在荒野流浪；再繼續進入約旦，到了尼波山[16]眺望上帝應許的「牛奶與蜜之地」。摩西到此為止，接下來由約書亞接班，帶領猶太人進入上帝應許的「牛奶與蜜之地」，也就是迦南地，當今的以色列。我們又跟著約書亞的步伐進入以色列的耶路撒冷，那是猶太教、基督教和伊斯蘭教的聖城，也是三個宗教相爭之地。

耶路撒冷是個非常古老的城，處處都是宗教的足跡，猶太人說那是大衛王的城，不只有大衛王的影子，還有所羅門王，甚至有一個房間是「最後的晚餐」。

基督教

根據維基百科的統計，基督教人口是二十二億人，是當今世界最多信徒的宗教。

我們現今使用的日曆是以西元紀年，這是以耶穌出生那年為紀元年[17]，耶穌出生之前則稱為西元前[18]。基督教創始人是耶穌，他是猶太人，為耶穌受洗的施洗約翰也是猶太人。而耶穌原是猶太教的拉比，傳授《十誡》，講授猶太法典，也傳《新約》。基督教信仰包括天主教、東正教和新教（現今俗稱的基督教）。

十一世紀時，基督教信仰發生大分裂，新派變成「東正教」，從義大利羅馬向東傳，經希臘、東歐到俄羅斯，維持神父修女制，神父和修女不可結婚；舊派以羅馬教廷為中樞，改名為羅馬公教，簡稱「公教」，所有教義和儀式都維持傳統，以拉丁語區為主，如西班牙、葡萄牙、中南美洲。

十六世紀時，羅馬的公教神父馬丁．路德進行宗教改革，從事聖職的牧師可以結婚，女性也可以擔任牧師，屬於牧師制，這一派成為今天的基督教。新教分出很多教會，如長老會、浸信會、路德會等，我的小妹學雯和眾多朋友都是新教基督教徒。

天主教於十六、十七世紀（明萬曆年間）時，由利瑪竇傳入中國，當時中國人沒見過洋人，很排斥利瑪竇傳教；他得知中國人拜天公後，心生一計說天公就是天主，天主教的中文名稱就此奠定。而中國人有祭祖傳統，利瑪竇認為祭祖符合《十誡》的第五誡孝順父母，於是，華人地區的天主教徒成為可以拿香祭拜祖先的特例，天主教因此在中國生根。

所有基督徒都接受「經典法」（《新約聖經》）和《十誡》；基督教使用的《聖經》包括《舊約聖經》和《新約聖經》，《舊約聖經》就是《希伯來聖經》，而《新約聖經》是耶穌基督所傳的內容。

基督教的聖日是星期日，也叫禮拜日，常聽基督徒說「做禮拜」，而天主教徒則說「望彌撒」。基督徒和天主教徒在聖日當天不工作，但分別會到教堂做禮拜、望彌撒。過去在歐洲，星期日傳統上不開門做生意，美國是非常基督教的國家，我的朋友史蒂夫住在新英格蘭的城鎮，他說身為猶太人，安息日不可以花錢，星期日基督徒卻不營業，讓他星期六和星期日都不能買東西，很辛苦。美國南方如喬治亞州，目前有些購物中心星期日下午才開始營業，而且星期日不賣酒。有一次兒子和我在非洲的辛巴威旅行，星期日整個城市的餐館都關閉，我們餓了整整一天，那天晚上兒子受不了饑餓，我懇求住宿旅館的女僕分我們一杯羹，才解決挨餓的痛苦。基督徒聖日還是根源於猶太教安息日，不同的是，安息日是從星期五太陽下山到星期六太陽下山。

伊斯蘭教

伊斯蘭教是世界第二大宗教，目前有十六億信徒。三二%的穆斯林住在東南亞，居然只有二〇%

住在中東。伊斯蘭教也是信仰一神的宗教，稱為阿拉或安拉，和基督教一樣使用《希伯來聖經》。我的穆斯林朋友以土耳其和北賽普勒斯的接待家庭為多，過去有一個來自阿爾及利亞的法文老師同事也是。

伊斯蘭[19]源於阿拉伯文，意指「接納、服從、順從」，是接納和順從真主的命令或意志。穆斯林是「順從者」、「臣服者」之意，用以指稱伊斯蘭教信徒，因實踐信仰方式包括行善、禮拜和遵從神的指示。回教的稱法是華人獨有，古時西域突厥族中有一族名「回紇」，他們信伊斯蘭教，既是回紇信仰的宗教，就稱為回教，而信仰回教的人稱為回教徒，但國際間只說伊斯蘭教和穆斯林。伊斯蘭教創始人是穆罕默德，他是伊斯蘭教的先知，伊斯蘭教相信穆罕默德是上帝最後的先知。

《可蘭經》也稱《古蘭經》[20]，阿拉伯文是「誦讀」之意，至今《可蘭經》的祈禱文還是阿拉伯文，已翻譯成很多種語言，但虔誠的穆斯林還是想學習阿拉伯文以讀原經。有趣的是，穆斯林和基督徒都沿襲猶太教說希伯來文的「阿門」，而穆斯林還仿照猶太教，讀《妥拉》之前要誦讀祈禱文，只是穆斯林的祈禱文簡短——我從撒旦那裡尋求上帝的庇護[21]。

穆斯林相信《可蘭經》是天使加百列於西元六〇九年到六三二年，花了長達二十三年於希拉山洞靜修時傳給穆罕默德的真主啟示。剛開始加百列要穆罕默德讀衣服上的字，但他不識字，就由加百列教他，再由他傳給信徒。穆罕默德過世後，他最要好的朋友巴克爾[22]要將上帝的啟示編成一本書，有個叫薩比特[23]的人將所有穆罕默德傳的道，一字無誤地蒐集起來，成為《可蘭經》的標準本。

《可蘭經》最初以阿拉伯文撰寫，共有一百一十四篇章，分成兩部分，一部分是穆罕默德在麥加[24]時的傳道內容，稱為〈麥加篇章〉[25]，是基本的伊斯蘭信仰，篇幅較短，包括阿拉、創造者和活著與過世後；另一部分〈麥地那篇章〉篇幅較長，涵蓋所有人如何生活的教導。穆斯林認為讀到或聽到《可蘭經》

時，就是阿拉直接對他們說話，並提供支持和幫助。

猶太教有最後的審判，基督教和伊斯蘭教也步上後塵，有最後的審判。

伊斯蘭教核心有五大支柱，包括(1)信仰的證詞，表達對真主阿拉的忠誠，以及穆罕默德是阿拉的使者；(2)每天要朝著麥加禮拜五次；(3)施天課（zakat，淨化和成長）是要幫助窮人，要慷慨，每年最少要捐獻收入二・五％助人；(4)齋戒月，整個月從太陽出來到下山前都不可吃喝，直到太陽下山後才能用餐，這是遠離舒適，淨化精神（穆斯林如同猶太教徒，不吃豬肉）；(5)在經濟和健康允許下，一生最少要去麥加朝覲一次。

麥加朝覲時，穆斯林在哈蘭清真寺祈禱，圍著中間黑色的建築克爾白[26]祈禱並繞七圈，那是亞伯拉罕和長子以實瑪利的建築聖堂。朝覲的穆斯林也會在麥爾瓦[27]小山之間來回七趟，彷彿當初夏甲帶著以實瑪利離開亞伯拉罕時在沙漠中無水可喝，到處找水。

伊斯蘭教中，最勞苦功高的先知有亞當（阿丹）、挪亞（努哈）、亞伯拉罕（易卜拉辛）、摩西（穆薩）、耶穌（爾撒）和穆罕默德。由這樣的順序看下來，伊斯蘭教將猶太教和基督教的先知羅列出來，是一脈相承的做法。

有次我在土耳其旅行遇上齋戒月，我的接待家庭在太陽出來之前趕緊吃喝，接下來要餓到太陽下山。而太陽下山時，所有餐廳都擠滿人潮，好像開派對一樣熱鬧。

穆斯林每年用一個月考驗及淨化自己，體會窮人沒有食物吃，那種精神非常崇高，讓我敬佩不已。

猶太教是基督教和伊斯蘭教的根

猶太教雖然只占〇・二％，全世界猶太教徒只有一千四百萬，但源自同根的基督教人口則是二十二億，占世界宗教人口三一・五％；而伊斯蘭教占了二三・三二％，穆斯林有十六億人口。基督教和伊斯蘭教信徒相加有三十八億，五三・八二％，超過世界一半人口；而猶太教、基督教和伊斯蘭教都屬於亞伯拉罕的一神教。

根據宗教學者阿姆斯壯[28]在《上帝之役》[29]中說，所有宗教都起源於神話，也就是傳說。宗教是根據傳統文化奠基而來，由孔子所創的儒家，西方則稱為儒教，以及道教，都是依相同模式出來。

主要宗教大多是在軸心世紀[30]就誕生了，而最主要的仁愛精神就是孔子所說的「己所不欲，勿施於人」。同樣地，猶太教、基督教和伊斯蘭教的共同精神也是仁愛。不同的是，猶太教除了是「己所不欲，勿施於人」外，還是「己之所欲，勿施於人」，我是指他們信奉猶太教虔誠，也歡迎人家自己進來，卻不到處傳教，不拉人信教，甚至不批評其他宗教，少了侵略性。當初保羅覺得猶太教那麼好，從僑居地希臘回到耶路撒冷，本來要去傳教，但猶太教沒有傳教，他後來把基督教傳給非猶太人，《聖經》的背後一定有保羅三次旅行傳教的地圖，他精力旺盛，充滿傳教熱情，足跡很廣，我自助旅行時所到之處有很多保羅的足跡，甚至有些基督徒是跟著保羅及其後來的政治介入，信徒眾多，不傳教的猶太教永遠都是少少的人口。而根還是根，猶太教這個媽媽生下兩個巨嬰基督教和伊斯蘭教，影響超過世界一半的人口。

1 Judasim
2 Amenhotep IV
3 Aton
4 Akhenaten
5 十二支派源於雅各的十二個兒子。
6 美索不達米亞是指兩河平原，也就是兩河流域——幼發拉底河和底格里斯河間的平原，當地是西亞靠兩河氾濫最早興起的文明。
7 吾珥城 (Ur) 是現在的伊拉克，瀕臨波斯灣。
8 Terah
9 哈蘭 (Haran) 離地中海不遠，今屬土耳其，離敘利亞只有三十六公里，在土耳其首都安卡拉東南六百四十公里處。
10 迦南 (Canaan) 與地中海為鄰。古代迦南是通往埃及的要衝，地理位置非常重要。迦南是巴勒斯坦的古地名，在今約旦河與死海的西岸一帶。
11 別是巴在希伯來文的意思是「誓約的井」。
12 以撒在希伯來文的意思是「他笑著」。
13 Hebron
14 以實瑪利 (Ishmael) 的意思是「上帝垂聽」。
15 Charlton Heston
16 Mount Nebo
17 Common Era，縮寫為 C.E.。
18 Before common era，縮寫為 B.C.E.。
19 Islam
20 Kur'an
21 I seek refuge with God from Satan, the accursed.
22 Abu Bakr
23 Zaid Ibn Thabit
24 Mekkah
25 The Makkan surahs
26 Kaaba
27 Marwa
28 Karen Armstrong，讀者可上 TED 聽凱倫·阿姆斯壯《仁愛憲章》的演講，有中文字幕，https://www.ted.com/talks/karen_armstrong_makes_her_ted_prize_wish_the_charter_for_compassion?language=zh-tw#t-1268614。
29 *The Battle for GOD*
30 Axial Age

第九章
猶太神祕主義

猶太神祕主義《光輝之書》[1]被隱藏九百年後，十世紀時猶太神祕主義者和哲學家們寫了評論和註解的《創造之書》[2]。十二世紀時，德國哈西迪蒐集文本，也寫了一些關於神祕主義的論文。

哈西迪屬於猶太教裡非常虔誠的人，他們頭上戴黑色高帽、兩鬢留著捲捲的長髮，穿著一身黑，從早到晚祈禱和研讀猶太經典。哈西迪甚至認為希伯來文是非常神聖的語言，虔誠到希伯來文只用於崇拜和祈禱，不做為溝通的語言。他們以意第緒語為主，但現在也說希伯來語、英語、法語、俄語和西班牙語。其實他們派中有派，不是所有哈西迪都一個樣。維持簡單、喜悅和純樸的生活，雖然會使用手機，但基本上，哈西迪的未成年人不許或有限上網，也不許看電視，旨在保護心靈和精神的健康。相較於正統猶太教徒，如我的希伯來文老師弗利門，他的教派只有約半數孩子看電視。「音樂是靈魂之筆」，顯示音樂在哈西迪扮演的角色。哈西迪有一半人口在以色列，三成在美國的紐約布魯克林和紐澤西州，其餘在英國。他們靠著高出生率，不斷壯大。哈西迪男人臉上滿是鬍鬚，因律法規定男人不可剪鬍鬚，卡巴拉還十分重視鬍鬚，教導說鬍鬚的「十三把鎖」代表了上帝十三個超凡的慈悲屬性，女人則頭上披圍巾或戴假髮。

同時，普羅旺斯和西班牙北部也正在發展猶太神祕主義——卡巴拉[3]。卡巴拉中生命之樹[4]的十個基石代表著上帝十大屬性，人無法理解上帝，或者說，上帝超越了人所能理解的範圍，因為那是個無窮的世界。一個哈西迪拉比的妻子和十一個孩子在二戰的集中營被謀殺了，有人問還信不信仰上帝時，他說：「如果上帝是人能理解的，那就不是上帝了。」

《光輝之書》象徵性詮釋了《妥拉》，試圖揭開關於神聖領域的祕密。

時至今日，猶太神祕主義所影響的範圍極廣，在西方被大量研究，很多人都想知道為什麼猶太神祕主義有那麼大的能量？我有幸上了一些課，藉此分享。

偉大的預言家：諾斯特拉達姆士

預言家是有能力知道並預言未來的人，猶太人在二千年的流亡中，因猶太神祕主義的發展，出了不少預言家，最為大眾所知、影響最普及的是十六世紀普羅旺斯猶太人諾斯特拉達姆士[5]。他的祖父是宮廷醫生，因此懂草藥、鍊金術和卡巴拉，從小跟著外曾祖父學習數學、邏輯、科學和語言等學問，他也會說希伯來文、拉丁文、希臘語、法文、普羅旺斯語等多種語言。後來他從醫學轉向猶太神祕主義，是占星家、醫生、詩人和預見未來的人，他的粉絲多是菁英，包括法國國王亨利二世的妻子凱薩琳王后[6]。

法王路易十二[7]下令所有法國猶太人都必須受洗為基督徒時，諾斯特拉達姆士的家族遵守規定，但私下仍繼續過猶太教的生活。他對教授在公共衛生和放血的無知感到不滿，離開醫學院後，帶著醫學和占星術的書到鄉下研究，利用新鮮空氣和立刻處理在瘟疫中死亡的人，以免疫情擴散，並研發出玫瑰丸讓患者吸聞，解救成千上萬的瘟疫患者。那段期間，他白天練習醫術，晚上參加鍊金術和卡巴拉主義者的地下組織。後來回到醫學院完成學位，用非正統的醫療在治病上效果非常卓越。宗教裁判所認為他的預言是異端學說，因此被迫離開歐洲六年。

諾斯特拉達姆士在一五五四年開始撰寫的預言集《百詩集》[8]，其中有九百四十二首詩歌預測未來，包括倫敦大火、法國大革命、拿破崙、希特勒和唐納．川普的崛起、甘迺迪被暗殺、一九二九年美國股市崩盤、飛機和原子彈的發明，第一次和第二次世界大戰、廣島和長崎被原子彈毀滅、九一一事件和黛安娜王妃的死也被預言了。

《百詩集》的預言從出版的一五五五年延伸到三七九七年，由於「中」的機率高，在一些關鍵時刻總被抬出來放大。諾斯特拉達姆士也預測自己的死亡，七月一日他對祕書說：「日出時，你不會發現我還活著。」還預測妻子會在他過世後再婚，特地在過世前找來律師，為太太準備一筆嫁妝。此外，西斯都五世[9]還是神學院學生時，諾斯特拉達姆士也預言他將成為教皇。

他在給朋友的信上寫道：「幾個隱藏了很長時間的書已經向我展示了。」在他的時代，禁止基督徒讀《聖經》，據推測，他指的是《光輝之書》、《創造之書》、《光明之書》[10]、《以利亞啟示錄》[11]和其他猶太神祕主義深奧的文本。諾斯特拉達姆士曾經說過：「祖先賦予我天生的本能……天生的神祕預言……就像在火熱的鏡子中看到的一樣……好像是通過一個非志願性遠景。」

即便諾斯特拉達姆士的預言能力繼續延燒了幾個世紀，但他寫給法國國王亨利二世的信中不承認自己是先知，只認為是預言家。

什麼是猶太神祕主義？

猶太神祕主義是由三個希伯來字母 ל ב ק 組成。最簡單的說法就是接受和傳承，源自猶太民族的宗教、哲學、密契、神祕思想。而卡巴拉的目標是慈悲、愛、勇氣、和諧、智慧、理解、行動，令人變得更好，把潛能釋放得無止盡。

我在亞特蘭大猶太廟修過幾堂卡巴拉課，僅知其皮毛，那非常深奧，難於理解，是深入探索生命的起源，深入了解自己，甚至連結宇宙的奧妙。而希伯來文的二十二個字母排列組合及數字和《希伯來聖經》也是進入猶太神祕主義的關鍵。

卡巴拉的核心經典《光輝之書》是西元二世紀由拉西比[12]寫成，是回到靈魂根源的書。因怕被誤解或誤用，曾被隱藏了九百年，十一世紀時才被挖掘出來。根據卡巴拉國際研究中心[13]描述，發現《光輝之書》意味著去發現你的內在世界和無限潛力；而《創造之書》或說《宇宙形成之書》，是連結到亞伯拉罕與上帝的約，那是西元三、四世紀的書，最簡單的解釋就是生命之樹[14]。《妥拉》中上帝說人是田野的樹，而樹有根和樹枝，要如何茁壯成長，得走向精神世界。生命之樹如世界的構造或人的身體構造，所形塑的三十二條智慧之路，那是造物者（上帝）、世界、命運和人四者的關係，在這樣的關係下，有世界和世界、世界和人及命運等。如下圖：

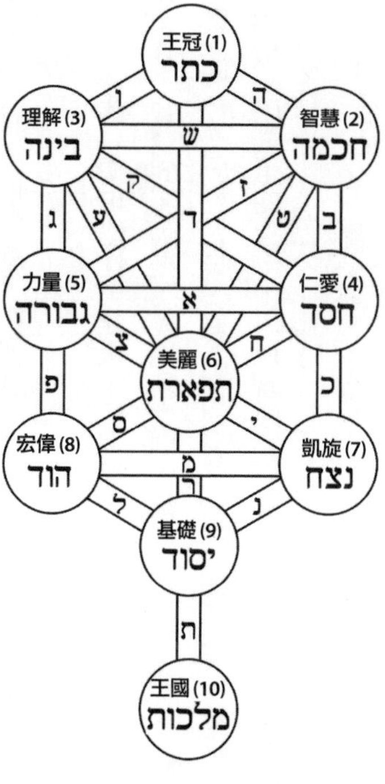

把生命之樹的這幅圖看成人，最上面的是頭，第一個大三角形代表人存在的意識；第二個大三角形是胸部，代表人的心；第三個大三角形是腹部，代表人的欲望；

最底下的是腳，用來走動。聽起來有點形而上和形而下的感覺，是不是呢？

十個生命之樹的基石，代表的是上帝的十大屬性。我簡單介紹生命樹的基石，若能配合希伯來文字母及數字和結構來對照，會更容易理解。

王冠：1，代表一個圓，陰陽合一，光暗合一，含著一切可能性，就像太極一樣。

智慧：2，從數學來看，一條線的兩端是A和B。智慧的運動是陽性抽象原則，被視為父親。

理解：3，從數學來看，三構成三角形（點線面），三角形也是最堅固的形狀，是形態之母，是陰性抽象原則。2和3連成一條線，就像是太極生兩儀，兩儀生四象……所以智慧和理解的結合構成以下的世界，也就是4之後。

仁愛：4，給予、擴張、秩序的推動，象徵國王的權杖。

力量：5，秩序的執行，象徵國王的那把劍。

美麗：6，生命樹的中心。什麼是美麗的生命？和諧、調解、平衡。左右的愛和力量平衡，就是和諧。

凱旋：7，大自然的力量，象徵生命的本能。

宏偉：8，心智的控制，象徵思考的力量。

基礎：9，生命就是生生不息。1到8都會流下來到9，好像是源頭的水注入海洋，並非物質。

王國：10，是物質，是生命之樹所結的果子。從王冠一直流到王國，這是從源頭到底，就像河流上游流到下游。

若這幅圖是世界，最上面的基石是王冠，數字是1，猶太教裡的1代表的是上帝；右邊第一個基石是智慧，數字是2；左邊第一個基石是理解，數字是3；這個大三角形代表抽象的世界，也是最完美的世界。右邊第二個基石是仁愛，數字是4；左邊第二個基石是力量，數字是5；中間的基石是美麗，數字是6；第二個大三角形代表理想的世界。右邊第三個基石是凱旋，數字是7；左邊第三個基石是宏偉，數字是8；中間下方的基石是基礎，數字是9；第三個大三角形代表更不完美的世界。

這幅圖有三柱，中柱代表的是平衡，是意識和溫和支柱；右柱代表的是陽性，積極、活力、給予，是仁愛之柱；左柱代表的是陰性，被動、限制、接受，是嚴厲之柱。

造物者之光從數字1按順序流下來，最後來到10。因此，離1愈近，愈靠近上帝或上帝之光；離1愈遠，離上帝或上帝之光愈遠。

諾貝爾和平獎得主學習卡巴拉的經驗

諾貝爾和平獎得主者魏瑟爾在《夜》這本自傳小說中描述學習猶太神祕主義卡巴拉的經驗，有益於幫助讀者了解卡巴拉：

我們的社區裡有個助理拉比，很窮，一無所有，人們都叫他拉比毛什，就像從來沒有姓氏似的。在哈西迪祕教禱告室裡，他什麼事都做，是個打雜工。鎮上的人經常幫助生活窘迫的人，但不喜歡他們，但當地人都喜歡拉比毛什。他離群索居，不給別人添麻煩，掌握了一種使自己微不足道、不惹人注目的藝術。他的體態像小丑一樣笨拙，人們看見那副邋遢、羞怯的樣子就想笑；我卻喜歡他那雙經常注視著遠方、夢幻似的大眼睛。他很少說話，但哼唱。我從不甚清晰的歌詞中聽出，他哼的是神明受難和舍金納的流放，根據猶太教神祕主義卡巴拉的教義，舍金納等待著救贖，他的救贖與人類的救贖息息相關。我在一九四一年認識他，當時不到十三歲，我小心翼翼地遵守教規，白天學習《塔木德》，夜晚則跑到猶太會堂為聖殿的毀滅而痛哭流涕。

有一天，我讓父親幫忙找個老師，指導我學習猶太神祕主義卡巴拉。「你太小，邁蒙尼德[15]說過一個人不到三十歲不能冒然進入神祕主義的世界，那個世界充滿了危險。你應當先學習基本課程，學習能夠理解的課程。」父親補充說道：「我們這裡沒有能領悟神祕主義的學者。」實際上，他想讓我打消學習猶太神祕主義卡巴拉的想法，但我還是自己找了一個老師，就是拉比毛什。

一天黃昏，我在祈禱，他在一旁看著。「為什麼你祈禱的時候總是在哭泣？」他問道，好像很了解我。「不知道。」我回答，心裡也頗感困惑。我從沒這樣捫心自問過。我哭泣是……因為感到一種內在的需要，非哭不可。僅此而已。「你為什麼祈禱？」過了一會兒他又問。我為什麼祈禱？這個問題太奇怪了。我為什麼活著？我為什麼呼吸？「不知道。」我心裡愈發困惑，愈發不自在。

從那天起，我經常看見他。他語重心長地解釋說，所有問題都有一種力量，一答出來就會消失……他喜歡說，人透過向上帝提問而接近上帝，這樣的對話才是真正的對話。人提問，上帝回答。但是，我們無法領悟上帝的回答，不可能領悟。因為答案隱藏在我們的心靈深處，至死都在那裡。真正的答案只能在你的心靈中找到。「那麼，毛什，你為什麼祈禱？」我問道。「我祈求內心的上帝賜予我提問的勇氣，向上帝問真正的問題。」

每天晚上，虔誠的猶太信徒們離開猶太會堂後，我們就這樣談話。我們坐在半明半暗中，只有幾支燒了半截的蠟燭，搖搖曳曳，閃著微光。

有天晚上，我告訴他我很鬱悶，因為在當地找不到能教我《光輝之書》的老師。他深沉一笑，沉默了很久才說：「神祕真理的花園有一千零一道門。人人都有自己的門。不能走錯，也不能指望從別人的門進入花園。一個人要是進錯了門，不僅會身臨險境，還會危及花園裡的人。」毛什一連幾小時與我談論猶太神祕主義的啟示和奧義，這就是我的入門課。我們一起反覆誦讀《光輝之書》的同一段文字，不是為了牢記在心，而為了探尋神明的本質。許多個夜晚過去了，我漸漸相信，拉比毛什能幫助我進入永恆，進入問題與答案契合為一的時空中。

---

1 《光輝之書》(*Zohar*) 是猶太神祕主義卡巴拉的經典。
2 *Sefer Yetzirah*
3 Kabbalah
4 Etz Chayim
5 Michel de Nostradamus
6 Catherine de'Medici
7 Louis XII
8 *Les Prophetties*
9 Pope Sixtus V
10 *Sepher ha-Bahir*
11 *the Revelations of Elijah*
12 Rashbi
13 http://www.kabbalah.info/cn/%E5%85%89%E8%BE%89%E4%B9%8B%E4%B9%A6%E4%BA%94%E4%B8%AA%E5%85%B3%E4%BA%8E%E5%85%89%E8%BE%89%E4%B9%8B%E4%B9%A6%E7%9A%84%E4%BA%8B%E5%AE%9E
14 Sefirot
15 邁蒙尼德 (Maimonides) 是偉大的猶太法學家、哲學家和科學家，生於西班牙，定居埃及，著有《迷途指南》等著作。

第十章
彌賽亞有別

我和大衛決定交換教學時，提出一個非常重要的條件——猶太的相關議題都可以提問，不必有所忌諱。大衛同意了，但是他沒想到我是個好奇心很強的人，問題幾乎讓他無法招架。

大衛是書呆子型，個性很嚴肅，畢業於美國常春藤名校，他在紐約猶太社區長大，從幼兒園到高中都讀猶太學校。猶太孩子的學習能力從小深根，他小學時因不讀指定的故事書，老師以為他不識字，差點被調到啟智班，大衛的媽媽一再保證兒子非常聰明，閱讀能力超過同齡人。後來老師給大衛更深的故事書，終於解開了疑惑，原先的書對他來說太簡單了。大衛申請大學時，只申請一間常春藤大學，實在太有自信了。

我的幾個問題都和基督教有關，讓大衛臉色一變，包括：

1.「為什麼中世紀時，歐洲基督徒歧視猶太人並充滿敵意？」大衛的答案是「他們說我們殺死耶穌。」順著這個問題，他帶我做研究，證明根本是栽贓的指控。

2.「基督徒說耶穌是彌賽亞[1]，而耶穌是猶太人，你認為耶穌是彌賽亞嗎？」大衛說：「在猶太人的歷史裡，很多人自稱彌賽亞。或是那些人過世後，信眾或追隨者聲稱他為彌賽亞。」

我原本以為彌賽亞指的是基督徒口中的耶穌。

「妳看看這長長的彌賽亞名單，就知道有多少人自以為是彌賽亞了。」大衛在網路上找出資料，又找書來佐證。

彌賽亞的定義

基督徒的世界裡，彌賽亞是指受上帝指派來拯救世人的救世主，指的是耶穌。

我對東尼說：「我的《妥拉課》上有同學說基督徒認為耶穌是彌賽亞，而猶太人否認耶穌是彌賽亞。」東尼的臉色瞬間像被熱鐵燙到一樣漲紅了，並立刻轉為憤怒，那種氣勢好像我犯了大錯，非把我吞下不可。

東尼是天主教徒，出生就受洗，上的又是天主教學校，在天主教的基督世界裡，他受的教育認為耶穌就是彌賽亞，而彌賽亞是來拯救世人，是救世主。東尼很生氣猶太人不承認耶穌是彌賽亞這件事，我對東尼說：「我在臺灣長大，家裡信奉的是傳統道教和佛教的混合，對臺灣人來說，媽祖保護漁民，保護祖先從福建渡過危險的黑水溝來到臺灣；而觀世音菩薩有千隻手，不論在哪裡都保佑大家平安，非常慈悲，所以臺灣人拜媽祖和觀世音菩薩相當虔誠。多數的華人在儒釋道環境下成長，沒有彌賽亞的觀念或想法。」我還說：「食物多元，文化多元，宗教也多元，何必強硬地要別人吃你吃的，過你過的生活方式，或相信你信仰的？」我解釋彌賽亞在猶太人世界的定義後，東尼才釋懷。原來猶太人的彌賽亞和基督徒的彌賽亞是不同的字根，意思也不完全一樣，此彌賽亞非彼彌賽亞。搞清楚猶太人在想什麼，猶太人的觀念是什麼，基督徒也不必因猶太人否認耶穌是彌賽亞而生氣了。

有些美國朋友對我說，對彌賽亞的認知不同，是猶太人和基督徒最大的歧異之處。

根據猶太教網路百科全書網站[2]，希伯來文的彌賽亞 משיח (Mashiach) 字根來自 מ (mem)- ש (Shin)- ח (chet)，也就是 mem-shin-chet，意思是繪畫或塗抹。猶太傳統會在有權威、有地位人的頭上抹油；猶太思想裡彌賽亞不是救世主，也不是神聖或半神聖的無辜者，犧牲自己拯救人免於因罪惡後果。而基督徒的彌賽亞 משיח(Moshiah) 字根是，(yod)- ש(Shin)- ע (ayin)，這個彌賽亞是基督徒認為的救世主，就是耶穌。兩個希伯來文看起來相似，但字根不同，可解釋猶太人對於彌賽亞的認知與基督徒不同的原因。

猶太人的彌賽亞是：

1. 猶太教的一個古老想法。
2. 大衛王就是猶太人的彌賽亞，是偉大的領袖，但不是救世主。
3. 有關彌賽亞何時到來，猶太人有很多猜測，如教我猶太教兩學期的貝爾博士[3]說：「父子不廝殺，獅子和羊可以睡一起，就是彌賽亞到來了。」
4. 確定完成幾項任務，才是彌賽亞。
5. 耶穌沒有完成那些任務，因此猶太人否認耶穌是彌賽亞。

究竟彌賽亞有哪些任務？根據猶太查巴德組織[4]對彌賽亞的任務定義是，第二聖殿被毀後，彌賽亞必須是領袖，出自大衛王和所羅門王的後裔，得恢復大衛王朝，必須比所羅門王更聰明，要是摩西等級的先知。彌賽亞將扮演雙重角色，他將成為君主，以仁慈和正義統治全人類，堅持《妥拉》的六百一十三條誡命法律，非猶太人遵守七條誡命；也將成為最終的老師、《妥拉》最深刻的悟道者，並由上帝揭示真理，這個人就是彌賽亞。怎麼辨別誰是彌賽亞？查巴德組織是哈西迪正統猶太教派，指稱彌賽亞不需要有展現奇蹟的能力，但要在耶路撒冷重建聖殿。

作家諾門[5]根據猶太智者邁蒙尼德的教導寫了《猶太人不信耶穌的二十六個理由》[6]，提出彌賽亞的六個任務：

1. 必與大衛王和所羅門王同一支。
2. 被膏抹的以色列國王。
3. 讓猶太人回歸以色列。
4. 在耶路撒冷重建聖殿。
5. 為世界帶來和平，結束一切戰爭。
6. 把上帝的訊息或知識帶給世界。

另根據古希伯來文研究中心[7]對於彌賽亞的解釋是「這個詞通常在英語中被翻譯為『受膏者』，偶爾被音譯為『彌賽亞』。希臘語《七十士譯本》[8]中，這個單詞用希臘語 christos 被音譯為『基督』。」從猶太世界對彌賽亞的定義來看，沒有單一的答案。

彌賽亞何其多？

澤維：萬人迷「彌賽亞」

猶太人流浪二千年備受歧視、壓迫，甚至財產在一夜之間被剝奪，一直在期待彌賽亞到來，帶他們回到聖地耶路撒冷，重建聖殿，以及讓世界和平。

猶太歷史裡，幾乎每個世紀都有人自稱彌賽亞，或者他們的信眾、追隨者稱其為彌賽亞。其中，哈西迪正統猶太教派深信一六四八年是彌賽亞到來的時刻。

澤維[9]在土耳其愛琴海畔的士麥那[10]城出生，他的父母從希臘移居土耳其，父親是歐洲商人和中東及亞洲供應商的中間人。具有超高智商的澤維從小就有過目不忘的記憶，個性深具魅力，二十歲就成為拉比。

澤維獨自在森林裡，常常禁食幾星期，只喝水，還會鞭打自己，每天進行二、三十次泡在猶太教浴池的儀式。一六四八年東歐赫梅利尼茨基起義中猶太人遭到大屠殺，就是哈西迪預測彌賽亞到來的時刻。二十二歲的澤維開始夢到世界末日到來，也夢到報復大屠殺，要將猶太人帶回以色列並重建聖殿，因而引發自己是彌賽亞的想法。他把這些夢告訴別人時，其他拉比警告若繼續如此就要把他逐出猶太社區。

一六五〇年，澤維差點在地中海溺死，聲稱因為是彌賽亞而被上帝所救，後來又說了諸多奇蹟。一六五一年，他被趕出士麥那，七年流放期間遊歷多國，包括希臘、阿爾巴尼亞和土耳其等城市的猶太社區。澤維就像磁鐵一樣，不論到哪裡都吸引很多群眾跟隨。

回到家鄉後，澤維預言世界末日要來了，又引來許多追隨者。三十六歲時，他從埃及到耶路撒冷時遇到加沙的內森，他對澤維說：「別疑惑了，你是真的彌賽亞。」澤維更深信自己就是貨真價實的彌賽亞。

內森自稱先知，也很懂行銷，他積極寫信給世界各地的猶太領袖，說澤維是真的彌賽亞等。澤維的知名度迅速擴張到整個世界，影響了歐洲的經濟和政治。希臘、義大利、敘利亞、埃及和土耳其的猶太人開始賣掉財產，以便如期搬到耶路撒冷。

澤維風席捲了整個歐洲後，歐洲猶太人都相信他是彌賽亞，只有阿姆斯特丹的沙斯波塔斯[11]拉比不以為然，他寫信給歐洲的拉比們，沒想到幾百個拉比即便認為澤維不是真的彌賽亞，但因為這件事對已被歐洲國家同化的猶太人有好處，他們會對猶太教更虔誠、對猶太人身分感到自豪，似乎是對猶太人信仰猶太教有利，因此，雖不苟同卻默認了澤維的行徑。東歐猶太人被大屠殺後更積極找「出路」，就是回到耶路撒冷。因此，澤維的旋風為歐洲猶太人帶來無限希望。

澤維迷人的風采吸引了大量猶太人向他朝聖，金錢滾滾而來，土耳其蘇丹原本樂於見到這樣的觀光資源，但耶路撒冷的穆斯林抗議澤維將他們趕出去，蘇丹才不得不出手，而且此時情況更加嚴重，澤維穿上一件與蘇丹類似的皇袍，蘇丹將他軟禁在城堡裡，沒想到在獄中的澤維吸引到更多世界各地的猶太人前來。

蘇丹強迫澤維成為穆斯林，給他一個選擇「要頭還是頭巾？」意思是要砍頭還是要成為穆斯林，為了保命，澤維不只改信伊斯蘭教，還換了土耳其姓名，以支領土耳其退休俸。

其他自稱的「彌賽亞」

二世紀時出現了對抗羅馬帝國、自稱彌賽亞的巴柯巴（Simon Bar Kokhba）。Bar Kokhba 是阿拉姆語[12]，意思是星星之子。巴柯巴是傳奇人物，他的腳可以碾碎石頭，在羅馬帝國統治巴勒斯坦期間帶軍隊叛亂，並擊敗羅馬帝國，恢復以色列。羅馬帝國不是省油的燈，增加了許多軍隊，最後把巴柯巴和他的軍隊圍困在山洞內，殺得血流成河。

傳說五世紀時，希臘克里特島來了猶太人「摩西」，宣稱他的名字和帶領猶太人過紅海的摩西一樣，他也能帶領大家回到以色列。克里特島上許多猶太人紛紛留下生意和財產，跟著摩西渡海，但他無法把海水分開，很多猶太人都溺死了，摩西怕被島上的人報復而逃之夭夭。因此，他的名字在猶太歷史的紀錄是「溺死的彌賽亞」。

有溺死的彌賽亞，也有被處罰的彌賽亞，他是八世紀時反抗敘利亞哈里發歐麥爾二世[13]的佐納里亞斯[14]。根據《猶太歷史》[15]作者杜諾福[16]的描述，當時伊斯蘭教在君士坦丁堡（今伊斯坦堡）對抗基督教戰役失敗了，為期待彌賽亞的人帶來希望，彌賽亞運動因此瀰漫於緊鄰土耳其的敘利亞。佐納里亞斯從君士坦丁堡來到敘利亞，自稱是彌賽亞，對同為西語裔猶太人的西班牙和敘利亞追隨者，保證要帶他們回以色列，耶路撒冷是歐麥爾二世所攻下，驅逐當地的穆斯林就是公然反抗哈里發。佐納里亞斯不只挑戰拉比的權威，還帶頭違反《塔木德》的律法，沒有實行可食、祈禱和慶典等。後來被哈里發的部隊逮捕，經查沒有政治意圖[17]，就把他交給猶太教懲處。

八世紀上半葉還有個自封彌賽亞的游德根[18]，在伊朗被追隨者稱為牧羊人。游德根將猶太教、基督教和伊斯蘭教混合，定期禁食、禁肉、禁酒，並教導追隨者將律法視為預言和神祕文本，也就是蘇非派[19]的崛起。

近代被視為彌賽亞的是施奈爾森[20]，創立了查巴德，屬於哈西迪最大派。施奈爾森是猶太世界裡非常知名的領袖拉比，以富智慧和同情心廣受尊敬。不相信施奈爾森是彌賽亞的人就被哈西迪視為異教徒，而深信的人認為施奈爾森是彌賽亞，等待著他復活的到來。

根據《上帝之役》的跨宗教學者和作者，曾經是修女，後來還俗的凱倫．阿姆斯壯在書中描述，十五世紀時，猶太人被很多城市或國家驅逐，如一四二一年奧地利維也納和林茲、一四二四年德國科隆和一四三九年奧格斯堡及一四四二年巴伐利亞州、一四五四年捷克摩拉維亞、一四八五年義大利佩魯賈、一四八年維辰札、一四八八年帕瑪、一四八〇年米蘭和盧卡、一四九四年托斯卡納；西班牙斐迪南國王和伊莎貝拉王后，又於一四九二年違背和格瑞納達摩爾人戰役的投降協議（保護猶太人和穆斯林的安全，以及不得驅離他們的簽約），驅離了猶太人，他們打破摩爾人在西班牙南部維持的猶太教、基督教和穆斯林和平相處六百年的歷史，導致十六世紀初猶太人期望彌賽亞到來，引領另一波彌賽亞風潮，但這次不是等待彌賽亞，而是主動逃到巴爾幹半島的猶太難民，搬去安全的以色列加利利，他們認為彌賽亞將來到加利利，屆時他們就成為第一個問候彌賽亞的猶太人。

在外流亡二千多年，猶太人對回到以色列抱著濃厚的希望，從沒有放棄過，以致彌賽亞風潮在歷史中一再出現，這樣的心情應該被理解，就像有人遭遇很多困難，難免要到處求神拜佛一樣。彌賽亞是否到來，從以上定義的寬廣，似乎很難斷定，信者恆信，不信者仍不信，可能會持續下去。

---

1 Messiah
2 Online Encyclopedia of Judaism，http://www.jewfaq.org/mashiach.htm。
3 Dr. Steven Bell
4 Chabad.org，https://www.chabad.org/library/article_cdo/aid/1121893/jewish/Who-Is-Moshiach-the-Jewish-Messiah.htm。
5 Asher Norman
6 *26 Reasons why Jews don't believe in Jesus*
7 Ancient Hebrew Research Center
8 *Septuagint (LXX)*
9 Sabbatai Zevi，https://www.jewishhistory.org/sabbatai-zevi/。
10 Smyrna
11 Rabbi Jacob Sasportas
12 aramaic
13 Omar II
14 Zonarias，意思是寧靜。
15 *History of the Jews*
16 Simon Dubnov
17 佐納里亞斯實際上沒有驅逐耶路撒冷的穆斯林，只是當地穆斯林以為他要帶猶太人回去，必然會趕走已定居在耶城的穆斯林。
18 Yudghanites
19 蘇非派是伊斯蘭教神祕主義的派別，對伊斯蘭教信仰賦予隱密奧義，並奉行苦行禁欲等。
20 Menachem Mendel Schneerson

第十一章

教皇國綁架猶太小孩

猶太小孩是義大利國的催生者

相不相信？義大利的誕生和一個猶太小孩被綁架有關。義大利的民主和自由、義大利人擁有信仰自由，也與猶太小孩被綁架有關。

孟菲斯大學的貝尼[1]為《綁架猶太孩子莫塔拉》[2]所寫的書評〈選擇〉[3]上說：

雖然這種綁架在歐洲猶太社區並不特別，但這一案件是在政治氣候變化和變化的背景下發生。這事件引起了羅斯柴爾德家族[4]和摩西．蒙蒂菲奧里爵士[5]，也引起拿破崙三世[6]和一些美國人的注意，並引發了反對梵蒂岡的國際輿論。它象徵著馬志尼[7]和加里波底[8]的革命運動，以及試圖終止天主教會的政治統治，並建立了一個現代的、世俗的義大利國家[9]。

教皇國[10]是由教皇統治的國家，從西元八世紀到一八七〇年，長達十一個世紀。領域涵蓋義大利大多數版圖[11]，而教皇國歸屬基督教，或說是天主教的教皇[12]。中世紀時，波隆那[13]隸屬於教皇國，羅馬也屬於教皇國，那時義大利國還沒有誕生。羅馬帝國打敗以色列後，猶太人被趕出了自己的土地，大部分住在羅馬帝國，當時只有兩百個猶太人住在波隆那。

為什麼波隆那只有兩百個猶太人？起因是一五五五年時，教皇保祿四世[14]頒布法令，規定猶太人必須遵行的〈公牛令〉[15]命令，「由於他們有罪，被上帝譴責而成為永遠的奴隸，卻不接受基督徒對他們的愛和寬容，不再被允許和基督徒住在一起，得被關在猶太貧民窟。」

一五九三年，教皇克勉八世[16]驅逐九百個住在波隆那的猶太人。

十九世紀時，猶太人被規定只能住在城市內一個不大且特定的區域，叫做隔都，有出入限制，如下午三點前猶太人得回到隔都，不得再外出；還被強制配戴黃色或其他徽章，讓基督徒容易辨識他們。住的地方雖然擁擠、狹小，但還是會在隔都內蓋猶太會堂，做為禮拜、教育及猶太人事務之用。

猶太男人被強制在星期六安息日時要參加基督布道，目的是要把猶太人轉變成基督徒。有些猶太人拒聽，就把蠟塞在耳朵裡，因此警察會在布道前檢查猶太人的耳朵；猶太人還得支付警察和布道者薪水，甚至支付把猶太小孩轉變為基督徒的寄宿學校稅，這是被強迫規定繳付的特別稅。

猶太人拒絕聽布道的背後除了他們是虔誠的猶太教徒外，若被迫成為基督徒，依據教皇的規定就得和家人分開，因為基督教規定基督徒不能和猶太人住在一起。

教皇國一八五八年在波隆那綁架一個六歲猶太小孩埃德卡多．莫塔拉[17]，一八六四年又在羅馬的隔都綁架另一個九歲猶太小孩柯恩[18]，動機是為了把猶太小孩變成基督徒。這個舉動激怒了拿破崙三世，他因此和薩丁尼亞王國[19]簽下協議，把大部分教皇國版圖讓給薩丁尼亞王國。薩丁尼亞王國統一義大利，拿破崙三世的軍隊則分階段撤出羅馬。

一七九六年～一七九七年，受盧梭自由主義影響的拿破崙，入侵義大利時燒毀隔都，解除對猶太人的所有限制，並廢除教皇國。一八一四年，教皇國復國，猶太人再度被關入隔都。但在拿破崙之後，教皇國不再擁有永恆神聖的權利，也失去統治的光環。

梵蒂岡為什麼會綁架不同宗教的小孩？宗教仇恨是信仰不同的人之間引發暴力的主因。例如二〇一九年三月十五日中午，二十八歲澳洲白人塔蘭特[20]對紐西蘭基督城[21]的努爾清真寺[22]和林伍德清真寺[23]中正在禮拜的穆斯林開槍掃射，還用手機全程錄影直播，當場造成五十人死亡，四十多人受傷。

宗教仇恨的歷史淵源很久，這和人類的害怕恐懼轉變成仇恨，而仇恨變成暴力有關。為什麼會害怕恐懼？因為不了解，因為距離，還有「我對，你錯」的心理在作祟。

梵蒂岡綁架猶太小孩

一八五八年六月二十三日，義大利波隆那城一個猶太家庭突然來了兩名教皇國警察，聲稱受到多明尼加教堂[24]宗教裁判所費利特神父[25]裁判官[26]的命令，要帶走他家的六歲小孩埃德卡多。

莫塔拉家有六個孩子，埃德卡多排行第五。面對警察要強行帶走孩子，孩子的媽媽瑪莉安娜[27]說：「除非踩在我的屍體上，否則我不會讓你們帶走我的孩子。」

羅馬宗教裁判所[28]是羅馬和全球宗教裁判所的最高神聖機構，由羅馬天主教會教廷在十六世紀下半葉開發的法庭系統，負責起訴被指控與宗教教義、替代宗教教義或其他宗教信仰有關的犯罪，包括打擊基督新教在義大利的傳播，而信仰猶太教的猶太人是宗教法庭主要的起訴和迫害對象。

埃德卡多被宗教法庭帶走的理由是，他在嬰兒時期因為病重，被天主教徒保母緊急祕密受洗。而天主教法律規定，受洗後就是基督徒，而基督徒不能和猶太人住在一起。所以，埃德卡多要被送去羅馬梵蒂岡，由教皇庇護九世[29]親自教養。

一九四〇年三月，住在比利時修道院的神父埃德卡多以高齡八十八歲過世。科澤[30]博士寫的《綁架莫塔拉》[31]於一九九七年出版，被掩藏的故事就此拉開。科澤是人類學家、歷史學家，也是專門研究義大利政治、人口和宗教歷史的學術領袖，更是美國常春藤名校布朗大學的教授[32]和普立茲獎得主。這個故事於二〇一七年由大導演史蒂芬·史匹柏開始拍攝同名電影，但尚未上映。

爭議

埃德卡多十三歲時成為拉特蘭經典規則[33]的新手，這是成為神父的第一步。當拿破崙三世拿下羅馬時，埃德卡多已經十九歲，他害怕被家人抓回去，在神職人員的幫助下逃到奧地利的修道院避難。二十一歲時，埃德卡多被任命為神父。

另一個九歲時被綁架的猶太小孩柯恩，十六歲時說要當神父，不回父母家了。這兩個猶太小孩從小被梵蒂岡綁架，接受天主教教育，不只成為基督教徒，還鼓吹猶太同胞從猶太教徒轉變成基督教徒。

梵蒂岡綁架猶太小孩事件引起很大的爭議，站在宗教立場，一旦受洗成為基督徒，就一輩子都是基督徒。雖然保母莫利斯為埃德卡多緊急受洗，過程與我們所認知的受洗儀式有出入，而神聖教義勝過人類道德，何況當時的教皇國法律規定，基督徒住在猶太人家裡是違法的。

雖然天主教規定不能在沒有猶太父母的同意下強制為猶太孩子受洗，但其世界觀是靈魂的救贖最重要。宗教道德與世俗道德相差極大，我們以人權和自由民主為優先，很明顯是兩個迥然不同的世界。

「西元四一七年就規定猶太人不可以雇用基督徒在家工作，但一八一四年又恢復了，今天會發生基督徒幫生病的猶太孩子緊急受洗，是你們的錯。」這是當時梵蒂岡的辯解，犯錯的不是梵蒂岡，而是莫塔拉家。天主教傳統主義學者蕭[34]堅持認為「綁架莫塔拉是任何一位教皇最不可原諒的行為之一」。

二〇一八年一月二十八日，《大西洋》雜誌[35]刊載一篇由謨米雅安諾[36]針對這起事件的文章〈為什麼一些天主教徒捍衛綁架猶太人的孩子〉[37]，特別標出一句話：「這不是教會與猶太人的關係，而是關於教會內部的文化戰爭。」

這篇文章擲地有聲，譚米雅安諾針對二〇一七年出版的《梵蒂岡綁架埃德卡多．莫塔拉未出版的回憶錄》[38]出擊。這本書的作者梅索里[39]是義大利教堂歷史學家，以埃德卡多的個人檔案撰寫此書。而多明尼加神父和神學家切薩里爾[40]在天主教保守派雜誌《第一件事》[41]寫了一篇書評，為庇護九世辯護，說這是「天意安排他被引入正常的基督徒生活」[42]，這篇文章引起熱烈討論。溫特斯[43]在自由派《天主教國民報導》[44]的文章說「道德上令人反感」和「理智上令人遺憾」。譚米雅安諾採訪了埃德卡多大姐的曾孫艾連納．莫塔拉[45]，她說：「這個事件對莫塔拉家的傷害到現在還很大，我們家族在每年逾越節時都討論這個事件，有時戲稱我們有個曾舅公神父。」

多年前莫塔拉家族後代寫信給教皇約翰．保羅二世[46]，呼籲千萬不能把曾綁架他們家人的庇護九世列為聖徒，梵蒂岡綁架莫塔拉事件是造成猶太人和天主教關係緊張的根源之一。

《天主教國民報導》網站[47]上，西芙[48]用非常強烈的情緒和字眼寫了一篇〈被梵蒂岡綁架了？一個天主教神父與教皇難以置信的故事〉[49]，敘述猶太男孩在梵蒂岡牆內過著快樂學習福音的生活，並指責普立茲獎得主科澤是帶有偏見的作者。費城大主教蕭普特[50]則在《猶太書評》[51]網站上發表一篇文章〈莫塔拉事件〉[52]，認為「切薩里爾的評論內容似乎對整個醜陋綁架事件顯得格外麻木不仁，他縱容這一事實，讓許多猶太人感到憤怒和焦慮，而天主教徒對他重新審視這個綁架事件舊傷口的不謹慎感到困惑。六十多年來，教會一直努力治癒這些傷口，並懺悔過去對猶太社區的不容忍。他的評論確實損害了已經很困難的努力。」

蕭普特以他的一個天主教和兩個猶太人朋友的經歷說明對這起綁架事件的想法，天主教朋友有兩個孫女長大後離開教堂，他問：「妳的兩個孫女沒有受洗，身為祖母應該很痛苦，妳會不會要求孫女受洗？」朋友說：「如果我那樣做，就是對父母行使暴力。沒有任何人，包括祖母在內，能夠在家庭愛的紐帶施行暴力。上帝不會剝奪他人的權利。」而兩個猶太朋友，一個是年輕學者，另一個是社區領袖，他們認為切薩里爾的文章對於猶太人的擔憂是全聾的，文章居然寫著：「如果猶太人能夠看到洗禮的隱形標記，他們就會理解帶走孩子的背後原因。」更糟糕的是，「他像是指責猶太人打破基督教的明智規定，聘雇基督徒在家工作，違反了天主教的規定」。

最後，蕭普特大主教引用蘭姆拉比[53]針對切薩里爾文章的評論，說「將真實的兒童綁架消毒為神聖天意的隱喻」。同時還說，他的朋友提供一篇關於血祭誹謗的文章指出，「血祭誹謗如今還留存在波蘭的天主教堂，但天主教會卻一再否認這個事實。血祭誹謗是中世紀基督徒對猶太人的指控，說他們將基督徒兒童的血用在猶太教儀式。」

我對這事件的看法很簡單，「是我的孩子，還是你的孩子？」一切從這裡出發去思考。如果是我的孩子，我才不管抓走他是為了培養成為皇帝或總統，那不是父母生養孩子的初衷，我只是愛我的孩子。如果是你的孩子，而你願意讓孩子從家裡被強行擄走是另一回事。但是，你可能違反兒童人權，未善盡保護孩子的責任和履行父母教養的權利。換句話說，你是失職的父母。

教皇的道歉

我家客廳牆壁上掛著一幅婆婆和教皇約翰．保羅二世握手的合照，教皇看起來十分慈祥、可愛。他是波蘭人，第一個非義大利人出身的教皇。是個既開放又保守的人，反女權、反墮胎，但他打破很多梵蒂岡傳統；他是走過最多國家，也是第一個為天主教過去所犯的錯誤公開道歉的教皇。自從基督教分裂，他是第一個拜訪東正教，也是第一個踏入伊斯蘭教清真寺的教皇；是第一個訪問英國女皇的教皇，把四百多年英國與梵蒂岡斷交的歷史重新架上橋梁。

一九七九年，約翰．保羅二世是第一個踏入二戰中毒死最多猶太人的波蘭奧斯威辛集中營的教皇。一九九八年三月十二日，他又為納粹德國滅絕猶太人的浩劫期間，天主教會的不作為和沉默道歉；二〇〇〇年，教會為天主教會過去的錯誤道歉；二〇〇一年，他對第四次十字軍東征對君士坦丁堡的劫掠向天主請求寬恕；二〇〇三年，拜訪了耶路撒冷。

第二次梵蒂岡安理會時，約翰．保羅二世不僅對猶太人的迫害視為罪惡，還認知到過去一些基督徒也該被譴責。他雖然沒有對梵蒂岡綁架猶太小孩這件事道歉，但在幾次公開道歉中，已經包括天主教過去對猶太人的迫害。他曾說反猶太人就是反人類；仇恨猶太人、歧視猶太人，就是仇恨人類、歧視人類。

梵蒂岡網站上，斯特恩[54]的文章〈約翰．保羅二世和反猶太主義，一個個人經驗〉[55]指出基督教環境的反猶太教根源。

約翰．保羅二世在波蘭的家鄉瓦多維采[56]離死亡火車站只有三十公里，二戰期間，來自荷蘭、法國、義大利和其他國家的死亡火車天天載運猶太人到奧斯威辛集中營。約翰．保羅二世說：「基督教徒用特定的標誌標記猶太教徒，然後推進隔都孤立，再帶到毒氣室，讓他們死亡，只因他們是猶太人的兒子。」

約翰．保羅二世在二戰五十年紀念時寫道，一九四〇年前，那裡是繁榮的猶太社區，「人類有個永遠的恥辱：對猶太人無情的『計畫性野蠻行徑』，使他們不得不經歷令人難以置信的貧困和殘暴。」在

「反猶太教和反猶太人」中說，很不幸的，幾世紀以來，基督徒虛構猶太人有罪，如在儀式上犧牲一樣。他們強迫猶太人受洗，還將他們從法國、英國和西班牙驅逐。他們受到大屠殺，尤其是第一次十字軍東征的過程中。猶太人承受很多痛苦，被當成次等民族對待，宗教上從反猶太教轉變成反猶太人。梵蒂岡第二理事會對「那些時代和肇事者」的所有行為表示遺憾。

從這篇文章中看出梵蒂岡在二十世紀譴責過去基督教對猶太人的歧視和暴行，約翰．保羅二世認為道歉可以終結那些過失。承認歷史上對猶太人的迫害後，他開始踏出向猶太人道歉的那一步。一九八六年四月十三日，教皇拜訪羅馬猶太會堂時讀了那些反猶太人的文字，認出是哪些是教皇或聖徒所寫，包括四世紀時，米蘭聖徒摧毀了當地的猶太會堂，還有十六世紀時，教皇保祿四世把猶太人關入隔都……約翰．保羅二世心痛於猶太人被隔離，認為這是特利騰大公會議的教理問答教學將基督的死歸咎於猶太人所致。毫無疑問，這樣的心態對納粹反猶太主義有許多影響。

教皇約翰．保羅二世會說十幾種語言，也擅於使用多種語言在國與國之間的外交進行折衝。由於他的生命經驗特殊，使得視野特別寬廣，在位期間為世界過去的傷口癒合做了最大的努力，也為未來的和平開了一扇窗。

1 S. D. Benin

2 *The Kidnapping of Edgardo Mortara*

3 Choice

4 the Rothschilds，請參見《猶太人和你想的不一樣》。

5 蒙蒂菲奧里爵士 (Sir Moses Montifiore) 是英國金融家、慈善家和倫敦治安官。他是父母在義大利旅行途中生下的長子，其家族是西班牙裔英國猶太人。他曾經捐贈大筆資金，以促進黎凡特的猶太社區工業、商業、經濟發展、教育和健康官。

6 Napoleon Ⅲ

7 Mazzini

8 Garibaldi

9 http://www.davidkertzer.com/books/kidnapping-edgardo-mortara/reviews。

10 The Papal States

11 請參看地圖 https://en.wikipedia.org/wiki/Papal_States。

12 https://zh.wikipedia.org/zh-tw/%E6%95%99%E7%9A%87%E5%9B%BD

13 Bologna

14 Pope Paul Ⅳ

15 公牛令 (Cum nimis absurdum) 是教皇的正式命令，教皇保祿四世於一五五五年七月發布命令，撤銷猶太社區的所有權利，並對教皇國的猶太人實行宗教和經濟限制，重新制定反猶太法，歧視猶太人並限制個人自由。公牛令施行於羅馬猶太社區，猶太社區以圍牆圍起，有三道門，晚上被鎖起來不准外出。猶太男性必須戴上尖頭黃色帽子，女性則戴黃色頭巾，並強制他們在安息日參加天主教布道。

16 Pope Clement Ⅷ

17 Edgardo Mortara

18 Giuseppe Coen

19 The Kingdom of Sardinia

20 Brenton Tarrant

21 Christchurch

22 Al Noor Mosque

23 Linwood Mosque

24 the Dominicaro Finar

25 Pier Gaetano Feletti

26 Inquisitor

27 Marianna

28 Roman Inquisition

29 Pope Pius Ⅸ

30 David I. Kertzer

31 *The Kidnapping of Edgardo Mortara*

32 http://faculty.washington.edu/ewebb/Rome/mortara.htm

33 Canons Regular of St. John Lateran

34 Joseph Shaw

35 *The Atlantic*

36 Anna Momigliano

37 Why Some Catholics Defend the Kidnapping of a Jewish Boy，https://www.theatlantic.com/international/archive/2018/01/some-catholics-are-defending-the-kidnapping-of-a-jewish-boy/551240/。

38 *Kidnapped by the Vatican? The Unpublished Memoirs of*

Edgardo Mortara

39 Vittorio Messori

40 Romanus Cessario

41 *First Things*，https://www.tabletmag.com/scroll/253408/first-things-publishes-defense-of-notorious-historic-kidnapping-and-forceful-conversion-of-a-jewish-boy-and-a-fascinating-debate-ensues。

42 Divide Providence kindly arranged for his introduced into a regular Christian life.

43 Michael Sean Winters

44 *National Catholic Reporter*，*https://www.ncronline.org/*。

45 Elena Mortara

46 Pope John Paul II，一九二〇年～二〇〇五年。

47 http://www.ncregister.com/blog/kschiffer/kidnapped-by-the-vatican。

48 Kathy Schiffer

49 Kidnapped by the Vatican? A Catholic Priest's Incredible Story of Life with the Pope

50 Charles J. Chaput

51 Jewish Review of Books

52 The Mortara Affair, Redux，https://jewishreviewofbooks.com/articles/2979/mortara-affair-redux/。

53 Rabbi Ari Lamm

54 Jean Stern

55 John Paul II and Anti-Semitism, A Personal Experience，http://www.vatican.va/jubilee_2000/magazine/documents/ju_mag_01111997_p-42a_en.html。

56 Wadowice

第十二章

嫁禍，屠殺，血祭誹謗

修士造謠血祭誹謗

十二世紀時，英國諾里奇[1]有個名叫威廉的男孩在復活節失蹤了。諾里奇是著名的古城，治安向來很好，失蹤案在當地成了大事。後來，威廉的屍體在城外的樹林裡找到了。蒙茅斯的基督教修士托馬斯[2]指責當地猶太人虐死威廉，雖然諾里奇市民不相信他，這時卻傳出世界各地的猶太領袖們集會，選擇每年在某個國家殺掉基督徒。

十一年後，一群猶太人去林肯城[3]參加婚禮，與該城基督教家庭的男孩修[4]跌入汙水池死亡的時間點正好相同。這群猶太人被控謀殺修而遭到逼供，最後十九個猶太人被絞死。住在英格蘭的猶太人全被指責參與謀殺儀式，隨之而來的是更多指控和暴力在猶太社區發生，猶太人開始被暴徒攻擊。

謠言就像網路一樣沒有國界，血祭誹謗從英國傳到法國布盧瓦城[5]。

儘管沒有屍體或證據，仍然謠傳猶太人犯下謀殺案，用受害人的血進行宗教儀式。一一七一年五月二十六日，逾越節過後兩個月，布盧瓦猶太社區的三十三個居民（包括十七個女人），拒絕成為基督徒後被熊熊烈火燒死。這事件讓法國猶太人感到震驚，塔姆拉比[6]宣布這一天是大屠殺日，成為布盧瓦城幾世紀永存的歷史汙點。

血祭誹謗的流傳也來到義大利，一四七五年，義大利特倫托城[7]三歲的基督徒男孩西蒙[8]在耶穌受難日前夕失蹤，猶太社區被指控殺人。八個猶太人遭酷刑燒死，他們的家人則被迫受洗為基督徒。特倫托主教欣德巴赫[9]將西蒙封為聖徒西蒙尼諾，同時用木刻寫了第一本書《特倫托被謀殺基督徒兒童的故事》[10]。此後，很長一段時間，猶太人被禁止在特倫托定居。一九九〇年代，特倫托政府立下牌匾，並舉行道歉儀式，特地為這段黑暗歷史向猶太人道歉。

指控血祭誹謗的背後

謠言愈傳愈廣，從十二世紀到十六世紀，整整四百年時間，歐洲基督教世界始終流傳著猶太人殺害基督徒孩子，用他們的血做成未發酵餅[11]，供逾越節宗教儀式使用；或是拿那些血做成普珥節[12]甜點的猶太三角形果醬餅乾[13]。

如果基督徒讀過《希伯來聖經》（或稱為《妥拉》）就會了解，那種傳說是謠言。《希伯來聖經》在基督教《聖經》裡叫做《舊約聖經》，但很多基督徒只讀《新約聖經》，在中世紀時，基督教徒被禁止讀《聖經》，只有神職人員才有權利閱讀和解釋《聖經》，因此這樣的無知，傳說才會存在四百年。

逾越節和普珥節都是慶祝自由的最大節慶，前者是猶太人逃離埃及，結束了四百三十年奴隸的悲慘日子；後者是波斯王寵臣哈曼要所有大臣向他下跪，但猶太人末底改拒絕，他說只向上帝下跪，哈曼因此要屠殺所有猶太人。而王后以斯帖是由叔叔末底改撫養長大，末底改請求她救猶太人，她向波斯王承認自己是猶太人，如今哈曼要殺掉所有猶太人，她也會被殺掉，最後波斯王把哈曼掛在蓋來要吊死末底改的高塔上。

猶太人最重要而歡樂的節慶都與自由有關，既然如此，怎麼可能殺掉基督徒兒童呢？何況在《妥拉》

中，猶太人信仰的上帝禁止猶太人吃「血」做成的食物，因為「血」代表的是生命。再者，《妥拉・利未記》講祭祀，和摩西一起把猶太人帶出埃及的哥哥亞倫及其後代是祭司，上帝吩咐摩西教亞倫如何祭祀，強調要把動物的血排乾淨。猶太人虔誠信奉猶太教，怎麼可能拿基督徒兒童的血來做為宗教儀式的祭祀呢？

這些嫁禍給猶太人、和血有關的虛構事件，就叫做「血祭誹謗」[14]。從十二世紀到十六世紀，發生了一百多次血祭誹謗，為數可觀的猶太人因此被屠殺、折磨、毆打致死。

為什麼天主教修士會散布猶太人殺基督徒小孩，並用他們的血來做逾越節未發酵餅的謠言呢？曾經跟著拉比爸爸在日本住了多年的猶太朋友塔爾[15]醫師收到本書的英文大綱時提醒，臺灣讀者較難理解這個部分，要在書中加以解釋。

天主教修士傳播的謠言是基於對聖餐變體論[16]的認知而來，聖餐的麵包和酒被轉化為耶穌基督的身體和血液的說法。天主教徒相信通過變體，上升的耶穌真正出現在聖體聖事中。猶太人拒絕相信聖餐變體論，覺得那不合常識，所以不可能殺基督徒小孩。

血祭誹謗從中世紀進入當代

血祭誹謗沒有因時代推進和人類知識擴大而絕跡；相反地，不只淵遠流長，還進入現代社會。後來傳到西班牙，但西班牙的情況沒有其他歐洲國家嚴重，只是仇恨猶太商人的成功。

十七世紀時，哥薩克酋長國首任酋長赫梅利尼茨基[17]，率領哥薩克部隊在赫梅利尼茨基起義期間也因血祭誹謗而屠殺整個猶太社區，他被猶太人視為最殘酷的暴君之一。

西格爾拉比[18]是傑出的猶太學者，他從赫梅利尼茨基起義逃出來，但兩個兒子卻在一六五四年波蘭利維夫[19]大屠殺中喪生。經歷這個事件，他為此寫了《猶太法典》[20]的評論〈金塔〉[21]提到：「為保護猶太人免受血祭誹謗的迫害，西格爾拉比裁定在被逼迫的土地上，猶太人應該用白葡萄酒代替傳統的紅葡萄酒，以免引起懷疑。」

一八四〇年二月，鄂圖曼帝國羅得島[22]上有個男孩失蹤，希臘東正教指控男孩遭猶太人謀殺，造成羅得血祭誹謗事件[23]，包括英國、法國、奧匈帝國、瑞典和希臘等國家都支持希臘東正教。而鄂圖曼帝國是穆斯林帝國，長期否認血祭誹謗的事實，但這次羅得州長不僅打破傳統，還逮捕了幾個猶太人施予酷刑，並封鎖整個猶太區十二天。

羅得島猶太社區不得不向君士坦丁堡的猶太社區請求幫助，並將請求轉交給歐洲各國政府。在英國和奧地利，猶太社區得到了支持，他們譴責血祭誹謗指控是錯誤的共識。在國際壓力下，羅得州長只得將此案上呈中央政府，中央對該事件進行了正式調查。一八四〇年七月，確定猶太社區是清白無辜的。

十九世紀時，血祭誹謗從歐洲基督教國家橫跨到中東穆斯林國家。一八四〇年，有個基督徒牧師在敘利亞大馬士革失蹤了，當地的猶太名人被指控綁架及殺害牧師。憤怒的暴民摧毀了當地的猶太會堂，以及會堂內的《妥拉》卷軸，這起事件造成全球猶太人極度憤怒和不安。

敘利亞是伊斯蘭教國家，為什麼大馬士革的穆斯林會指控猶太人綁架和謀殺牧師呢？想想看，根源從哪裡來，就是從歐洲基督教的血祭誹謗。

一九〇三年，俄羅斯發生了可怕的基西紐大屠殺[24]。烏克蘭男孩林巴切克[25]在基西紐以北四十公里的小鎮杜伯薩里[26]被謀殺了；還有個自殺中毒事件的女孩在猶太醫院被宣告死亡。最受歡迎的反猶太媒體貝沙拉貝茲[27]將兩個事件綁在一起報導，硬是暗示猶太人謀殺了兩個基督徒孩子，這則新聞引發了對猶太人的大屠殺。

一九一三年在烏克蘭基輔的磚廠發現了基督徒孩子的屍體，猶太人貝利斯[28]被指控殺害這個孩子。經過嚴謹的調查，最後證明貝利斯是無辜的。

血祭誹謗的歷史長達四百年，澄清後，一些城市會向猶太人道歉。但經過漫長的時間後，無辜的猶太人卻因血祭誹謗而喪失生命、財產和被迫離開或被迫成為基督徒。而「想當然爾」的隨意指控，以自己有限的知識嫁禍給無辜的人，並導致一群群的生命喪生，及至今日，在世界各角落都沒有絕跡。

---

1 Norwich
2 Thomas of Monmouth
3 Lincoln
4 Hugh
5 Blois
6 Rabbeinu Jacob Tam
7 Trento
8 Simonino
9 Johannes Hinderbach
10 *Story of a Christian Child Murdered at Trento*
11 用麵粉和水做成沒發酵的圓餅。
12 Purim
13 hamantaschen
14 Blood libel
15 Tal Moskowitz
16 Transubstantiation
17 Bohdan Zenobi Chmielnicki，烏克蘭國父。
18 David Halevy Siegel
19 Lvov
20 *Shulhan Arukh*

21 Turei Zahav

22 Rhodes

23 Rhodes Blood Bliel

24 Kishinev pogrom

25 Mikhail Rybachenko

26 Dubossary

27 Bessarabetz

28 Menahem Mendel Beilis

第十三章

黑死病的代罪羔羊

黑死病爆發，為什麼猶太人沒死？

黑死病[1]也叫做大瘟疫，造成中世紀歐洲六〇%人口喪生，也就是總人口只剩下四成倖存。

根據美國疾病預防中心網站上對這次歐洲黑死病的說法，這是歐洲第二次大流行；疾病起源居然是中國，一三三四年沿著通往君士坦丁堡（伊斯坦堡）的大貿易路線（絲路）傳播到歐洲。一三四七年，黑死病抵達黑海；一三四八年春天抵達義大利佛羅倫斯時，也同時到達中東和北非；一三四九年抵達西班牙、法國、英國、北歐和東歐。儘管流行病造成巨大傷亡，但高死亡率使勞動力短缺，反而加速了經濟、社會和技術現代化的發展，甚至被認為是十四世紀晚期文藝復興出現的因素之一。

歐洲的黑死病從義大利佛羅倫斯開始蔓延，自從第二聖殿被燒毀後，猶太人被放逐到羅馬帝國，住在義大利的猶太人口理應特別多，為什麼死的大多是基督徒呢？謠言四起，基督徒說猶太人在鄰居的水井下毒，所以基督徒死了，猶太人還活著。猶太人居心叵測、猶太人是壞人、猶太人該殺……什麼字眼都出爐了。

從八世紀開始，散居歐洲的猶太人因法律不允許擁有土地，基督教又不准他們擁有奴隸，只好放棄當農人，改住城裡經商。住在城裡的猶太人為什麼大多沒受黑死病波及呢？難道是上帝特別照顧祂的「選民」，補償猶太人流亡一千多年間所遭受的苦難嗎？

針對這個問題，猶太朋友大衛說：「猶太人遵循可食法，在用水、烹飪和食物的選擇和儲存上都很嚴謹。公共衛生依照《希伯來聖經》的規定行事，甚至連肥皂都要遵守可食方式製造法，所以沒有遭受黑死病的侵襲。」

猶太人很早就有公共衛生的觀念，大衛還說：「猶太人的公共衛生向來做得很好，因為有拉比、猶太醫生在教育我們，還有《妥拉》是最基本的衛生教育。」

再者，因基督教不准猶太人和基督徒住在一起，猶太人自成一個社區，黑死病爆發期間，反而意外讓猶太人保住生命。

猶太人的墓誌銘

我讀了中世紀黑死病的紀錄後才恍然大悟，原來鼠疫爆發時，猶太人也不能倖免於難。

看到在西班牙托雷多[2]猶太人的墓誌銘，可以證明仍有猶太人在黑死病期間死亡，只是和基督徒相比，死亡率特別低而已。這個是名為約瑟夫．本特利爾的父親為剛結婚成家旋即過世的兒子阿舍爾．本特利爾立的墓誌銘。父親肯定年僅十五歲兒子的歡樂及聰明，也相當哀痛兒子喪生。

耶阿舍爾墓誌銘

這是一塊紀念碑，
後世可能知道，

它隱藏著一個令人愉快的萌芽，
一個對珍愛孩子的記憶。
他擁有完美的知識，
他是《希伯來聖經》的忠實讀者，
他是《塔木德》——《密西拿》和《革馬拉》的學生。
他從父親那裡學了，
他的父親從老師那裡學到的學問，
就是上帝的律令和律法。
雖然他只有十五歲，
但他擁有的知識就像八十歲的人那麼豐富。
他比所有的孩子更幸運：阿舍爾——願他在天堂休息。
約瑟夫·本特利爾的兒子——願上帝安慰他。
他在瘟疫中死去，在希伯來陰曆一〇九年塔姆茲月[3]。
但在他去世前幾天，他成家了；
然而，新娘和新郎的歡樂聲音轉向了哀號。
留下悲傷和痛苦的父親。
願上帝保佑他，安慰他。
並送另一個孩子來喚醒他的靈魂。

從父親為兒子寫的墓誌銘，我們明白白髮人送黑髮人的哀慟心情。而父親說他的兒子比其他人更幸運，意思是他學了《妥拉》和《塔木德》。《妥拉》在猶太人的世界裡是完美的。

這個十五歲孩子剛新婚就被黑死病奪命。猶太人十三歲成年後就可以結婚，而今，十三歲猶太人依然是成年了，但結婚年紀隨著時代的變遷而向後延了，一如臺灣的社會。

謠言、謊言、殺人

連醫生都不知道黑死病是怎麼回事，歐洲又死了那麼多人，怎能不人心惶惶。在未知又恐懼不安的情況下，總要找個理由或對象來當墊背，不然怎麼活下去？

當人不安惶恐、不順遂或被病魔糾纏時，有的歸咎於祖先的風水，有的說當初結婚時八字沒算好，或者是被鬼魂纏繞……而基督徒不相信這些，他們相信的是另一套，一定有人在謀害、誅殺他們，而那些人一定是非基督徒，只有猶太人不信基督，他們就是這個謠言的中心點。

一三四八年春天，佛羅倫斯爆發黑死病，秋天時，謠言認為這是猶太人的國際陰謀，他們毒害基督教世界。據報導，西班牙托雷多城的猶太領導人之一皮耶爾拉比[4]是主要陰謀者。他的總部設在薩伏伊[5]的首都香貝里[6]，位於法國東南部，離巴黎、里昂各約五百二十三公里和一百公里，離義大利熱那瓦八十五公里，而他居住的托雷多到香貝里的距離則是一千三百三十公里。報導還說，皮耶爾拉比將毒藥從香貝里分配到法國、瑞士和義大利。

謠言如此具體，就好像真的一樣，官方便著手審判了。美國福坦莫大學[7]網站上《猶太歷史資料手冊：一三四八年～一三四九年黑死病和猶太人》[8]就有幾個關於黑死病與猶太人之間的具體例子，讓我們看看那些紀錄。

義大利

首先，義大利薩伏伊伯爵阿梅迪奧六世[9]下令，住在日內瓦湖岸的部分猶太人被逮捕並遭受酷刑，刑求之下不但認罪了，也把其他猶太人拖下水。結果至少有兩百個城鎮和村莊被燒毀，數千名猶太人被屠殺。被刑求的猶太人是根據調查者的「授意」而認罪，幾千個猶太人的生命就因「授意」而消失了。

住在熱那亞的猶太人阿吉梅特[10]於一三四八年十月十日在查特城[11]被審判時遭到輕輕的刑求；十天後法庭再審判，再次輕輕的刑求。阿吉梅特供認老闆得蘭茲[12]派他在大齋節到威尼斯購買絲綢及其他產品，而他上路前，住在香貝里城的律法老師佩芮特拉比[13]交給他一包毒藥，要他到威尼斯時把毒藥撒入水井和蓄水池，佩芮特拉比向他保證生意上有任何困難都會幫忙。阿吉梅特因此將毒藥撒入靠近德國人居住地的水井和蓄水池。他還說去了其他城市撒毒，包括卡拉布里亞[14]、土魯斯[15]和巴雷[16]。

看一下地圖，阿吉梅特說的幾個城市位置，威尼斯在義大利東北部，卡拉布里亞在義大利這雙靴子的腳尖，而土魯斯在法國南部的中間。以中世紀的交通狀況，可以這樣來回的可能性不高。不過，阿吉梅特說可以對著《摩西五經》和《妥拉》卷軸發誓，證明他說的句句屬實。有趣的是，《摩西五經》就是《妥拉》卷軸。很顯然，阿吉梅特並不熟悉猶太經典。阿吉梅特就是黑死病自導自演最荒謬的例子，被輕輕刑求，為了活命就自編自導，把其他猶太人拖下水，自己逃過一劫。而真相是他根本沒有毒藥，也沒有在水井下毒，當然更沒有去過那些城市。

中世紀黑死病肆虐下，歐洲死了二千五百萬人，這當然不是上帝的旨意，而是鼠疫。鼠疫殺死了歐洲人，而歐洲人燒死猶太人，不但債務一筆勾銷，還接收了猶太人的財產。這究竟是天意，還是人意，或是鼠疫？

法國

法國東部與德國邊界的史特拉斯堡是法國第九大城市，黑死病期間，史特拉斯堡官方要保護猶太人，但當地人不只對猶太人有宗教上的偏見，還有對黑死病的恐慌，以及夾雜著對其經濟優勢的怨恨，認為殺猶太人就可以免除黑死病對基督徒的侵襲。

瑞士、德國、法國

瑞士基督徒折磨住在伯恩城[17]和祖芬根城[18]的猶太人，他們燒毀猶太人城鎮、燒死猶太人；寫信給史特拉斯堡、德國弗萊堡城[19]和瑞士巴塞爾城[20]政府，要求燒死當地的猶太人。但三個城市議會不認為該對猶太人採取任何行動，巴塞爾市民因此遊行並脅迫市議員宣誓燒死猶太人。於是，巴塞爾開始逮捕猶太人，並在一三四九年二月八日公開審判。

史特拉斯堡主教伯切克的巴哈特赫德二世[21]、該地區封建領主們，以及三城的代表都出席了。最終，主教、領主和城市代表同意燒死史特拉斯堡的猶太人，但史特拉斯堡市議會仍要保護猶太人，市議員為此被罷免，新議會議員屈服並開始逮捕猶太人。

一三四九年二月十四日情人節，有二千多個猶太人準備被燒死，當場受洗為基督徒的免死，約有一千個人現場受洗，還有許多兒童在未經他們父母的同意下也被受洗。最後有上千個猶太人被燒死，他們的房子和猶太廟也被燒毀。

其餘的猶太人被規定一百年內不得回來史特拉斯堡，但後來市議會改變，二十年後就允許他們回來了。燒死和驅逐猶太人時，他們的財產也被市議會拿走，而那些積欠猶太人的債務就一筆勾銷了。如果領主沒有欠猶太人錢，猶太人就不會被燒死，主要癥結還是和錢有關。

看了以上例子，可窺見中世紀審判黑死病的案件出現很多荒唐的情節。例如，被刑求的人為了活命，自編自導，也嫁禍給別的猶太人。

---

1 Black death
2 Toledo
3 西元一三四九年六月或七月。
4 Rabbi Peyret
5 Savoy
6 Chambery
7 Fordham University
8 *Jewish History Sourcebook:* The Black Death and the Jews 1348-1349 CE
9 Amadeus VI
10 Agimet of Geneva
11 Chatel
12 Pultus Clesis de Ranz
13 Rabbi Peyret
14 Calabria
15 Toulouse

16 Balle

17 berne

18 Zofingen

19 freiburg

20 Basel

21 Berthold II of Burcheck

第十四章

教皇焚書，拉比流淚

基督教國家禁讀猶太書

猶太歷史中，希臘帝國時期受到希臘多神信仰的威脅，強迫拋棄猶太教，改信希臘多神教；希臘帝國並將宙斯雕像放到猶太第二聖殿。羅馬帝國初期也是多神信仰，也在耶路撒冷被毀的第二聖殿原址蓋了朱比特廟，還必須繳稅。緊接著，羅馬帝國基督教化，猶太人受到的脅迫更大，基督教因為有政治靠山，更有恃無恐地把猶太人的信仰當成犯罪，強迫猶太人改信仰，猶太經典也非燒不可。

雖然猶太人因宗教不同而受到壓迫，但猶太教和猶太傳統仍然挺了過來。而猶太人是愛讀書的民族，面對經典被焚燒，唯有愛書人能了解那種痛。

秦始皇焚書，我們耳熟能詳；但教皇焚書，基督教焚書，許多人可能有所不知。他們燒的是猶太經典，包括有「第二摩西」之稱的邁蒙尼德花了十五年才完成的《困惑指南》[1]；和上帝在西奈山口傳給摩西的猶太律法《塔木德》，還燒了其他智者的著作。他們除了到猶太廟搜刮書籍外，也到猶太人家裡搜書，還為此蓋了焚燒廠，燒個沒完沒了。

基督教焚燒猶太經典歷史淵源久遠，從禁止閱讀再到焚書。西元五三三年，從拜占庭（東羅馬帝國）皇帝查士丁尼一世[2]開始，禁止猶太人閱讀猶太經典《第二傳統》[3]和《密西拿》。查士丁尼大帝是非常虔誠的基督教徒，寫了不少神學書籍，一心要建立基督教國家，對於異教不寬容，甚至關掉希臘新柏拉圖學院。緊接著是七一二年西哥德王國禁止轉為基督徒的猶太人閱讀猶太書籍。一一九九年，教皇依諾增爵三世宣稱《聖經》對一般人太深奧了，應靠神職人員解釋。意思是基督徒不必讀《聖經》，唯有神職人員才有能力閱讀和詮釋《聖經》。更進一步的解釋是，《聖經》被掌控在神職員人員手中，知識被壟斷了。

而壓迫理性主義抬頭時，基督教把猶太人當成潛在分子。基督徒的《聖經》源自於《希伯來聖經》，因此基督徒沒有能力讀《聖經》，就容易誤解猶太人的經典。一二三三年，法國多明尼加宗教裁判所燒毀了《困惑指南》，這是第一本被基督教焚燒的猶太經典，居然是與理性主義的發展有關。

教皇下令，法國焚書

一二四二年，焚燒二十四輛馬車的《塔木德》則是由教皇額我略九世下令，焚燒地點在巴黎羅浮宮廣場[4]。不少猶太人（包括拉比、智者及學者）在現場看到數千冊由特殊的筆和墨水一個字一個字寫成的手抄經典被熊熊的烈火燒毀，他們哭了、心碎了，見證了宗教仇恨的可怕。

焚燒經典是因已轉為基督徒的猶太人多寧[5]向教皇舉發三十五項對《塔木德》的指控，包括對耶穌和瑪麗亞的褻瀆、對教會的攻擊、對非猶太人的敵意，以及愚蠢和令人反感的故事。他斷言猶太人將口傳律法提升到神聖啟示聖經的水準，將阻礙了猶太人轉為基督教的可能。

教皇隨即下令調查，並在大齋節[6]的第一個星期六——一二四〇年三月三日猶太會堂聚集時沒收猶太書籍。改信基督教的猶太人和其他基督教徒若沒把擁有的猶太書籍交出來，就會被逐出基督教會。還下令巴黎多明尼加和方濟各會領導人進行監督，只要發現有問題的猶太書籍，就要全部放到火柱上焚燒。

當時教皇權力凌駕於所有基督教國家之上，而教皇更進一步要求基督教國家焚燒其餘的《塔木德》。仇恨猶太人的法王路易九世是第一個支持焚書的基督教國王，他興沖沖地在巴黎燒書後，又於一二四七年、一二四八年和一二五四年繼續燒個天荒地老。後繼者腓力三世和腓力五世分別於一二八四年、一二九〇年和一二九九年確認並印證他的焚書歷史。而路易九世在一二九七年被基督教會封為聖徒，搖身一變成為神聖的「聖路易」。

宗教裁判所的裁判官回顧被燃燒的書籍中，有猶太智者辣什[7]、金亥（拉大克）[8]及邁蒙尼德的著作，在現今的猶太人世界，這三個猶太智者的地位都至高無上。辣什用簡潔易懂的文字評論和註解《希伯來聖經》及《塔木德》，猶太人閱讀《妥拉》時都有他的註解在手；拉大克是中世紀的拉比，也是《聖經》評論家、哲學家和語法學家；邁蒙尼德則是哲學家、法學家和醫生，他的著作都是經典，如《密西拿評論》、《困惑指南》等。

一二六三年巴塞隆納辯論後，亞拉岡王國[9]國王海梅一世下令刪除所有《塔木德》中與耶穌和瑪麗亞相關的內容。

繼教皇依諾增爵四世[10]於一二四四年頒布的〈公牛令〉中譴責《塔木德》後，教皇若望二十二世[11]也在一三二〇年跟進，接著，教皇亞歷山大五世[12]在一四〇九年頒布〈公牛令〉。而一四一三年~一四一四年「托爾托薩」辯論後，限制亞拉岡猶太人自由的同時也譴責《塔木德》。教皇恩仁四世[13]則在一四三一年~一四四三年之間，佛羅倫斯大公會議[14]後發布〈公牛令〉禁止猶太人研習《塔木德》。已成為基督徒的普費弗科恩[15]指控《塔木德》後，基督教皇帝馬克西米連一世[16]又於一五〇九年再度摧毀《塔木德》。

基督教不只在政治、社會、經濟限制猶太人，從十三世紀開始也進攻猶太文學，要徹底毀滅猶太世界，教皇和基督教國家國王都對猶太經典開槍掃射。

教皇國焚燒義大利猶太人家的書

巴黎焚書的同時，義大利羅馬也燒了一些猶太經典，尤其是教皇國境內。由於巴黎焚書和反理性主義有關，也和壓制基督教二元論及一致性有關，這些過程竟變成宗教改革的前奏。十六世紀中葉反宗教改革時，《塔木德》成為犧牲品。

印刷術發明後，基督教印刷商和希伯來文書籍印刷商開始競爭，而焚書的歷史都與猶太人轉為基督徒有關。這次仍是由於叛教徒譴責競爭對手的作品涉嫌褻瀆天主教教會，進而發展成攻擊希伯來文學的事件。此事導致紅衣主教（樞機）展開調查，教皇於一五五三年八月頒布法令譴責《塔木德》及相關作品，並將其焚毀。同年九月九日猶太新年時，羅馬的鮮花廣場[17]蓋了一座相當大的焚化爐，做為焚燒從猶太人家裡搜刮來的猶太經典的場所。

隨後宗教裁判所下令義大利各地的統治者、主教和裁判官都採取類似羅馬鮮花廣場的焚書行動。教皇國內的城市紛紛遵守命令，焚書的舉動持續到一五五九年。那幾年中，無以計數的猶太書籍遭到燒毀，拉比們是博學、愛書、護書的人，可想像其所遭受的折磨。

一五五四年五月九日，教皇又頒布〈公牛令〉說除了《塔木德》和所有基督教褻瀆神明的書都要被焚燒外，猶太書籍出版還得送交審查。

弔詭的是，天主教向來只燒猶太書籍，為什麼連基督教的書也被認為褻瀆宗教，要扔到焚化爐裡燒掉呢？因天主教腐敗、販賣贖罪券等作為引起基督徒不滿，由神學家和宗教領袖，包括馬丁・路德[18]、喀爾文[19]和慈運理[20]等人發起了宗教改革運動，一五一七年馬丁・路德發表《九十五條論綱》，是基督教教派分裂及基督新教形成的開端。

捷克思想家、哲學家、改革家和教育家揚・胡斯[21]是宗教改革第一人，他花很多錢買了贖罪券後，發覺罪贖不完，因此主張回歸《聖經》，同時認為天主教會無權販賣贖罪券；此外，胡斯還反教皇權威，後來被天主教誘捕並火焚而死，因此成為捷克的英雄人物。而馬丁・路德受到胡斯的影響，成為宗教改革的接棒者。

防爆淨化指數[22]是指羅馬教會發布的禁止閱讀書籍清單。第一份禁止的清單是教皇保祿四世研擬，一五五七年和一五六二年時，由特倫特委員會任命一個委員會，專門制定名為羅馬教會討厭著作的完整清單。根據這個規定，所有觸犯到羅馬教會的書籍都要格殺勿論。猶太經典《塔木德》是這個委員會的頭號敵人，被列入第一防爆淨化指數，如果閱讀《塔木德》，就必須遭受處罰。

一直到十八世紀，在防爆淨化指數的淫威下，義大利（特別是教皇國地區）仍繼續沒收希伯來文著作。教皇額我略十三世[23]和克勉八世[24]繼續發布禁書區域，猶太禁食安息日前夕，在羅馬焚書的火還是熊熊地燃燒著。

不只是《塔木德》，許多猶太作家的著作也被燒掉。在那種可怕的情境下，有些作家帶著龐大的書籍逃走，或只得憑著記憶重寫一本書。除了法國和義大利，《塔木德》最後一次被焚燒是在東歐波蘭，數量超過一千冊。

什麼是《塔木德》？

為什麼《塔木德》是基督教的眼中釘？在《塔木德》課堂上，我認為那是一種邏輯思考能力的訓練，從故事中的不同角度加上猶太文化和傳統去辯論。《塔木德》講很多充滿隱喻的故事，需要思考推敲，若少了理解，就會失去原味而誤解。而《塔木德》從來沒有直接給答案，怎麼會成為宗教對抗的目標？究竟《塔木德》是什麼？

《塔木德》是上帝在西奈山口傳給摩西的律法。口傳律法本是透過口說教學，但羅馬帝國毀了第二聖殿後，猶太人散居世界各國，無法再以口傳方式進行教學，因此編成《塔木德》，以便在不同角落的猶太人都能學習，並藉此得到智慧和生存之道。

口傳律法等於是猶太人流亡二千多年的求生指南，拉比們將口傳律法集合成文字，西元二〇〇年時由猶大．哈－納西[25]帶頭編撰《密西拿》，這是《塔木德》的第一部分。

《密西拿》分成六大類：

1. Zeraim（撒種）：農業、法律和祈禱。指農人撒種時得祈禱，和農業相關的種植律法。
2. Mo-ed（節慶）：如何行使安息日、節慶和禁食。
3. Nashim（女人）：婚姻和離婚。如為讓離婚女人的經濟有保障，就有贍養費的法律規定。
4. Nezikin（毀損）：公民和犯罪法律。
5. Kodashim（聖日聖事）：猶太廟的禮拜、祭祀和可食動物屠殺法律。
6. Tohorot（淨化）：淨化儀式和潔淨律法。

《塔木德》的第二部分是《革馬拉》[26]，那是拉比們關於《密西拿》的評論。由擔任納西長達六十五年、第五代阿莫拉姆[27]的希樂[28]的兒子伽馬利爾五世[29]和孫子猶大四世[30]繼承了衣缽，在末代阿莫拉姆終結之前，將《密西拿》與巴勒斯坦所有重要的法律討論、教義和決定編撰成《革馬拉》。也就是說，《革馬拉》是奠基在《密西拿》之上，兩者結合就是《塔木德》。

猶太教義隨著猶太人散居世界二千多年仍然沒有被消滅，口傳律法《塔木德》是繼書寫律法《妥拉》之後的重要因素。這些律法是猶太人的生命，也是踏向成功的關鍵。

中世紀時代基督教國家燒《塔木德》，也燒其他猶太書籍，這股氣勢沒有因時代前進而絕跡。第二次世界大戰時，納粹德國也加入了燒書行列，先燒毀猶太書，再燒死猶太人。

納粹焚圖書館藏書，猶太人居首

德國猶太詩人海涅[31]在納粹出現的一百多年前就宣稱：「他們燒書，最後一定會燒人。」海涅的詩被嚴禁朗誦，書也被禁，為此逃亡到法國，終其一生。海涅卻是德國最重要的詩人，不只是透過詩提高德語的境界，還是國際性詩人，影響德國文化至深且遠，也全面性影響了整個世界。海涅不是先知，卻預知了未來發生在德國的不幸，因體認到德國沒有結合人和民主，註定要流血。

希特勒是高中中輟生，自學出身，反知識，反猶太主義，反猶太教，也反猶太人。他在納粹學院[32]說：「我要學生們霸氣、無所畏懼，並成為殘酷的青年。」透過教育洗腦，一九三三年五月十日夜晚，德國大學學生會和風暴騎兵團四萬人聚集在柏林國家歌劇院廣場，燒毀「非德國」思想的書。被大火化為灰燼的包括圖書館藏書，甚至突襲書店和出版商的倉庫，沒收他們認為危險或「非德國」思想的書籍。被燒毀的二萬五千冊圖書中，有科學家愛因斯坦、心理學大師佛洛伊德、眾多猶太作家、詩人、哲學家和科學家的書，以及十九世紀海涅的著作，連美國盲人作家海倫．凱勒和海明威的書都在其中。

納粹焚燒書籍的瘋狂舉動震驚了世界，引發知識分子和國際媒體的抨擊，譴責聲浪湧向德國。世人認為這是一種與現代文明社會不相符的野蠻行為，而藝術家、作家、醫生和其他知識分子也因納粹燒書而紛紛逃離德國。

根據費切爾[33]為《有害和不受歡迎：納粹德國的書籍審查制度》[34]寫的書評中指出，納粹德國有一套嚴格的不受歡迎著作名單，他們認為海涅不是詩人，是猶太人；還認為德國有四〇％作家是猶太人。第二次世界大戰時，全世界猶太作家的作品若不是被禁止，就是被列入不受歡迎的書單。

納粹德國努力消除第三帝國的勢力，把猶太人的書列為禁書，就是對抗猶太人的武器之一。他們認為猶太人用知識統治世界，而猶太經典《塔木德》則腐化人心，讓人墮落；而納粹焚燒猶太書籍是為了消滅猶太人對歷史的記憶、對智慧的探索。諷刺的是，把拉比們推入毒氣室前，納粹召集了眾多拉比一起研究猶太的深層智慧，以做為發展未來的武器。

第二次世界大戰前，波蘭是歐洲最多猶太人流亡的國家，首都華沙等同今天的紐約。一九三九年之前，波蘭共有二百五十一個猶太圖書館，藏書量豐富，高達一百六十五萬冊，戰後有許多書不見了。納粹軍隊一踏入波蘭盧布林城[35]，把猶太圖書館的五萬五千冊藏書全燒光了，當時這是全世界最大的猶太圖書館，卻在納粹軍隊一抵達就成為灰燼。

本來維爾紐斯[36]有立陶宛耶路撒冷之稱，但納粹在一九四一年六月二十二日進入該國後，開始搶奪猶太書籍，並要猶太人從中挑選最精華、最重要的猶太書籍讓專門搶劫猶太人圖書館、博物館收藏品的「羅伯森格帝國領袖特別小組」[37]帶回德國做為研究猶太人的材料，沒有被挑選的書就載去焚化爐焚毀。

納粹德國迫害猶太人時，大量印刷一五四三年出版馬丁．路德的六萬五千字著作《論猶太人及其謊言》[38]。馬丁．路德原本對猶太人非常寬容，但猶太人不改當基督教徒，讓他很挫折，他在教會宣教時口頭攻擊猶太人。《論猶太人及其謊言》是他晚年著作，「猶太會堂和猶太學校該被點燃，他們的祈禱書該被摧毀，拉比們該被禁止傳教，猶太人的房屋該被燒毀，他們的財產和金錢該被沒收……沒有殺死他們是錯誤的。」這本書成了希特勒在第二次世界大戰時的宣傳和行動指南依據。

猶太人為了信仰猶太教所承受的苦難令人揪心。時至今日，教皇國不見了，只剩下梵蒂岡充當門面，囂張野蠻的納粹也垮臺了，而愛書、愛智慧的猶太民族依然在世界各地點燈，點一種叫做「愛和真理」的燈，這正是猶太人修補世界的方法，他們希望世界更和平、更完美。

1　*Guide of the Perplexed*，一本用阿拉伯語寫成的神學和哲學的書。
2　Emperor Justinian
3　*Second Tradition*
4　The Square of Louvre
5　Nicholas Donin
6　大齋節是天主教和希臘東正教每年長達四十天的禁食齋戒，包括不可吃肉吃魚，也不能吃奶製品。
7　Rashi
8　David Kimhi, RaDaK
9　Reino de Aragon，亞拉岡王國在今日西班牙東北部，是一〇三五年～一七〇七年時伊比利半島東北部亞拉岡地區的封建王國，也是中世紀的主要基督教國家。
10　Pope Innocent Ⅳ
11　Pope John XXII
12　Pope Alexander Ⅴ

13 Pope Eugenius IV

14 the Council of Basle

15 Johann Pfefferkorn

16 Emperor Maximilian I

17 Campo de

18 Martin Luther

19 John Calvin

20 Ulrich Zwingli

21 Jan Hus

22 Index Expurgatorius

23 Gregory XIII，一五七二年～一五八五年。

24 Clemens PP. VIII，一五九三年～一六〇五年。

25 哈－納西 (Judah HaNasi) 拉比是猶太法庭的領導人。納西 (nasi) 是指王子或領導人。哈－納西有兩種，猶大族長 (Judah the Patriarch) 或猶大王子 (Judah the Prince)。

26 *Gemara*

27 阿莫拉姆 (Amoraim) 就是發言人或詮釋者的意思。指的是西元前二〇〇年至五〇〇年間的猶太學者，「說」或「告訴」口頭律法教義的人。

28 希樂 (Hillel) 的名言是「如果我不為自己，那我是誰？如果我只為自己，那麼我是什麼？如果不是現在，那是何時？」(If I am not for myself, who am I? If I only for myself, what am I? If not now, when?) 在猶太廟或猶太教室處處可見這句名言，時時刻刻鞭策著猶太人。

29 Gamaliel V

30 Judah IV

31 Heinrich Heine

32 Ordensburgen

33 Jack Fischel

34 *Harmful and Undesirable: Book Censorship in Nazi Germany*

35 Lublin

36 Vilna

37 Einsatxstab Reichsleiter Rosenberg，簡寫為 ERR。

38 *On the Jews and Their Lies*，https://en.wikipedia.org/wiki/On_the_Jews_and_Their_Lies。

第十五章

猶太人被驅逐的背後

為什麼猶太人在歐洲國家會被驅逐？雖然結構複雜，但真正原因只有兩個：經濟和宗教。英國、法國、西班牙、葡萄牙都不例外，東歐依然如此。

歐洲國王在戰爭或經濟欠佳時提高稅收，若稅收仍不足，就把猶太人趕走，直接接收他們的財產，錢財問題就暫時解決了，但這做法猶如「殺雞取卵」。趕走擅長繁榮經濟的猶太人，當地的經濟就開始走下坡了。

另一個因素是宗教。歐洲基督徒散布謠言說猶太人嘲笑耶穌被釘在十字架上，並延伸出血祭誹謗的指控；第二個謠言是猶太人褻瀆了天主教聖餐中的未發酵餅，觸犯他們的宗教神聖；第三個謠言是黑死病在歐洲爆發，死了六成人口，基督徒指控猶太人在水井下毒。

一二九〇年到一五五〇年間，英國、法國及多數南歐、東歐國家都有趕走猶太人的紀錄。理論上，「驅逐」是合法的，取代了暴力；但驅逐是短暫的，離開了又回來，可能趕走一次，也可能是多次。例如，英國只趕走猶太人一次，歷時三百六十六年才准許他們重新踏上英國土地；法國多次趕走猶太人，而他們被趕走後也一再回到法國。

十七、十八世紀時，民族主義興起，每個國家都有各自民族身分的定義，不同民族的人則被趕走。猶太人因穿著打扮、飲食、文化傳統和宗教「最明顯」不同，當然是第一個被趕走的對象，例如在英國、法國和伊比利半島的猶太人就成了目標，而兩個多民族國家，如波蘭－立陶宛和鄂圖曼帝國就成了被驅趕猶太難民的避難所。

俄羅斯凱薩琳大帝和沙皇們則對猶太人趕盡殺絕，主要是為了強迫他們成為基督徒。猶太人為了守護自己的信仰，儘管生命迫在眉睫，還是堅強撐下去，是個令人尊敬的民族。

以下讓我們來看看猶太人在英國、法國、西班牙等歐洲國家是怎麼被驅逐的。

英國國王愛猶太人的錢

相較於流亡羅馬帝國，猶太人移民到英國的時間其實挺晚的，不幸的是，他們在英國住了短短的一百二十四年就被趕出去。

諾曼第公爵威廉一世[1]一〇六六年從法國攻入英國時，邀請住在法國北方的猶太人追隨他。為什麼呢？威廉一世為了執行其建築計畫，包括城堡、大教堂和教會，以及支付軍隊所需，需要借大筆資金，但天主教規定基督徒不允許經營有利息的借貸。猶太人不是基督徒，可以借錢給威廉並賺取利息，雙方皆大歡喜。後來威廉一世成為英格蘭第一任諾曼國王，蓋了很多大、小教堂，就是猶太人借錢給他的。

一一〇〇年～一一三五年，亨利一世[2]統治英國時期，簽下保護猶太人憲章[3]，保證猶太人在英國有某些自由（包括行動自由），有危險時可以到國王的城堡受庇護，以及可以訴諸皇室司法。亨利一世簽下保護猶太人憲章不是給猶太人特權，而是有些條件——猶太人必須支付更高的稅金，而他們過世時，財產或借出去的放款由王室繼承借貸權。這個憲章讓英國人認為猶太人是國王的人馬，埋下敵意的種子。

隨著英、法戰爭持續，英國需要更多錢來支付戰事經費，因此，猶太人得繳的稅更高了。一一八九年，有「獅心王」之稱的英王理查一世[4]統治期間，依慣例禁止猶太人和女人觀禮，加冕後驅逐和下令屠殺猶太人，讓猶太人的處境更差了。

更糟的是，愛德華一世[5]統治的一二七二年～一三〇七年期間，禁止猶太人放貸收利息（他們大部分是靠放貸維持生計），又剝奪從事其他行業的權利，生計被剝奪的情況下就沒錢納稅了。此時，愛德華一世面臨的困境是「要承認反猶太主義是錯誤的」，還是「把猶太人趕出英國」，最後，愛德華一世選擇了後者，一二九〇年七月十八日公布驅逐猶太人法令。這個法令不是單一事件，而是二百多年來迫害累增的結果。依法令規定，猶太人必須在一二九〇年十一月一日前離開英國，而且離開時只能帶走錢和個人財產，所有房地產及放貸債權都自動歸屬王室。

天下有這麼便宜的事？但這就是愛德華一世的做法，趕走猶太人，並接收他們的房地產，那些向猶太人借錢的人都必須把欠款還給國王。

這次約有四千個猶太人被趕出英國，大多數人去了法國和德國，有一些假裝不是猶太人，並隱藏自己的宗教。猶太人被迫步行到英國南部海岸，再設法搭船到北歐，但許多人在路途中喪命，例如有個船長為了搶奪猶太人的財產，收了船資卻要猶太乘客在沙洲下船；漲潮時，那些猶太人無法上船被淹死，他們的財產就落到船長的口袋了。

綜觀猶太人被趕出英國有六個因素：

1. 一〇九六年開始十字軍東征，十二世紀到十三世紀，天主教徒攻擊非天主教徒，他們一口咬定耶穌是被猶太人殺死的，反猶太主義從那時播種。

2. 血祭誹謗從英國開始，寫下英國人歧視和迫害猶太人的歷史，林肯城血祭誹謗，亨利三世[6]逮捕了九十三個猶太人，其中十八人被處以絞刑。

3. 一二五〇年，英王亨利三世[7]需款孔急，對猶太人加重賦稅，他們只能向借錢的人追討債款，欠債的英國人因此更討厭猶太人，反猶太騷亂爆發，數百名猶太人在騷亂中被殺害。

4. 歸罪猶太人在水井下毒，引起黑死病。

5. 一二七五年，愛德華一世頒布「猶太法規」，規定猶太人不能再收取利息。在沒有收入的情況下，猶太人只能將硬幣的邊緣燒融成銀子賣錢來取得收入[8]。

6. 愛德華一世強迫猶太人成為基督徒，多數猶太人拒絕。

猶太人因上述因素被迫離開英國，直到大不列顛護國公克倫威爾[9]掌權時，猶太人才有機會回巢。

一六五五年九月，猶太人本以色列[10]從荷蘭的阿姆斯特丹帶著家人和代表團訪問倫敦，請求克倫威爾重新允許猶太人入境。本以色列的請願書要求公民身分、禮拜自由、墓地、交易自由和撤銷所有針對猶太人的法律。英國針對請願書開了幾次會議都沒有結果，還舉行公開辯論，最後才獲准於同年重返英國定居。

在宗教改革時代出生成長、本身是清教徒的克倫威爾為什麼要讓猶太人回英國？實際理由是阿姆斯特丹猶太人社區的國際貿易和商業繁榮，意識到讓猶太人回來倫敦對英國是有利的。隨著東西印度群島和新世界的繁榮，克倫威爾的如意算盤認為猶太人可以將倫敦變成像阿姆斯特丹的商業中心，讓英國變成富裕的國家。

法國國王拍賣猶太人財產

猶太人於一二九〇年被英王愛德華一世驅逐出境，很多人逃到法國。

一二八五年登基的法國國王腓力四世[11]和英王愛德華一世是表兄弟，都是虔誠的基督徒，兩人常互相比較誰更虔誠。愛德華一世把猶太人趕出英國後，腓力四世也不落人後，於一三〇六年七月二十二日驅逐所有猶太人。其實猶太人逃到法國的隔年（一二九一年），法國南方的人就開始排擠他們，要把他們趕出去，腓力四世當時答應了，只是延遲至一三〇六年才執行，法國人對猶太人從討厭逐漸變成仇恨。

英國和法國驅逐猶太人其來有自，一二一五年由教皇伊諾增爵三世[12]召開「第四次拉特朗公會議」[13]，禁止猶太人和基督徒一起生活、工作和交易，這項命令通行於整個基督教世界。猶太人從那時開始被迫穿上特殊服裝，配戴黃色大衛星徽章，以便辨別；還被排除在所有行業之外，除了典當二手衣服，不允許從事任何行業，因此猶太人只能放貸，藉此賺取利息。

腓力四世驅逐猶太人之前，依照規定要他們配戴黃色徽章，不但要先購買徽章，還得再付錢才能配戴。同時，還限制猶太人的居住地，不能與基督徒接觸。

一三〇六年七月二十二日在希伯來陰曆正是埃波月第九日，也是耶路撒冷第一聖殿和第二聖殿被毀的時間，更是腓力四世執行祕密計畫的日子，猶太人不知道要被驅逐出法國，這一天對他們來說無疑是個傷心的日子。腓力四世在一天內逮捕了十萬名猶太人，他們被關到監獄後才知道要立刻被逐出法國，這是數量最高的一次；猶太人短時間內被驅逐，還規定不得帶走財產。腓力四世順理成章成了猶太人放貸的債權人，大賺無本生意。猶太人留下的財產，腓力四世花了五年才拍賣完畢，而拍賣所得也歸屬國王。

腓力四世的祖父法王路易九世[14]非常痛恨並嚴重壓迫猶太人，腓力四世為紀念祖父，也想將法國變成最基督教的王國。路易九世奉教皇額我略九世要求，燒毀裝滿二十輛車的猶太法典《塔木德》。

根據歷史學家布朗[15]在《中世紀猶太文明》中說：「有證據顯示腓力四世相信猶太人是邪惡的，對其統治構成威脅，但也不排除因對外戰爭需要錢。」也有傳說腓力四世受到方濟各會哲學家拉蒙．柳利[16]的影響，柳利呼籲將不願成為基督徒的猶太人逐出基督教世界。

九年後，被逐出法國的猶太人又回去了，但一三二二年再度被趕出法國，這種「趕出去又回來」成為猶太人散居歐洲國家的模式。一三九四年，法國猶太人最後一次被趕出法國。法國驅趕的過程呈現相同模式，藉著趕走猶太人大賺一票，這就是猶太人在中世紀歐洲的處境。歐洲國王搶奪財產的行徑，也被一些歷史學家認為是「強盜」。

西班牙和葡萄牙：發現新大陸的是猶太人

二〇一五年六月，西班牙「五二三年糾正歷史錯誤法律」在兩院議會通過後，正式開始施行，允許一四九二年被迫驅離西班牙的猶太人後代申請成為西班牙公民，並可擁有西班牙護照。二〇一五年十月，申請通過成為西班牙公民的猶太人有四千三百零二人，他們來自北非摩洛哥、土耳其和委內瑞拉等經濟或政治不穩定的國家。

這項法律在二〇一四年推動時，住在以色列的猶太後裔本來興致勃勃地期待擁有西班牙護照就能通行歐洲，可以在歐洲國家獲得工作機會，然而，知道是為了糾正歷史錯誤後，即便猶太人住在以色列的代價很高，還是沒有意願去申請，導致申請人數和當初被驅逐出境的二十萬人不成比例。

西班牙的驅逐令

當時西班牙基督徒區分為舊基督徒和新基督徒，前者是原本信奉基督教的西班牙人，後者是被迫受洗成為基督徒的猶太人。新基督徒沒有受到和舊基督徒一樣的公平待遇，甚至被敵對和監視，於是私下偷偷從基督教轉回猶太教。

一四九二年一月，西班牙宗教裁判所的靈魂人物——托爾克馬達神父[17]說服西班牙國王斐迪南二世[18]和王后伊莎貝拉[19]驅逐住在境內的猶太人——「只要猶太人住在西班牙，那些被迫改信基督教的猶太人就不會心悅誠服地成為虔誠的基督徒，他們暗中過著猶太教的生活方式」、「那些沒有受洗的猶太人讓轉為基督徒的猶太人三心兩意」。

伊莎貝拉王后最初拒絕了托爾克馬達神父的提議，因為西班牙南部格拉納達[20]和伊斯蘭教摩爾人的戰役仍在持續，贏輸未定。伊斯蘭教的摩爾人還住在西班牙境內，怎能建立一個純基督教的國家呢？

同年三月，摩爾人戰敗，伊莎貝拉王后建立純基督教國家的夢想終於要成真了。一四九二年三月三十日，國王和王后迫不及待地對西班牙猶太人下了驅逐令。驅逐令公告中，猶太人若在四個月內轉為基督徒，就得以繼續住在西班牙，否則就必須離開。如同其他歐洲基督教國家，西班牙也不許猶太人帶著金銀等貴重物品離開。

當時幾個王室財務顧問是猶太人，他們深受國王和王后的信任。其中阿巴伯內爾[21]不只是國王的財務顧問，還是學者、哲學家、作家及猶太社區領導人，他建議如果猶太人願意給王室大量黃金和鑽石，是否可以收回驅逐令？不幸的是，國王和王后拒絕了，但他們允許阿巴伯內爾留在西班牙，但他選擇離開，和猶太同胞們一起禍福相依。

為何國王和王后會拒絕大量金銀財寶的誘惑？難道他們是傻瓜，不懂得計算利益？不！他們的算盤更精，因為驅逐猶太人之後，西班牙王室自然可以接收很多猶太人的財產。

跳樓大拍賣

臺灣的夜市或百貨公司經常有「跳樓大拍賣」的廣告詞，而猶太人被驅逐離開西班牙時，卻真的得在短時間內拍賣他們的財產。

猶太人在西班牙住了相當久，從中國進口絲綢，從印度進口香料，從法國進口奢侈品……他們有做生意的技能，還有關係聯絡網，以及眼光和冒險的精神，很會賺錢。因此，猶太人在西班牙有很多別墅、公司企業、精緻的猶太會堂和住家……

猶太人當時占了西班牙四分之一的人口，要離開西班牙的二十萬人都搶著賣財產，那麼多怎麼賣？市場價錢怎麼可能好？

根據格伯[22]在〈西班牙和葡萄牙如何驅逐猶太人：海盜和瘟疫迫在眉睫，珍貴的財產以微薄價格出售〉[23]中，引用當代西班牙塞維亞大主教、反猶太歷史學家安德烈斯·伯納德斯[24]描述了大多數猶太人一四九二年被驅逐出境時，他們的財產如何跳樓大拍賣：

一座葡萄園只賣一條手帕的價錢，一間房子只賣一隻驢子的價錢，一家公司或企業只賣一條亞麻布或一條麵包的價錢。有些猶太人把貴重物品埋藏起來，希望以後回來時再挖出來。

塞維亞是西班牙南部安達魯西亞的首府，是摩爾人金融、文化和教育中心。伯納德斯大主教見證了西班牙猶太人艱難的處境，他的書讓我們看到猶太人的慌張無助。

猶太人賤賣所有的東西，用換得錢購買航行時需要的麵包、食物和衣服。他們不知道船究竟要開去哪裡，也不知會在海上漂流多久，所以能賣的都賣掉。

猶太人沒有選擇，只能往前走，除非願意拋棄猶太教變成基督徒。但多數猶太人都選擇了不可預知的未來，冒險押注他們的命運。

猶太人何去何從？

被西班牙趕出去，未來是未知的世界，是危險多於安全的世界。猶太人可以去哪裡呢？英國和法國把猶太人趕走，怎麼可能接受猶太移民呢？義大利在黑死病和教皇國之下，也不肯為猶太人開門，而德國在黑死病期間燒死許多猶太人，當然也不願意把門打開。

西班牙猶太人沒有太多選擇，他們衡量了北非、土耳其、荷蘭、中南美洲國家。北非那條航線海盜最多，想起來就害怕；走投無路時，信仰伊斯蘭教的土耳其蘇丹張開手臂，熱情歡迎猶太人移居土耳其，還說：「斐迪南把會賺錢的猶太人趕出去，讓錢白白流走，他怎麼是好國王？」

當時荷蘭剛從西班牙獨立出來，他們信仰的是基督新教，不是天主教，所以，有些猶太人去了荷蘭，有些人去了美國。還有人花大筆錢向葡萄牙國王買八個月的入境許可，就近移居葡萄牙了。

在沒有選擇下，哪裡可以去，就去哪裡。猶太人只能大嘆：「天涯茫茫，何處是我家？」

哥倫布因猶太人而發現新大陸

哥倫布在日記上寫著：「他們（指西班牙）的陛下頒布法令規定所有猶太人被逐出西班牙領土，斐迪南國王和伊莎貝拉王后在同一個月給了我命令，讓我有足夠的人手出發去探索印度群島[25]。」

一四九二年七月三十日，猶太人被驅逐出西班牙王國。哥倫布的三艘船——聖瑪利亞[26]、尼尼亞[27]及平塔[28]於同年八月三日離開西班牙港口向西行，要去印度島嶼尋找香料和黃金，隨船的是被趕出西班牙的猶太人。

哥倫布第一次出航得到許多猶太人的幫助，如笛閃坦就[29]和閃切絲[30]的金錢贊助，迪妥瑞斯[31]擔任隨船翻譯，航行地圖也是猶太人畫出來的；還有魏琴和[32]、倍海姆[33]和其他皇家猶太天文學家和航海家給予許多幫助。魏琴和贈送哥倫布薩拉曼卡大學天文學家和導航家薩苦得教授[34]提供技術的導航設計協助。薩苦得教授不但是歷史學家，也是天文學家，最重要的成就是設計了天體位置表，讓水手無需借助太陽的經絡就能確定所在的緯度。

在薩拉曼卡主教的贊助下，薩苦得用希伯來文撰寫了天文作品《偉大的論文》[35]。後來他被迫離開西班牙前往葡萄牙，一四九七年被迫轉為基督徒，後來去了北非突尼西亞。一五〇四年，薩苦得完成了歷史敘述紀錄《家譜》[36]。該著述中，薩苦得說：「我的天文圖表遍布所有基督教及穆斯林的土地。」由此可見曾是國王的天文學家薩苦得在哥倫布航行甚至整個世界的海上發展貢獻卓越。

哥倫布在葡萄牙找不到資助時，轉向西班牙南部的安達魯西亞求助，那裡的猶太人（如前述笛閃坦就和閃切絲）慷慨贊助，而王室的財務總管聖塔坦就[37]也是猶太人，他將哥倫布介紹給斐迪南國王和伊莎貝拉王后，還提出經濟援助的誘因，促使王室同意贊助哥倫布。無論是哥倫布第一次航向美洲新大陸或一四九三年第二次航行，經費大多來自王室搶奪的猶太人財產，第二次航行拍賣猶太人財產所得金額更是第一次航行的四倍。

一四九二年八月二日是猶太人在西班牙的離境截止日，成千上萬人擠在卡迪斯灣[38]的帕洛斯德拉夫龍特拉[39]港口，翌日就是哥倫布出航的日子。

很多證據顯示在義大利熱那亞出生的哥倫布是猶太人，猶太神學家和非猶太歷史學家推測，從哥倫布爸爸的姓名和織布工職業（在熱那亞是少數針對猶太人開放的職業）的關係，以及哥倫布媽媽的姓名風帖羅莎[40]，及其後代的姓名都來自希伯來文。

西印度群島綜合檔案館中，哥倫布在船上刻著：「大衛王起初是牧羊人，後來是被上帝選出的耶路撒冷的王；眾多猶太男性族長亞伯拉罕、雅各；收入十分之一捐給窮人和窮女當嫁妝……」這都是猶太文化，似乎都說明哥倫布是猶太人。

哥倫布的三艘船載著猶太人離開了西班牙，航向新大陸。那些被西班牙趕出來的猶太人後來大多留在中南美洲，他們仍維持西班牙猶太人的傳統，成為非常成功的商人。

能跟著哥倫布出航的西班牙猶太人算好運的，往北非路線的猶太人在途中，船長不但搶了他們的錢，還把很多人推下海淹死，逃難的境遇奇慘無比。

我的同事埃菲爾老師就是西班牙猶太人，他的祖先一四九二年被逐出西班牙後，在波多黎各落腳，後來波多黎各變成美國屬地，他們順理成章成為美國猶太人。埃菲爾老師的父母和許多西班牙猶太人一樣，被迫成為基督徒。埃菲爾成為軍人後，被派駐到埃及西奈山，正是當年上帝頒發《十誡》給猶太人的地方。埃菲爾放假時參加了以色列之旅，忽然聽到上帝的聲音，立刻把父親取的名字「凱薩」改成希伯來名字「埃菲爾」，並把家族信仰從基督教改回猶太教。

我問埃菲爾：「上帝的聲音究竟是什麼？」埃菲爾解釋上帝對他說：「你是猶太人，要回歸以色列。」意思是要他守猶太人的誡，重新成為猶太人。從此，埃菲爾開始學習希伯來文，實行可食，並成為正統猶太廟成員。

葡萄牙也驅逐猶太人

被驅逐的西班牙猶太人中，雖然旅途困頓，畢竟還是到達了彼岸。最不幸的是，就近前往鄰國葡萄牙尋求入境的猶太人，他們花了大把銀子向國王曼紐一世[41]買了入境許可證，但只得到八個月的保障。

曼紐國王要和西班牙的伊莎貝拉公主[42]結婚，西班牙王室的通婚條件是「把猶太人驅逐出境」，為了通婚帶來的巨大政治利益，曼紐國王勉為其難地同意了。

猶太人好不容易逃到葡萄牙，又再度被驅離。在離境那天依規定到達港口，卻沒看見任何船隻，反而看到要他們受洗成為基督徒的神父。為了不再被驅離，不再流浪漂泊，不犧牲財產，大多數在葡萄牙的猶太人都受洗成為基督徒，包括天文學家薩苦得教授。有八個人堅持不肯受洗，其中之一是拉比領導人賣米拉比[43]，他的下場淒慘無比，被葡萄牙人用土堆埋到脖子整整七天，直到死亡。其他不肯改信的猶太人則被放逐到葡萄牙聖多美島，不是被大蜥蜴吃掉，就是餓死了。其中六百個有錢的猶太家庭被允許留在葡萄牙，條件是一人得支付一百枚葡萄牙金幣，而且家中要有技術精湛的工匠。

被驅離是猶太人的錐心之痛，但到了新地方，他們還是向前看，憑著自身的能力、知識和關係聯絡網，又在新的國家開闢新的天地。

五百多年後，西班牙勇於承認歷史上曾對猶太人的不公平剝奪，不管西班牙想要猶太人回來的目的是否為了振興經濟，遲來的道歉與正義還是比永不認錯可貴。

對猶太人來說，所有驅逐的國家中，西班牙是最讓他們痛心的。幾個世紀以來，一代代猶太人為西班牙創造了繁榮經濟。從西班牙托雷多[44]納稅紀錄顯示，猶太人當年的納稅等同今天美國紐約和矽谷的總和。趕走猶太人後，西班牙一蹶不振的經濟讓他們鼓起勇氣向猶太人道歉，同時熱情招手，歡迎猶太人回來！

東歐恨猶太人恨過頭

當中世紀的黑死病爆發，德國猶太人被栽贓在基督徒的水井下毒，他們的家被毀，猶太廟被焚，成千上萬的猶太人被火燒死，倖存者被驅逐往東歐移動。當時，波蘭的卡齊米日大帝[45]正要開發國家朝輕工業發展，因此，熱情張開雙臂歡迎擁有商業和工匠能力的猶太人來開發波蘭。

卡齊米日大帝是愛好和平、寬容、為農奴幸福著想的統治者，因此有「農人之王」美譽，也擅長外交，想要開發城市、發展商業和輕工業，而猶太人的能力符合需求，雙方一拍即合。

猶太人移民到波蘭大展身手，不但為波蘭成立了銀行系統，還印刷了第一張紙幣，上面有國王的名字，還有希伯來文字母。同時從事進出口，從外國進口所需物資，並從波蘭出口糧食、鹽、木材及自然資源等；此外，還經營旅館、飲食、手工藝及商店和百貨等，甚至擔任貴族的經理人和財務顧問，經理房地產、稅收等。猶太人在波蘭可從事各行各業，和在處處受限的德國有極大差異。

繼位的波蘭國王們繼承卡齊米日大帝，繼續擴張及開發城市，需要更多手工藝人才，德國商人和工匠紛紛移來波蘭，但同時帶來了對猶太人的偏見，在波蘭結合當地教會反猶太人，然而這些排斥舉動被國王們擋了下來，因此，波蘭猶太人擁有三百年的和平與自由。

這三百年裡，猶太人有自治政府、法庭、學校、猶太廟、稅收人員，猶太男孩四～十三歲上小學，再窮的猶太家庭也一定會讓男孩受教育。優秀者畢業後繼續上猶太神學院，學寫作、閱讀及更高等的能力，每個猶太城鎮至少有一間猶太神學院。

在社交上，猶太人和基督徒、貴族、農人或其他宗教都沒有往來，他們獲得國王一五五一號特許狀，有自治政府的權利，也就是說，猶太人由波蘭國王直接保護安全。猶太人在波蘭以住在華沙、維爾紐斯、盧布林、波茲南[46]、克拉科夫[47]等大城小鎮為主。這些由猶太人開發的城市如今都成為波蘭熱門旅遊的地點，甚至被列入聯合國世界文化遺產。

第二次世界大戰期間，納粹德國在猶太人居多的這些城市設立隔都，我們恍然大悟，為什麼納粹集中營大多設在波蘭！

十七世紀的歐洲動盪不安，雖然天主教和東正教同屬於基督教，而東正教是從天主教分裂出來的新教派，但在波蘭，天主教和東正教對立，波蘭權貴屬於天主教，烏克蘭農奴屬於東正教。當時波蘭只有兩個社會階級：貴族和農奴。貴族是擁有土地的人，多數受過教育。農奴是為貴族工作、沒有自己土地的人；而猶太人管理貴族的土地和稅收，是夾在中間的三明治。烏克蘭農奴仇恨波蘭貴族，連帶也恨猶太人。烏克蘭農奴稱為哥薩克[48]，反叛波蘭權貴引爆戰爭期間，哥薩克領導人赫梅利尼茨基[49]於一六四八年率領農奴燒毀猶太城鎮及猶太會堂，毀了超過七百個猶太社區和屠殺超過一萬個猶太人。一六五四年波蘭國王終於和赫梅利尼茨基簽訂了和平條約，戰爭停止，猶太人六年的苦難終於結束。

十八世紀，最後一任國王波尼亞托夫斯基[50]在波蘭第三度被瓜分後退位，他的個性優柔寡斷，一生順從俄國，最後靠著老情人——俄國女皇凱薩琳大帝留給他的錢安度晚年。

凱薩琳大帝任內，把俄國版圖擴大很多，但對猶太人卻不友善。她限定猶太人居住區域，非經許可不能遷居或旅行；猶太人納稅，卻不許上俄羅斯學校或高等院校，也禁止出入公共機構。此外，猶太人的自治政府被取消，提高賦稅，在這樣不利的條件下，猶太人在俄國、波蘭、烏克蘭的生活每況愈下。

到了沙皇尼可拉一世[51]時期想要擴展軍力，規定滿十八歲的男人要從軍二十五年，而猶太人的服役期限更長，猶太男孩從十二歲開始服役三十一年，等於從十二歲到四十三歲都是軍人。在軍中，首先要猶太男孩轉為基督徒，若不從就酷刑鞭打和活活餓死。還在猶太人定居區設立皇室學校，給予俄語教育，讓猶太孩子們遠離猶太傳統生活。因此，尼可拉一世統治的三十年間，猶太人過得相當不自由和悲慘。

幸運之神終於眷顧了猶太人，尼可拉一世的兒子亞歷山大二世[52]，愛好和平並傾心朝西歐經濟和自由發展。他鼓勵猶太人搬到大城市，學習商業，進入大學學習專業；於是，猶太人從商、學醫、法律……在各行業大鳴大放，經濟和社會地位很快從谷底翻轉並受人尊敬。

好景不常，俄羅斯是革命的溫床，亞歷山大二世三十七歲就被暗殺了，其中參與襲擊的女孩哈福門[53]是猶太人。俄羅斯政府藉此訂定了《五月法》處罰猶太人，不但限制猶太人的居住區，也剝奪了從事職業的自由。

繼承王位的是亞歷山大三世，可惜父子個性大不同，亞歷山大三世不關心人民福祉，採取嚴刑統治。逮捕參與革命的人，射殺、關入牢籠或放逐到天寒地凍的西伯利亞。此外，政府和特工還煽動俄羅斯民眾反猶太人，一八八一年至一八八二年間，成千上萬的猶太人被殺，猶太人的家和猶太廟也被毀。

一八八〇年代中期，有三分之一的俄羅斯猶太人靠海外猶太機構的救助過日子。在《五月法》和大屠殺下，猶太人不得不移民他國。一八八四年至一九一四年，有三百萬猶太人離開俄羅斯，其中二百萬人移民美國，還有一百萬人移民到加拿大、阿根廷和英國。

我的朋友大衛的祖母就在那時移民美國，圖書館老師伊蓮及其丈夫的家族也是在那時移民美國。而教會朋友珍的祖父母是一九一〇年從波蘭和烏克蘭移民到美國，卡羅的祖父母則來自立陶宛，還有朋友的祖父母是從羅馬尼亞來的，我多數美國猶太朋友的先人是來自東歐。電影《屋頂上的提琴手》描述的是一八九四年至一九一四年間，沙皇趕走猶太人的故事，使很多人對猶太人在俄國的遭遇有了認知。

那時，猶太人認為除非擁有自己的國家，否則不可能真正擁有安全和自由。在《五月法》和俄國大屠殺下引發錫安主義，猶太人主張復國並要回到巴勒斯坦土地上定居。二次世界大戰後，納粹殺了六百萬猶太人，更加堅定地種下以色列復國的因子。

猶太人在一夜之間滾出中東

第二次世界大戰結束後的聯合國大會第一八一號決議[54]，三十三國投票贊成以色列在二千多年前的祖先土地上建國；反對國十三票，投下反對票的多數是伊斯蘭教國家；棄權國十一票，中華民國是其中之一；還有一國缺席。一九四八年十月一日，以色列獨立建國。

新國家以色列誕生，馬上受到鄰居砲火猛攻，包括伊拉克、伊朗、敘利亞、埃及、約旦等。原先住在伊斯蘭教國家的猶太人和穆斯林和平相處，但這些國家都在一夜之間改變態度，定居那些國家的猶太人開始了不平安的日子。

埃及是個包容多元文化的社會，卻在以色列立國後，立刻趕走猶太人，他們不能和朋友、親戚告別，也不能把值錢的東西帶走。倉皇失措下，住在中東和北非的猶太人就近搬到以色列屯墾，有些人一把鼻涕一把眼淚地離開，臨走前還帶走一把故鄉的泥土。「美國再怎麼好，對我的爸爸來說，都沒有埃及好。」

住在美國的猶太人如此述說她爸爸對埃及的深情。

《屋頂上的提琴手》裡飾演爸爸的以色列傑出演員拓墣，演了幾齣電影都是關於猶太人攜家帶眷移民到以色列，面對諸多波折和困境，一如很多人的人生一樣載浮載沉，很難真正安定下來。

從美國大學退休的夫妻朋友每年固定回臺灣一個月，他們認為故鄉和家鄉的差別是，父母猶在，是家鄉；父母故去，是故鄉。對我來說，手足在，朋友、同學在，就是家鄉。但對猶太人來說，雖然被迫驅逐，仍然認為定居過的土地是故鄉，因為有深情的記憶、有豐富的人生在那裡度過。

---

1 William I
2 Henry I
3 Charter of Liberties
4 Richard I
5 Edward I
6 Henry II Curmantle
7 Henry III
8 毀損國幣是犯法行為，被抓到會遭殺頭，只截取硬幣邊緣比較不明顯。
9 Oliver Cromwell
10 Menasseh ben Israel，在一六〇四年出生於里斯本，定居阿姆斯特丹並成為拉比。他是個博學的人，是作家、印刷商、出版商、書商和學者。
11 King Philippe IV
12 Innocent III
13 The Lateran Council of 1215
14 King Louis IX
15 Elizabeth A.R. Brownwn
16 Ramon Llull
17 Torquemanda
18 Fernando II
19 Isabel la Catolica
20 Granada
21 Isaac Abrabanel
22 Jane S. Gerber
23 How Spain and Portugal Expelled Their Jews: Pirates and plague loomed, and prized possessions sold for a pittance.
24 Andres Bernaldez

25 "In the same month in which their Majesties [Ferdinand and Isabella] issued the edict that all Jews should be driven out of the kingdom and its territories, in the same month they gave me the order to undertake with sufficient men my expedition of discovery to the Indies."

26 Santa Maria

27 Nina

28 Pinta

29 Luis de Santangel

30 Gabriel Sanchez

31 Luis de Torres

32 Joseph Vecinho

33 Martin Behaim

34 Abraham Zacuto

35 Ha-Hibur ha-Gadol

36 Sefer ha-Yuhasin

37 Santangel

38 Gulf of Cadiz

39 Palos de la Frontera

40 Susanna Fonterossa

41 King Manuel

42 Isabel de Aragon y Castilla

43 Simon Maimi

44 Toledo

45 King Casimir the Great

46 Poznan

47 Cracow

48 Cossacks

49 Bogdan Chmielnick

50 Stanislaw II Poniatowski

51 Tsar Nicholas I

52 Alexander II

53 Hesya Helfman

54 即聯合國巴勒斯坦分割方案，於一九四七年十一月二十九日在聯合國大會通過。

第十六章

隔都！革掉猶太人的命

教皇國是始作俑者

二〇〇三年，我到美國讀書時，先上一年半的英文課後，又繼續上一年半的成人高中，高中考試及格後才申請大學。成人高中的英文考試有一道閱讀測驗題是「隔都（getto 或 ghetto）是什麼？」

那道題目是選擇題，其中幾個選項和猶太人及貧窮有關，我當場愣住了，在我的印象中，猶太人普遍挺有錢的，為什麼和隔都有關？正確答案是「猶太社區」，我選擇的答案則是「貧民窟」，因為沒答對才印象深刻，也開始關切「隔都」。「隔都」居然是把一群不是基督徒的猶太人關在圍牆內一個非常擁擠、貧窮的地方，還要監控他們……從那時開始，我對「隔都」帶著一種說不上的沉痛感。

「隔都」，有說是義大利的鑄造廠旁，有說是四分之一，表示小小的地方。希伯來文的 get 是離婚或分離；希臘文是鄰居（γ είτον）；德文是圍牆（Geheckter）；義大利文則是城市的一個小區塊（borghetto）；現在「隔都」這個字也代表貧民窟或集中在同一地方的移民。例如我在喬治亞州讀大學時，那裡的黑人因為經濟能力有限，集中住在一些條件非常差的地方，和白人或其他人種分離，但我覺得這種隔離稱為「隔都」較恰當。

這裡要說的「隔都」是因宗教關係，強制把不同宗教的人關到一個小區塊，控制、壓迫他們，晚上還有宵禁，不准出門。

一一七九年和一二一五年，歐洲的基督教拉特朗公議會[1]做出「將猶太人隔離」的結論。因此，一二六二年在捷克布拉格形成一個類似隔都的猶太社區，到了一四〇〇年代，歐洲的一些城市普遍出現這種猶太社區。而一四六〇年時，德國法蘭克福還建立了猶太巷[2]。

一五一六年，教皇國[3]成為隔都的始作俑者，教皇下令將猶太人隔離在義大利威尼斯卡列橋島[4]，對面是老銅鑄造廠，是舊的貧民窟，而猶太人的隔都則是新的貧民窟。

到了一五五五年七月，教皇保祿四世發布公牛令，將猶太人分離居住，還限制他們可從事的行業，並逼猶太人拋棄猶太教而受洗成為基督徒。轉換成基督徒的猶太人不必受到這些限制，不接受的猶太人就中標，住在義大利羅馬的猶太人從此被關入隔都了。

猶太人因為堅持信奉猶太教和過猶太人傳統的生活方式，不見容於歐洲基督教社會。教皇國建立隔都後，其他的歐洲基督教國家也跟上了。德國的隔都長達二百年；義大利的隔都則要到一八七〇年教皇國被滅，縮到梵蒂岡，猶太人才被解放出來。

不只歐洲基督教國家陸續以「隔都」將猶太人關在圍牆裡，連伊朗、摩洛哥及北非的伊斯蘭教國家也依樣畫葫蘆。在伊斯蘭教國家，不只有猶太人的「隔都」，基督徒在該地旅行、做生意和外交時，也只能在猶太人區域找落腳的地方。這些國家為了辨別，讓猶太人別黃色徽章，基督徒別藍色徽章。

隔都的模樣

隔都究竟長什麼模樣？它的四周圍是城牆，把人關在圍牆裡面，還有警察站崗，有一個或多個進出的門，進出大門要檢查證件，還要盤查一番才放行。

隔都空間通常很小、擁擠、髒亂，以威尼斯的隔都來說，因為空間不足，建築就一層層加上去，好像玩積木，最後形成了世界第一個摩天大樓。

隔都裡，猶太人有自治政府、猶太法庭、猶太廟……總體而言，雖然隔都少了自由和人權，但比起猶太人在歐洲被連根拔起驅逐出境的殘酷，算是比較緩和的。

住在隔都的猶太人必須戴黃色帽子，手臂上帶著有大衛之星符號的臂章。大衛星由兩個重疊的正三角形一上一下疊在一起，成為六角形圖案，據說這是大衛王盾上的圖案[5]。如今，大衛之星是猶太人的符號象徵，如猶太廟、猶太機構或猶太人的家常見這個符號。中世紀時，歐洲的猶太人開始在猶太廟掛著大衛之星。如今，大衛之星非常普遍，在猶太世界是無所不見的重要符號，既連結了猶太身分，也和猶太文學和宗教相關，甚至可以說，看到兩個正三角形上下重疊的符號，可以大膽地猜測與猶太人有關。

若有興趣想看看隔都長得什麼樣，可以到義大利的一個旅遊網站《猶太隔都和博物館》[6]瞧瞧。

拿破崙毀隔都的祕密

當猶太人因為宗教因素在歐洲被關進隔都受到壓迫時，唯獨拿破崙對猶太人特別友善。他是歐洲的皇帝和國王之中，唯一將自由、平等和博愛實踐在政治、社會、宗教上的王者之王，是真正的英雄。

拿破崙於一七八九年法國大革命時，解除對法國猶太人的諸多限制，又於一七九一年通過法令，賦予他們完全的公民權，擁有和天主教徒及基督教徒同等的權利。可惜，立法議會當時沒有配套措施，國會並沒有因為立法就實行，仍依照原來的做法，關閉猶太廟，禁止猶太人使用希伯來語，法國猶太人的生活反而變得更困難。

一七九七年二月拿破崙占領義大利威尼斯以南的港口小城安科納[7]時，看見有一些人頭上戴著黃色帽、手臂上有大衛之星臂章時，很驚訝地問隨行官員，官員回他：「這是猶太人的識別，他們晚上得回『隔都』。」行動派的拿破崙馬上下令關閉安科納的「隔都」，並允許猶太人想住哪就住哪，也恢復他們信仰的權利。

隔年六月，法國占領馬爾他時，當拿破崙知道馬爾他的猶太人不能在猶太廟禮拜時，馬上允許他們蓋一座新的猶太廟。

一七九九年四月，拿破崙攻入巴勒斯坦的阿卡城[8]（現為以色列）時，原先準備好的宣言是要讓猶太人在巴勒斯坦獨立建國。這件事情後來因為英國的干預，拿破崙最終沒有拿下阿卡而作罷。

到了一八〇二年四月，拿破崙立下新法，讓法國猶太人和法國其他公民擁有平等的權利。一八〇五年則是更進一步讓法國猶太人擁有和法國公民一樣完全平等的權利——自由、平等和博愛。

拿破崙解放猶太人，摧毀了隔都，可惜在他之後隔都再現。拿破崙的姪兒拿破崙三世曾跟著摧毀隔都，但在三世之後，隔都再現。這顯示人類的排他本能，像是野草一樣，春風吹又生。

一八一六年，拿破崙的私人醫生歐米拉博士[9]曾問他為什麼鼓勵和支持猶太人？拿破崙的回答是：「我的主要願望是解放猶太人，使他們成為完全的公民。我想賦予他們和天主教、基督教享有的平等、自由和博愛等所有合法權利。我希望猶太人就像我們的兄弟，而我們是猶太教的一部分（天主教和基督新教都來自於猶太教）。」

另外，面對歐洲各國統治者和基督教宗教領袖強烈反對拿破崙解放猶太人時，他說：「給予猶太人平等權利，讓他們住在法國會帶給法國額外的好處。猶太人會為法國帶來許多財富。與其耗費精力驅逐猶太人，不如把他們同化融入法國社會。我要給法國猶太人享有比任何國家的猶太人更多的特權。」

一八一四年第六次反法聯盟戰勝法國。拿破崙因戰敗被放逐，最後被英國軟禁在厄爾巴島上，從此他的自由、平等、博愛理念無法擴及其他歐洲國家，我認為拿破崙若未被放逐，他的人本觀念應可以延伸到歐洲國家，改變之後的歐洲人文、經濟、教育，以及歐洲猶太人的命運。如此一來，起源於歐洲的第一次和第二次世界大戰可能不會發生，六百萬猶太人或許不會遭到納粹大屠殺。

為什麼拿破崙對待猶太人有強烈的同理心？我讀了拿破崙自傳後發現，他除了受到自由哲學家的啟蒙和影響外，也許得推回他的童年。拿破崙是科西嘉人，母語是科西嘉語，也說官方的義大利語。科西嘉被賣給法國後，十歲的拿破崙開始學法語，由於他的法語不流利，又帶有科西嘉口音，加上長得矮又瘦，在學校時遭受同儕霸凌，這個痛苦經驗讓拿破崙看到猶太人被歐洲基督教國家迫害時，感同身受，因此挺身而出，做了別的君王不可能做的事，包括承認猶太教是合法宗教，猶太人在法國各省具有完全公民權，拿破崙也在猶太法庭讓眾多猶太領袖解釋，他們為何被歐洲基督教國家歧視和法國大革命帶給他們的平等。後來義大利、荷蘭、德國跟進，首次讓猶太人成為自由人[10]。拿破崙的胸懷和創造性是平庸的歐洲皇帝、國王、貴族、教皇及傳教者所無法比擬；也因為拿破崙解放猶太人，有的猶太人感恩拿破崙的解放，改姓為拿破崙或名為波拿巴。

拿破崙有句名言：「我的字典裡沒有『不可能』這個字。」表示凡事都有可能。猶太人則是將「不可能」(Impossible) 這個英文字拆開，成為「我可能」(I'm possible)。從「不可能」變成「我可能」，是拿破崙和猶太人的共同世界，也是他們傲視群倫的祕密。拿破崙和猶太人的關係密切，不是因為血緣或宗教，而是來自思想和哲學上的相通，也是他們共同追求的「真理」。

二戰猶太人隔都遭大屠殺

十四世紀歐洲爆發黑死病時，猶太人遭到燒殺擄掠，從西歐移居東歐，東歐因此在第二次世界大戰期間成為隔都主要地區。到了二十世紀的二次世界大戰期間，納粹德國更是全面複製教皇的做法，把大量猶太人關入隔都，每個房間六到八個人不等，擁擠不堪。

下表是取自《大屠殺記事》[11]網站的第二次世界大戰時歐洲地區猶太隔都區資料，希特勒對猶太人進行大屠殺時，以一列列運載動物的火車，將整個隔都區的猶太人押入集中營毒殺，讓猶太人無處可逃。

上海是唯一在歐洲以外有隔督的城市。二戰期間，中華民國駐維也納總領事何鳳山冒著危險，簽發了大量生命簽證給猶太人，因此有不少猶太人逃到上海（現已無法確認何鳳山簽了多少簽證）。但當時日本與德國屬於同陣線，日本入侵上海後，將這些猶太人關在上海的隔都區。根據《大屠殺記事》的紀錄，上海的隔都有一萬個猶太人。可見當缺乏智慧和勇氣時，使壞就像傳染病一樣，從一個大陸（歐洲）傳染到另一個大陸（亞洲）。

第二次世界大戰主要的猶太「隔都」

隔都	國家	人口
阿姆斯特丹	荷蘭	十萬
本津	波蘭	二萬七千
比亞維斯托克	波蘭	三萬五千～五萬
布達佩斯	匈牙利	七萬
切爾諾夫策	羅馬尼亞	五萬
格羅德諾	波蘭	二萬五千
考納斯	立陶宛	四萬
克拉科夫	波蘭	一萬九千
利達	白俄羅斯	九千
利耶帕亞	拉脫維亞	七千四百
羅茲	波蘭	二十萬五千
盧布林	波蘭	三萬四千
利維夫	烏克蘭	十一萬
明斯克	白俄羅斯	十萬
密爾	白俄羅斯	二千五百
新格魯多克	白俄羅斯	六千
拉多姆	波蘭	三萬
里加	拉脫維亞	四萬三千
塞薩洛尼基	希臘	五萬六千
上海	中國	一萬
捷爾諾波爾	烏克蘭	一萬二千五百
泰雷津	捷克斯洛伐克	九萬
維捷布斯克	白俄羅斯	一萬六千
維爾紐斯	立陶宛	四萬一千
華沙	波蘭	四十萬～五十萬

1 拉特朗公議會 (The Lateran Councils) 是在義大利羅馬的拉特朗宮 (Lateran Palace) 舉行的羅馬天主教會的五個基督教會議中的任何議會。如第一會議是教皇高高在上，國王或皇帝無權指定主教，還規定神職人員獨身。

2 Judengasse

3 位於義大利中部，西元七五六年至一八七〇年，由教皇統治的政教合一封建國家，現已不存在。

4 Carregio Island

5 Star of David: More Than Just a Symbol of the Jewish People or Nazi Persecution, Ronen Shnidman。https://www.haaretz.com/jewish/holocaust-remembrance-day/the-star-of-david-isn-t-just-jewish-1.5323219

6 The Jewish Ghetto and Museo Ebraico。http://www.reidsitaly.com/destinations/veneto/venice/sights/ghetto.html

7 Ancona

8 Acre

9 Barry O'Meara

10 Napoleon and the Jews。https://en.wikipedia.org/wiki/Napoleon_and_the_Jews

11 The Holocaust Chronicle

第十七章
啟蒙和解放

猶太啟蒙和解放猶太人

在歐洲，沒有科學革命，就沒有啟蒙；沒有啟蒙，就沒有解放歐洲猶太人；沒有解放歐洲猶太人，就沒有猶太政治運動，如錫安主義（猶太復國主義）或革命運動。面對俄羅斯帝國的壓迫，猶太人也不會移民到提供更多機會的國家。結論是沒有解放歐洲猶太人，就沒有今天的以色列國，美國也不會成為全世界最多猶太人的國家，這是簡化的推論。若要更深入、更具體，一本書都說不完，畢竟牽涉到整個歐洲和歐洲人進化和文明間的拉鋸戰。

為解放猶太人所做的努力，除了一般猶太人外，還有一些猶太政治界或文化界等知識分子，如德國詩人海涅、右翼政治人物雅各比[1]、政治家李薩[2]、法國猶太名人大會堂和猶太大公會議員泊爾[3]，以及英國銀行家羅斯柴爾德和各方人士一起推動。

海涅是第一個解放猶太人的天才，他有遠見，曾預知二戰時納粹燒猶太人的書，也殺了六百萬猶太人，後來真的發生，足見海涅是個宏觀和敏感的人。海涅寫詩、寫書，但家人對他說：「寫作不能謀生，你得去拿個法律學位才行。」海涅因此成為法學院學生，不過在德國只有基督徒才能執業當律師或擔任法官，海涅的家人又對他說：「為了前途，你改當基督徒吧！」成為基督徒是猶太人在歐洲的門票，有了門票才能進入基督徒的社會。海涅從此成為基督徒，可以工作了，但終身為此非常痛苦，必須透過寫書來抒解情緒，但海涅的詩在德國被禁止公開吟誦，他的書也成為禁書，後來流亡法國，直到過世。

《解放：歐洲猶太人從猶太隔都區走向革命和文藝復興》[4]中，作者戈德法布[5]認為現代社會主義和共產主義早期理論家如馬克思和拉薩爾[6]都是猶太人的原因之一，是他們來自與海涅相同的社會階層和背景。馬克思的祖父是猶太拉比，爸爸轉為基督徒後才成為律師，家中經濟因此富裕，才有能力給馬克思良好的教育。拉薩爾為脫離猶太教改名而當上律師，他是哲學家和社會主義者，並曾為伯爵夫人與她分居多年的丈夫訴訟八年，甚至在逃命期間還繼續在不同法庭出庭為伯爵夫人辯護，最後贏了官司，幫伯爵夫人得到巨大的財富。而社會主義和共產主義的出發點就是為了解決猶太人在歐洲的問題，他們想重塑歐洲，讓平等和博愛不只是口號。

戈德法布在書中說了一個故事，一七四三年猶太新年（九月）剛過不久，有個很窮的德國猶太年輕人摩西・本・孟德爾要去普魯士首都柏林，經過幾天在泥漿路跋涉後終於抵達。通過課進出口稅的羅森塔勒門時，他和其他貧窮的猶太人一樣，來到休息所要一碗湯和晚上過夜的地方。猶太社區守門人代表審訊他，孟德爾出示了弗蘭克[7]拉比的擔保書。那天的紀錄上寫著：「在羅森塔勒門，六頭牛、七頭豬和一個猶太人進入了這座城市。」這個猶太人就是後來成為哲學家的摩西・孟德爾頌。

摩西的故事正是歐洲猶太人從生活在隔都中走向成熟的藝術、文學、學術和科學等幾代人的故事。

摩西・孟德爾頌在家鄉德紹時跟著弗蘭克拉比學習，十四歲時，弗蘭克被任命為柏林的首席拉比。進入普魯士首都後，他充分利用知識分子的資源，與少數「開明」的猶太人一起學習，並獲得哲學、希臘語、德語和文學的全面基礎。

一七七〇年，摩西・孟德爾頌出版了知名且影響甚廣的著作《耶路撒冷》，他很努力證明猶太人的信仰與良好的公民身分和傳統猶太教是一致的，猶太教是一種理性的宗教，符合啟蒙運動的價值觀。

摩西・孟德爾頌對猶太人最大的貢獻還包括將《妥拉》從希伯來文翻譯成德文，教猶太人德語、用德語讀《妥拉》，並用猶太人而非基督徒的解釋讀《聖經》。摩西・孟德爾頌說這麼做是「讓猶太人邁向文化的第一步」。

非常自由派的摩西．孟德爾頌大力推動猶太啟蒙運動[8]，從猶太教著手，詮釋了信仰和人的關係，也詮釋了上帝與人，或上帝對人是否有權力等，以及信仰是否可強制人，在猶太教改革上跨出革命性的步伐，因此摩西．孟德爾頌被稱為改革派猶太教之父，還被視為猶太蘇格拉底。而猶太啟蒙運動對猶太人的歷史影響，不亞於法國大革命對歐洲歷史的影響。

一七七〇年代開始，摩西．孟德爾頌關注和干預猶太人在猶太社區受到的限制、歧視和驅逐令。法國大革命後，他為猶太人的權利辯論，並鼓吹同事、史學家和政治作家馮度[9]撰寫《猶太人解放宣言》[10]，改善猶太人的公民地位，把過去對猶太人的限制都取消。馮度的爸爸是路德派教會牧師，但他是猶太人解放的堅定支持者，還寫了《關於猶太人的民事改善》，主張以人道主義進行猶太人的政治平等。

解放猶太人意味著猶太人擁有公民權後，才能離開隔都，並有權追求自己生命的道路。從此，猶太人不必再配戴黃色星徽章，可以住在任何想居住的地方，並做任何想從事的工作。不只如此，猶太人也可以投票，具有政治人格，得以參與公共事務。

摩西．孟德爾頌是第一個主張「宗教和國家」分離的人，他從哲學出發，不只結合猶太教及基督教思想，還包括史賓諾沙[11]的無神論哲學。我們從歷史中看到政教合一的國家，結果都不是很理想，如何梅尼原是神學學者，拿到政權後把伊斯蘭教與國家合為一體，伊朗從此走入深淵，女人得包頭、包腳，只看得到兩個眼睛，若髮梢露出來就犯罪。

由此可見，猶太啟蒙和解放猶太人是多麼重要的里程碑。而摩西．孟德爾頌帶動猶太啟蒙運動，直接影響所及的是從十九世紀開始，猶太人走向現代化和進步，並大步往前邁進，是劃分過去與未來的最重要分水嶺。

猶太人啟蒙、歐洲啟蒙及猶太人解放相連不可分割。沒有歐洲啟蒙，就沒有猶太啟蒙；沒有猶太啟蒙，就沒有猶太解放；沒有猶太解放，世界文明就不是當今這個模樣了。

啟蒙運動

什麼是啟蒙？啟蒙的英文 enlightenment 是名詞，按照字典網站[12]有幾種解釋，是啟發的行為；是被開悟的狀態；印度教和佛教則指般若，也就是智慧或頓悟；以及啟蒙運動，十八世紀的哲學運動，相信人類理性的力量以及政治、宗教和教育學說的創新。啟蒙哲學堅持人的本質自治：人對自己負責，對自己的理性利益負責，對自己的自我發展負責，並透過延伸對同胞的福祉負責。文化上的定義是十七世紀和十八世紀的一場知識分子運動，其特點是慶祝人類理性的力量，對科學的濃厚興趣，促進宗教寬容，以及建立沒有暴政的願望。

啟蒙運動的主要人物是休謨[13]、康德[14]、洛克[15]、孟德斯鳩[16]、盧梭[17]和伏爾泰[18]。他們大多是哲學家、歷史學家或律師，身分多元，這些人突破了「君權神授」的傳統思維，認為人該擁有政治和信仰的自由。

啟蒙運動時，歐洲人開始思考為什麼猶太人是貪婪的？他們只能從事借貸行業賺取利息，就是貪婪？那麼，猶太人可不可以從事科學或其他行業？猶太人和基督徒是不是都先是「人」，還是「猶太人」或「基督徒」？如果猶太人也是「人」，他們該擁有「公民權利」嗎？如果猶太人要擁有公民權，是否得放棄猶太自治政府？為什麼基督徒不信任猶太人？是不是禁止猶太人用希伯來文記帳，基督徒就看得懂他們的記帳，就會信任猶太人？要怎樣幫助猶太人融入歐洲社會……

隨著啟蒙運動理論走向法國大革命政治化，法國人開始討論該怎麼處理猶太人等異教徒？如果所有人都是兄弟，猶太人也是嗎？法國大革命奠基在拿破崙的自由、平等、博愛基礎上，是否意味著猶太人也該擁有自由、平等和博愛呢？

解放

對於從西元初年就作客他鄉的猶太人而言，解放就是他們在歐洲國家的主要目的。什麼是解放歐洲猶太人？就是拿掉歧視的法律，讓猶太人擁有公民權利，也就是平權。

自從一二一五年第四次拉特朗公會議決議後，猶太人被強制穿上特殊服裝，配戴大衛之星徽章，戴著黃色尖帽，他們被剝奪了人權。事實上，在歐洲不是只有猶太人受到這樣的待遇，伊斯蘭教徒穆斯林也沒兩樣。後來伊斯蘭教徒照抄這個做法，用在基督徒和猶太人身上，猶太人得配戴黃色徽章，基督徒就得配戴藍色徽章，以便和穆斯林區分開來。

由於拉特朗公會議決議，不是基督徒的猶太人被迫和基督徒隔離，經濟也受到限制，猶太教被視為非法，興建猶太廟有重重困難。這些加諸猶太人身上的歧視都透過法律規定，硬性在合法與非法之間做了明顯的區隔。沒有公民權就沒有投票的權利，而投票等同說話的權利。

猶太人有太多苦難都是從不平權而來，因此歐洲猶太人非常努力想消除這些歧視，以便得到自由和公民權；然而解放是很艱難的工作，牽涉到憲法和公民平權。解放之前，猶太人在歐洲被孤立了很長時間；解放意味著他們可以選擇移居到更好品質的地方，如俄羅斯或美國；也表示有參與政治的權利，正是解放後有許多猶太人投入政治運動的原因。

和猶太解放相連的是猶太啟蒙，摩西．孟德爾頌知道猶太人終將離開隔都，但得先準備好怎麼重見天日。他帶頭將《妥拉》從希伯來文翻譯成德文，讓德國猶太人和講意第緒語的德裔猶太人都能閱讀《妥拉》。此外，並將希伯來世界的優勢結合德國的優勢雙軌進行，猶太人才能與德國或其他歐洲國家接軌。有了解放和啟蒙，猶太人的生命陸續翻轉了。我們來看看猶太人在歐洲的解放過程，以及歐洲國家的解放順序，由此可以理解，整個歐洲世界是互相影響的，脫離不了見賢思齊的人性。

波蘭——解放猶太人的先驅

波蘭是歐洲第一個解放猶太人的先驅，比拿破崙早了五百年。

十三、四世紀的波蘭是封建制度，國王擁有直轄土地，將其土地分配給公爵，公爵上交稅收給國王，戰時則呈上自己的軍隊為國王作戰。而公爵再分配土地給伯爵，伯爵再分配土地給子爵、男爵和騎士。最下層的是農民，他們在和平時耕作，戰爭時則出征。

蒙古大軍第二次西征[19]時，在波蘭燒殺擄掠，使當地人口大幅減少，大波蘭的公爵、被暱稱為虔誠的博萊斯瓦[20]招來大量移民開墾荒地，又歡迎擁有手工藝和豐富商業貿易能力的猶太人移民。博萊斯瓦於一二六四年八月十六日授與波蘭猶太人第一個書面特權，稱為「卡利斯法規」[21]。

卡利斯法規規範了猶太人在司法、信貸和交易上的活動，後來變成猶太人的自由憲章。之後，波蘭的國王，包括一三三四年卡西米爾[22]、一四五三年卡齊米日四世[23]，以及一五三九年齊格蒙特一世[24]等，在黑死病和血祭誹謗發生的年代，以及猶太人被西歐國家驅逐，甚至將卡利斯法規擴大到防止強迫洗禮等對猶太人的保障措施。

因自由憲章的保護，猶太人口增加得非常迅速，使波蘭成為歐洲最多猶太人的國家，十八世紀時，猶太人占波蘭人口七％。第二次世界大戰時，波蘭是猶太人被殺戮最多的國度，每三個波蘭猶太人就有一個被推到集中營，火車鐵軌直接拉向集中營，以便把各地載來的猶太人送入集中營，讓他們連逃亡的機會都沒有。

因給予猶太人自由，他們在波蘭開發的城市超過八十個，波蘭的經濟、文化和國力曾是東歐一顆閃亮的星星。隨著猶太人被大屠殺，以及為了逃離納粹而離開波蘭，二次大戰後，波蘭脫離德國，靠向俄羅斯成為共產國度，經濟開始衰退。而今，波蘭的政策走向保守，成為歐洲第一個反墮胎的國家，和博萊斯瓦的做法大不同。

美國解放猶太人

西歐和中歐解放猶太人之前，最先解放猶太人的是美國。雖然地理上美國位於美洲，但美國的人文歷史、宗教文化都來自於歐洲，美國和歐洲屬於一脈相承。

當初清教徒尋求宗教自由之地、逃離英國國教的迫害，搭船逃到美國。清教徒在美國得到宗教自由後，卻剝奪其他人的信仰自由。他們不只從歐洲帶來歧視猶太人的習性，也歧視他們脫離的天主教。因基督徒誓言，猶太人和天主教徒都不能擔任公職，也不允許住在清教徒搭五月花號船登岸的麻薩諸塞州。直到美國獨立革命和聯邦憲法聯手將政治權利釋放給猶太人和其他白人少數族群。

懂七、八種語言的美國第三任總統傑弗遜[25]廣泛閱讀經典、思想非常自由。傑弗遜擔任維吉尼亞州長時，長期倡導宗教自由，一七七六年頒布了「宗教自由法」。維吉尼亞州的宗教自由法影響了一七八七年的美國聯邦憲法，以及一七九一年的修正法，解除所有的宗教限制。但聯邦憲法沒有取代各州法令的權利，對於猶太人是否可擔任公職，要看他們住在哪一州來決定，如果住在維吉尼亞州，因當地和聯邦憲法一致，猶太人可以擔任公職；反之，若聯邦憲法和州法令不一致時，猶太人可能就無法擔任公職。

由此可見，宗教限制了政治，對待猶太人的不平等和不信任，不是猶太人有什麼錯，只是因為他們不是基督徒。

歐洲解放猶太人三階段

歐洲解放猶太人分成三個階段，首先是一七四〇年～一七八九年法國大革命前五十年，被稱為解放前奏；第二階段是一七八九年～一八七八年的九十年，從法國革命到柏林國會決議；第三階段是一八七八年～一九三三年的五十五年，從柏林國會決議到納粹崛起，這段期間波濤洶湧。

第一階段

主要重點在於猶太人的公民改善上，若現有對猶太人的立法是出於宗教不寬容，則違背開放的精神。一七五三年五月英國議會通過猶太人在英國殖民地居住七年就具有歸化權的法律，同年十二月二十日因英國民眾反對而撤銷。一七八一年～一七八二年奧地利約瑟夫二世[26]的寬容法令鼓勵猶太人融入基督教社會，彼時孟德爾頌結識了德國啟蒙運動時期知名的德國作家和文藝理論家萊辛[27]。雖然萊辛的爸爸約翰·萊辛[28]是他們家鄉新教的首席牧師和神學作者，但萊辛喜愛孟德爾頌的聰明及才華，鼓勵他撰寫第一本書。孟德爾頌的書一出版，非猶太人的讀者非常欽佩和訝異於他的博學，他的文學活動在此產生了啟蒙和解放大作用，在那之前，歐洲的基督徒認為猶太人是外星人和原始人。一七八四年～一七八七年，美國猶太人提出平等權利請求和宗教平等權利，也廣泛產生了模範作用。

第二階段

奠定了歐洲政治與法律解放猶太人的事實，革命和自由處於優勢地位，如法國、比利時、荷蘭、義大利、德國和奧匈帝國，這些國家都開始有了對猶太人解放的觀念。而三個革命高峰期（一七八九年～一七九一年、一八三〇年～一八三一年、一八四八年～一八四九年），以及歐洲國家結構發生變化時期，如德國、義大利統一，匈牙利民族獨立等，是猶太人解放最進步的時期，內有立法，外有國際壓力，以及啟蒙運動的良性影響，認為把猶太人踩在腳底下是破壞革命原則，有違公民平等。

第三階段

見證了歐洲歷史傳統對解放猶太人的反應——反猶太主義盛行，而種族主義和民族主義者是反對猶太人解放的最大咖，猶太人意識到法律不會自動帶來對平等的承認。中世紀歷史長達一千年，要拔除對猶太人的歧視，談何容易？根深柢固的成見和偏見是人性最脆弱的部分。

種族主義者說：「猶太人不該被賦予公民權利或被同化，他們的種族自卑只會傷害『優越種族』。」誰是自認優越的種族？相信各位讀者都可以猜得出來。

這五十五年的解放期間，充滿種族仇恨的新氣氛，看到東歐猶太人的解放成就及許多人的鬥爭與掙扎。歐洲基督教社會從來沒有要同化猶太人，只想把猶太人變成基督徒而已。在解放過程中，當然有些國家禁止猶太人說希伯來語或意第緒語，如波蘭和匈牙利，後者還規定猶太人除了要說匈牙利語外，還得唱匈牙利歌。

法國是猶太人的巴勒斯坦

法國大革命從一七八九年到一七九〇年末期，自由、平等、博愛是拿破崙受到哲學家影響而來的主張。對猶太人而言，法國於一七八九年八月四日廢除封建主義，在哲學家盧梭等人的思想啟蒙影響下，大會通過「人權和公民權利宣言」的民主聲明，以平等機會、言論自由、人民主權和代議制政府為基礎，同時起草正式憲法，猶太人的自由與人權往前跨越一步。

盧梭是法國－日內瓦啟蒙時代的哲學家，其論文《科學和藝術的進步對改良風俗是否有益》及《論人類不平等的起源與基礎》對哲學的發展非常重要。而《社會契約論》談人民主權和民主政治哲學思想，不只是深深影響了歐洲和美國，迄今對整個世界的影響力甚至深入人們的日常生活。

一七九一年九月三日法國通過第一部成文憲法，建立君主立憲制，鼓勵人們支持共和政府及對法王路易十六的審判。同月二十八日，住在法國的四萬個猶太人開始擁抱解放所帶來的機遇和挑戰。而法國對猶太人的解放成了西歐和中歐國家的榜樣，如荷蘭被法國征服後馬上跟進，於一七九六年解放了猶太人。

十幾個世紀以來，猶太人因信仰猶太教，不肯屈服於歐洲基督教社會而陷入「中世紀最黑暗」的時期；而在法國大革命時得到解放，出現了人權與自由的曙光。

一七九一年九月二十一日，法國制憲會議通過法律是基督教國家完全解放的第一幕，猶太人興高采烈地認為幸福終於來了。那年，猶太人給巴黎廢奴主義的自由派——吉倫特派[29]寫的一封信：

法國是我們的巴勒斯坦，它的山脈是我們的錫安，它的河流是我們的約旦河。讓我們喝這些水，它是自由之水……

這是革命性轉變，但不意味著解放猶太人從此否極泰來。一八一四年～一八一五年之間的維也納會議[30]就使解放猶太人的步伐倒退了。

維也納會議是拿破崙垮臺後，於一八一四年九月到一八一五年六月舉行的國際會議，歐洲重要的政治家都加入這場長達十個月的國際會議，連教皇和主教也參與其中。主要議題是建立歐洲大國奧地利、俄羅斯、普魯士和英國之間的平衡，以防止未來戰爭，維護和平與歐洲大陸的穩定，而界定邊界也是此次會議的目標，猶太人的權利更是首次在國際會議中納入討論和決定。

維也納會議由戰勝四大國，奧地利、英國、俄羅斯和普魯士主控，另加入瑞典、葡萄牙、西班牙和法國簽《巴黎條約》，成為八國共同參與討論方向。拿破崙征服的所有土地都被剝奪了，法國也恢復君主制，由路易十八統治。拿破崙每征服一個國家或地區，就解放了當地的猶太人，讓猶太人擁有平等權利，而且猶太人信仰的猶太教也得到和基督教一樣的平等權利。如今，那些國家或地區都歸給不同統治者了，猶太人的平等權利因此受到嚴重的波

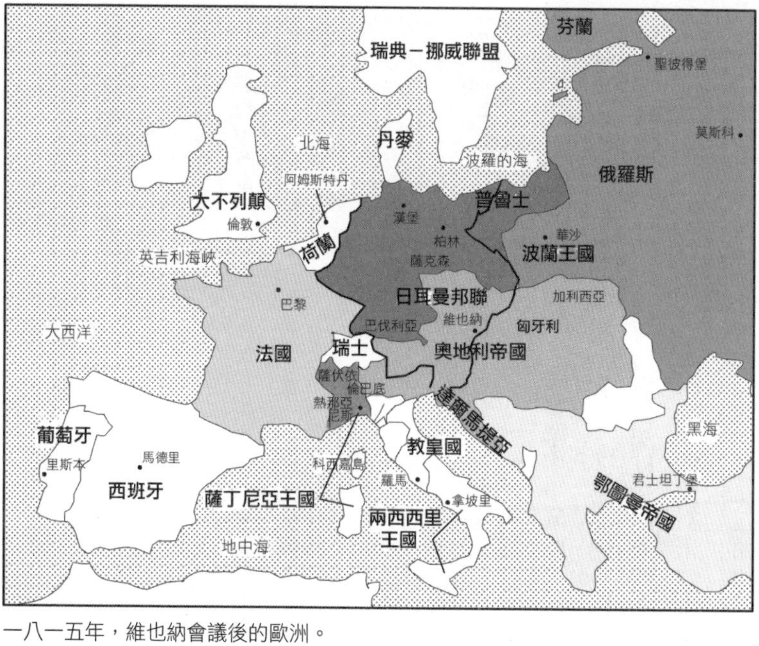

一八一五年，維也納會議後的歐洲。

及。

維也納會議的重大決定如下：

法國：拿破崙征服的所有領土都被剝奪，法國君主制在路易十八統治下得以恢復。

奧地利：收回了大部分失去的領土，並獲得德國倫巴底和義大利威尼斯。

俄羅斯：獲得芬蘭，並控制新的波蘭王國。

普魯士：獲得薩克森州的大部分地區，以及西發利亞和萊茵省。

英國：擁有幾個戰略殖民地和海洋控制，馬爾他、黑爾戈蘭島（北海的一個小群島）、愛奧尼亞群島的保護區（後者通過一八一五年十一月五日簽署的條約）、模里西斯、托巴哥和來自法國的聖露西亞，以及來自荷蘭的錫蘭（現斯里蘭卡）、好望角和來自西班牙的千里達。

荷蘭：成立了荷蘭新王國包括前聯合省和比利時。

挪威和瑞典：兩者統一為一個國家。

瑞士：被宣布為中立國。

西班牙：恢復斐迪南七世的統治。

參與維也納會議的各國王公貴族代表中，有親猶太人，也有親基督教的，在會議中爭議極大，三個基督教派系天主教、東正教和新教都平權之下，為什麼獨獨猶太教不能平權、猶太人不能有信仰的自由？主教和教皇堅持給予猶太教平權是犯罪，而信仰天主教的國家（如比利時）也極端反對猶太代表們努力實現宗教寬容和廢除奴隸貿易、樹立自由主義及人道主義的榜樣。另一方的代表們反對宗教不寬容，並在最後文件中納入了保護德國猶太人權利的具體措施，還針對結束奴隸貿易進行長時間的討論，並發布了一般性聲明，為未來的廢除奠定了基礎。

雖然維也納會議把保護德國猶太人權利納入了條文，但還是比拿破崙時代不足。關於解放猶太人，還有許多傷痛、衝突及人性需要解決，有內在的，也有外在的，裡應外合還不一定行得通。

拿破崙解放歐洲猶太人

從歐洲解放猶太人地圖上可看出，十八世紀解放猶太人的國家，有法國和荷蘭。當拿破崙攻入義大利教皇國時，也解放過教皇國不同城市的猶太人。

十九世紀解放猶太人的國家，分別是一八三〇年的比利時、一八四八年的丹麥、一八四八年~一八七〇年的義大利、一八五〇年的普魯士、一八五一年的挪威、一八六五年的瑞典、一八六七年的奧匈帝國、

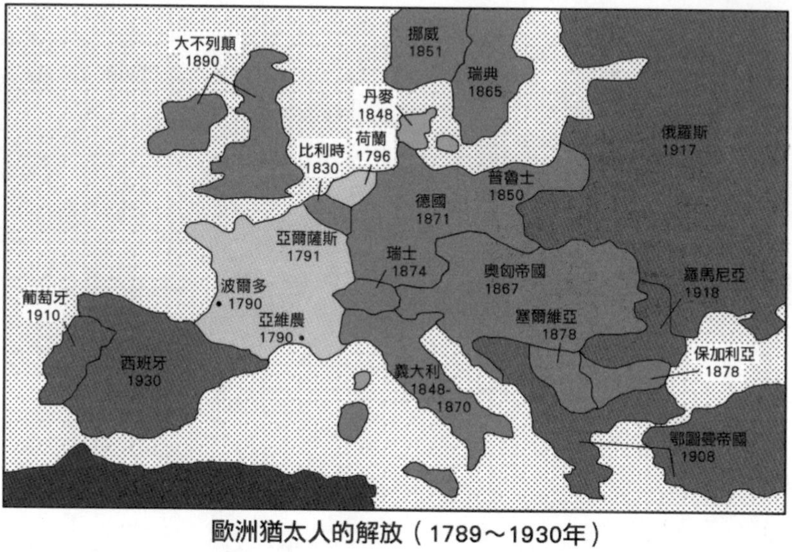

歐洲猶太人的解放（1789～1930年）

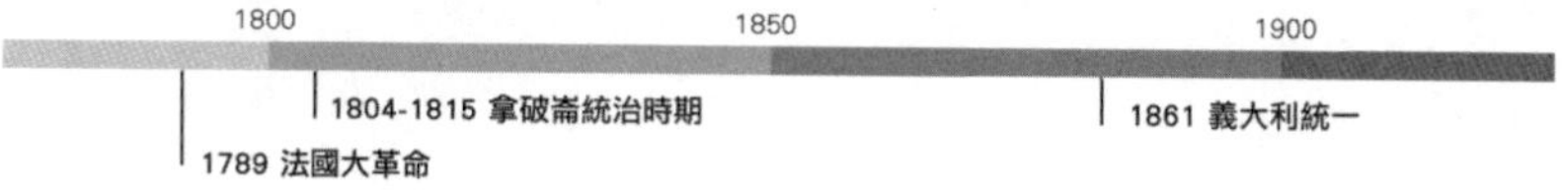

一八七一年的德國、一八七四年的瑞士、一八七八年的塞爾維亞和保加利亞、一八九〇年的大不列顛；二十世紀解放猶太人的有一九〇八年的鄂圖曼土耳其帝國、一九一〇年的葡萄牙、一九一七年的俄羅斯、一九一八年的羅馬尼亞，墊尾的西班牙遲至一九三〇年才解放猶太人。

那些國家對猶太人的解放不是心甘情願，除了英國的社會成熟，北歐因猶太人進入晚，包袱較低，在解放上沒有遭遇太大的困境；其餘國家幾乎都是進進退退，或者在公民權中隱藏諸多障礙。在整個歐洲猶太人的解放過程中，除了猶太人自身的努力外，科學革命、啟蒙運動、法國大革命等，環環相扣，缺一不可。

---

1 Johann Jacoby
2 Gabriel Riesser
3 Berr Isaac Berr
4 *Emancipation：How Liberating Europe's Jews from the Ghetto Led to Revolution and Renaissance.*
5 Michael Goldfarb
6 Ferdinand Lassalle
7 David Frankel
8 Jewish enlightenment，也稱為哈斯卡拉運動 (The Haskalah movement)。
9 Christian von Dohm
10 *Jewish emancipation*
11 Baruch Spinoza
12 http://dictionary.com
13 David Hume
14 Immanuel Kant
15 John Locke
16 Montesquieu
17 Jean-Jacques Rousseau
18 Voltaire
19 蒙古大軍第二次西征時間長達八年，一二三五年至一二四二年。

20 Bolesław the Pious
21 Emancipation of Jews
22 Casimir
23 Casimir IV
24 Sigismund I the Old
25 Thomas Jefferson

26 Josef II
27 Gotthold Ephraim Lessing
28 Johann Gottfried Lessing
29 La Chronique de Paris
30 the Congress of Vienna

第十八章

集中營知多少？

希特勒是有史以來最殘暴、最沒人性的野心獨裁者，從一九三三年到一九四五年的十二年，估計遭納粹殺害的人數在一千五百萬三千人到三千一百五十九萬五千人之間，而最有可能的受害者人數是二千九百四十六萬。其中一百萬人是十八歲以下的兒童，而這個數字還沒包括戰爭中死亡的人數。

希特勒問希姆萊[1]：「猶太人死亡是不夠的，他們必須在痛苦中死去。什麼是延長痛苦的最好方法？」希姆萊的顧問得出結論是——將猶太囚犯放在車地板塗有生石灰的貨車上，會產生難以忍受的燒傷疼痛，囚犯死亡大約需要四天時間，可以實現緩慢而痛苦的死亡。

美國歷史和傳記作家羅伯特．佩恩[2]在《希特勒的生與死》[3]一書中如此描述希特勒對猶太人的仇恨。有兩個歷史事實不能忽略，一個是不同類型的集中營，另一個是希特勒權力崛起到自殺的大事年表。從這兩個史實，我們學到恐懼和仇恨互為表裡，也是人類最巨大的敵人。

集中營知多少？

雖然臺灣和歐洲距離遙遠，但深度理解這段歷史，對了解世界變化及猶太人很重要。

德國國家檔案網站[4]上記錄二戰期間強迫勞動營[5]有超過二千萬人被迫為納粹國營或私營勞動，私營企業包括西門子、BMW 等公司。德國國家檔案大手筆專案採訪來自二十六國、近六百人被強迫勞動的生命經驗史，並在網站上提供音頻和視頻。這個專案由哈根大學[6]指導，奪得二〇一八年柏林人文數位獎[7]。

根據德國國家檔案網站上列出依據功能性不同，納粹集中營共有七種，包括滅絕營[8]、集中營[9]、集中營子營[10]、工作教育營[11]、戰俘營[12]、平民強迫勞動營[13]，隔都也是變相的集中營。

滅絕營

滅絕營是系統式種族滅絕，就是把整個種族殺掉，也叫死亡營，這是納粹的最終解決方案。根據以色列猶太大屠殺紀念館[14]顯示，滅絕營共有六個，都在波蘭，包括奧斯威辛－比克瑙[15]、特雷布林卡[16]、索比布爾[17]、海烏姆諾[18]、貝烏熱茨[19]、馬伊達內克[20]等。天主教皇約翰・保羅二世的家鄉瓦多維采在波蘭南部，離奧斯威辛滅絕營僅三十五公里，他不只在猶太社區長大，還有許多猶太朋友，對猶太文化和猶太教的理解甚於其他教皇。二戰期間，他沉痛地看著死亡火車一列列開入滅絕營，這個經驗使他決定走入宗教，一九七八年成為教皇，一九七九年就去拜訪奧斯威辛，並向猶太人的遭遇道歉。

海烏姆諾滅絕營位於波蘭猶太小鎮羅茲[21]五十公里處，於一九四一年十二月八日啟用到一九四五年，有數百萬猶太人和數十萬辛提人和羅姆人（俗稱吉普賽人）在這裡喪生。海烏姆諾滅絕營被森林環繞，外界難以發現，也難以逃命，四年營運期間，只有三個猶太人倖存。

滅絕營的凶手主要是黨衛隊及子隊，還有國營和私營企業共同合作，如帝國鐵路將人運送到營地，德國托普父子[22]在滅絕營造了二十五個火葬爐、七十六個焚燒室，其競爭對手是柏林柯林企業[23]造了四十二個單式烤箱。

歐洲猶太人以波蘭最多，納粹要消滅所有猶太人，滅絕營設立以波蘭為主。以下集中營地圖是從倖存者、有納粹獵人之稱的作家維森塔爾《每天都是紀念日》[24]書上找到的。維森塔爾在納粹集中營的經驗殘酷至極，在那樣環境下倖存，堪稱奇蹟中的奇蹟。

維森塔爾原是奧地利裔猶太建築工程師，他命運乖舛，被轉送了五個集中營加上冬天死亡徒步之旅。他和太太席拉[25]是少數存活的人，共有八十九個親人在集中營喪生。一九四一年底至一九四四年九月，維森塔爾被抓去利維夫城[26]猶太人為主的亞諾夫斯卡集中營[27]；一九四三年末，他逃離集中營，隔年六月被抓回。一九四四年九月到十月，他被轉到波蘭南部的克拉科夫－普瓦舒夫集中營[28]，接著又被轉去位於波蘭西南部的格羅斯－羅森集中營[29]，然後是寒冬死亡徒步之旅到德國肯尼茲[30]，再轉到德國威瑪附近布痕瓦德集中營[31]，一九四五年二月又被轉到上奧地利林茲城以東的毛特豪森－古森集中營[32]，直到一九四五年五月五日被美軍裝甲部隊解放時，他

地圖上可看出滅絕營地理位置在波蘭各猶太城鎮附近，以及其他集中營分布地理位置。

全身皮包骨，體重不到四十公斤。

維森塔爾曾說：「我要逮捕納粹，直到死的那天為止。」他協助逮捕逃到阿根廷、「最終解決方案」的主要負責人、有「納粹劊子手」之稱的阿道夫·艾希曼[33]，抓到以色列審判和絞死；找到抓《安妮日記》作者安妮的納粹官員；以及在巴西協助逮捕了在波蘭集中營謀殺七十萬猶太人的斯坦格爾[34]；追捕有「死亡天使」之稱約瑟夫·門格勒[35]，他在奧斯威辛集中營對雙胞胎囚犯做致命的人體實驗；有「里昂屠夫」之稱的克勞斯·巴比[36]，二戰時屠殺很多法國人而得此名。維森塔爾成為最著名的「納粹獵人」，專抓那些奔竄世界各地的納粹劊子手。

「仇恨與技術結合是威脅人類最大的危險。」維森塔爾曾語重心長地說了這樣的真理。有些納粹是高學歷知識分子，如約瑟夫·門格勒不只是醫生，還是人類學博士。他的另一句名言是「好人什麼都不做，邪惡就會蓬勃發展」，因此鍥而不捨地追捕納粹，把他們送上法庭，同時戮力在林茲設立猶太歷史文獻中心[37]，協助尋找失聯的親人，一九六一年又在維也納設立納粹政權猶太受害者協會的文獻中心[38]。維森塔爾於二〇〇五年去世，九十六年的生命不只頑強，也鼓舞著命運不濟的人，絕不放棄生命。我們從維森塔爾身上學到生命專注在為人類做出貢獻，可能比沒有生命目標的人活得更久。

集中營

集中營是監禁、隔離、剝削、侮辱和恐嚇的中心。二十多個主要的集中營大多在德國境內，以下介紹四種不同的集中營：

1. 達豪集中營[39]：一九三三年於德國慕尼黑啟用，原是關政治犯，也就是反對希特勒的德國人。它是希特勒崛起後第一個設立的集中營，後來擴大到包括猶太人、德國和奧地利罪犯，以及德國占領或入侵國家的外國國民。

2. 薩克森豪森集中營[40]：一九三六年設立於柏林以北的兩個城市薩克森豪森和奧拉寧堡。此集中營是黨衛軍軍官訓練中心，專門研究殺人的方法，以關押俄羅斯戰俘為主。他們告訴戰俘量身高、體重要站直，子彈就貫穿了他們的頸部。

3. 布痕瓦德集中營：一九三七年七月設立於德國威瑪附近的伊特斯堡山丘，是境內最大的集中營，最初關的是被懷疑與共產主義有關的人，後來關的是來自全歐洲和蘇聯的囚犯，包括猶太人、斯拉夫人、波蘭人、吉普賽人、精神病患、身體殘疾、政治犯、共濟會、同性戀、戰俘等。他們被強迫勞動，但食物不足，二十五萬囚犯有五萬六千人餓死。

4. 拉文斯布呂克集中營[41]：一九三八年由黨衛軍建立於柏林以北的拉文斯布呂克村莊，有七十個子營，一九三九年到一九四五年以關押婦女為主。囚犯以波蘭四萬人最多，其次是來自不同國家的人，二萬六千名猶太女人，蘇聯一萬八千八百人，法國八千人，荷蘭一千人，高達八成是政治犯。她們為西門子和哈爾斯克[42]企業勞動，這可了解為什麼戰後因應美國十二次審判中，德國工業界主動吐出五十億美元賠償的背後因素。一九四二年至一九四五年之間，這些囚犯成為測試磺胺類藥物有效性的醫學實驗對象；一九四一年在附近蓋了小型男性集中營，並由他們在拉文斯布呂克集中營建造毒氣室。

本來只是女性集中營，後來奧斯威辛滅絕營關閉後，有更多女人及孩子進入此營，兒童人數急速上升。二戰爆發時，此營的囚犯已經超飽和，五萬多名女囚因饑餓而死。天主教修女伊莉莎白[43]是羅斯柴爾德家族唯一在大屠殺時受害死亡的人，還有俄羅斯東正教修女、二十五歲的法國公主安妮[44]和波蘭猶太作家卡夫卡的情人米連娜[45]等都罹難。一九四五年解放時，共有一萬五千名倖存者，包括因家人在荷蘭藏匿猶太人而被捕的作家布姆[46]，她和姊姊在集中營被折磨的生命經驗寫成《藏匿的地方》[47]後來被拍成電影。波蘭伯爵夫人卡羅萊納[48]是藝術歷史學家，也是倖存者。

集中營子營

從一九四三年開始，有超過一千多個集中營子營，囚犯們大多住在郊外。他們被強迫為黨衛隊、國營及私營企業勞動，包括西門子、BMW、戴姆勒負責武器生產等，囚犯必須製造和搜索炸彈、維修等。

工作教育營

共有二百個工作教育營主要針對外國囚犯，因其在語言與文化上陌生而需要訓練。這是唯一不是黨衛軍刑事營地，而是蓋世太保刑事營地。他們是「奴隸勞工」，為私人企業工作，且是短期的工作教育營。

隔都

這裡的「隔都」與第十六章所談由教皇下令設立的「隔都」，性質和功能有相似也有相異之處。二戰時「隔都」是由蓋世太保的領導海里奇於一九三九年九月二十一日德軍入侵波蘭後，在東歐波蘭建立的。隔都是到滅絕營的中間站，包括華沙、泰雷津[49]、羅茲、里加[50]等六百多個城市，四百多萬猶太人於一九三九年至一九四五年之間被趕入隔都隔離，並由納粹成立的猶太委員會[51]負責管理秩序，並利用他們為很多德國私人企業提供廉價勞工。

戰俘營

戰俘營是由德國國軍營運，以戰俘為主。每個軍區都有幾個軍官和士官營地，並有成千上萬的戰俘子營地。戰俘以蘇聯為主，有超過三百萬蘇聯戰俘被活活餓死，另有二百萬戰俘被迫為德國戰爭的花費勞動，一九四三年之後還有六十萬義大利軍事囚犯被關在戰俘營裡。

平民強迫勞動營

平民強迫勞動營是所有集中營最大營地，整個德意志帝國有超過三萬個平民強迫勞動營。一九四二年，每星期有高達四萬蘇聯人被綁架來此；一九四四年夏天，來自歐洲二十個國家的五百七十萬平民被抓到德國，其中三成是女人，許多青少年被綁架，甚至有九歲的孩子。最多的是蘇聯工人，高達二百一十萬，還有波蘭一百七十萬人。前中共副主席朱德的女兒朱敏當初在蘇聯因健康欠佳參加夏令營療養時，德國入侵，翌日就被抓去集中營，我推測就是平民強迫勞動營。

希特勒的十二年大事年表

猶太朋友史帝夫的祖父年輕時愛和非猶太女孩聊天，不被嚴謹正統猶太教的家人所認同，就把他送到美國。後來史帝夫的祖父母在美國結婚，生下他的姑姑和爸爸後，祖母就過世了，祖父將年幼的子女送回斯洛伐克家鄉給姊姊照料。一九三八年，史帝夫的祖父看到局勢不對，特地回到斯洛伐克要帶兩個孩子回美國，但他的家人說沒有人會那麼壞，希特勒不可能真的殲滅猶太人。幸而史帝夫的祖父堅持把孩子帶回來，留在斯洛伐克的家人後來都在集中營死掉了。顯示從一九三三年到一九四五年之間，在希特勒掌權下，沒有逃離歐洲的猶太人就難逃死路一條。

人不能超越的一個是時間，另一個是空間。時空構成歷史，而我們無法抹滅歷史。我們看到希特勒上任的大事年表就能恍然大悟，但這也許是事後諸葛亮。

一九三三年 風雨欲來

一月三十日德國總統馮・興登堡[52]任命希特勒為總理，不到兩個月，他就在慕尼黑附近小村莊達豪啟用第一個官方集中營。四月一日，抵制猶太商店和猶太生意。四月七日，立法禁止猶太人從事公務員、大學和國家職位。四月二十六日，蓋世太保（祕密國家警察）設立。五月十日，焚燒猶太人、政治異議人士及其他未經國家批准的書。七月十四日，立法不准東歐猶太人成為德國公民。

希特勒第一年就如此大張旗鼓要斷絕猶太人的生路。第一個集中營關的不是猶太人，而是反對他的德國人，如那些不掛納粹旗子的市長，不向他敬禮、不接機、不逢迎、不和他站在同一線的德國政治人士。從這裡可看出，希特勒是相當獨裁的人。

一九三四年 希特勒忘恩負義

八月二日，希特勒自稱帝國領袖和總理，武裝部隊必須宣誓效忠他，總統顯然被他踢掉了。

一九三五年 希特勒定義「猶太人」

五月三十一日，希特勒禁止猶太人在武裝部隊服役。九月十五日，「紐倫堡法案」制定了第一部反猶太種族法；猶太人不再是德國公民，不能和雅利安人結婚，也不能懸掛德國國旗。十一月十五日，德國定義了「猶太人」，任何有三個猶太祖父母或有兩個猶太祖父母的人，就是猶太人。

一九三六年 兩個軸心國

三月三日，禁止猶太醫生在德國機構行醫。三月七日，德國人進入萊茵蘭[53]。六月十七日，黨衛隊主任任命德國警察局長。七月十二日，薩克森豪森集中營啟用。十二月十二日，希特勒和義大利墨索里尼組成柏林和羅馬「軸心國」。

一九三七年 一個不算多

七月十五日，布痕瓦德集中營啟用。

一九三八年 烏雲密布

三月十三日，奧地利成立反猶主義法令且立即實施。四月二十六日，猶太人在帝國境內所有財產都得強制登記。五月，弗洛森堡集中營啟用。七月六日，埃維昂會議在法國舉行，討論猶太難民問題。八月一日，「納粹劊子手」阿道夫．艾希曼在維也納設立猶太移民辦公室，以加快強迫移民的步伐。八月三日，德國軸心國盟友義大利頒布了徹底的反猶主義法律。八月八日，毛特豪森集中營在奧地利啟用。九月三十日，慕尼黑會議決定，英國和法國同意德國占領前捷克斯洛伐克的蘇臺德蘭。十月五日，根據瑞士的要求，德國人用大號字母「J」標記所有猶太護照，以限制猶太人移民到瑞士。十月二十八日，一萬七千名住在德國的波蘭猶太人被驅逐出境，波蘭人拒絕承認他們；八千人被困在波蘭邊境茲邦申村莊[54]。十一月七日，德國難民營出生的波蘭裔猶太人格林斯潘[55]在巴黎暗殺德國外交官馮．拉斯[56]，此事件被納粹用來發動十一月九日至十日的「水晶之夜[57]」——德國、奧地利和蘇臺德地區的反猶太大屠殺，二百座猶太會堂被毀，七千五百家猶太商店被洗劫一空，三萬名猶太男性被逮捕到達豪、布痕瓦德和薩克森豪森三個集中營。十一月十二日，法令強迫所有猶太人將零售業務轉移到雅利安人手上。十一月十五日，所有猶太學生被德國學校開除。十二月十二日，「水晶之夜」期間，德國猶太人因財產破壞而被強徵十億美元罰款。

一九三九年 二戰爆發

一月三十日，希特勒在德國國會大廈發表演講：「如果戰爭爆發，將意味著歐洲猶太人的滅絕。」三月十五日，德國人占領捷克斯洛伐克。五月十八日，拉文斯布呂克集中營啟用。八月二十三日，簽署

《德蘇互不侵犯條約》。九月一日，第二次世界大戰開始，德國入侵波蘭，幾個星期內，納粹殺害了一萬六千三百三十六名平民，至少有五千名受害者是猶太人。九月二十一日，曾任黨衛隊上級集團領袖及警察上將、國安部部長、負責管轄蓋世太保的海德里希發布命令，要在德國占領的波蘭建立隔都。十月十二日，德國將奧地利和捷克猶太人驅逐到波蘭。十月二十八日，在波蘭彼得庫夫特雷布納爾斯基城[58]建立第一個猶太人隔都。十一月二十三日，被德國占領的波蘭猶太人被迫配戴臂帶或黃星標誌。

一九四〇年 封鎖「隔都」三個軸心國

四月九日，德國占領丹麥和挪威南部。五月七日，羅茲的隔都封鎖，十六萬五千人不能出來。五月十日，德國入侵荷蘭、比利時、盧森堡和法國。五月二十日，在奧斯威辛建立集中營。六月四日，德國漢堡的諾因加默集中營[59]啟用。六月二十二日，法國投降。八月八日，德國對英國戰爭開始。九月二十日，布倫東克集中營[60]在比利時啟用。九月二十七日，義大利、德國、日本成為軸心國，以對抗「同盟國」。十一月十六日，封鎖華沙猶太人隔都，五十萬人不得進出。

一九四一年 狂風暴雨

一月二十一日至二十六日，羅馬尼亞的反猶太騷亂，數百名猶太人被屠殺。二月一日，德國開始圍攻波蘭猶太人，並將他們轉移到華沙猶太隔都。一月至六月期間，隔都有一萬名猶太人死於饑餓。三月，艾希曼被任命為帝國安全總部猶太事務部門負責人。四月六日，德國襲擊南斯拉夫和希臘，兩國成為納粹的囊中物。四月二十一日，納茨維勒－斯特魯托夫集中營[61]在法國啟用。六月二十二日，德國入侵蘇聯。七月三十一日，希特勒接班人、德國空軍總司令、蓋世太保首長戈林[62]任命海里奇實施「最終解決方案」。七月至八月，數十萬俄羅斯人和猶太人在被占領土上被滅絕小隊殺害，如五千二百名猶太人在波蘭比亞維斯托克[63]被謀殺，在白俄羅斯首都明斯克[64]有二千名猶太人遇害，在維爾紐斯遇害的五千名猶太人，在白俄羅斯的布列斯特[65]殺了五千名猶太人，在烏克蘭的塔爾諾波爾有五千名猶太人罹難，在烏克蘭佐洛喬夫[66]有三千五百名猶太人被謀殺，一萬一千名猶太人在白俄羅斯北部平斯克[67]遇害，一萬四千名猶太人在烏克蘭西部的卡緬涅茨[68]和俄羅斯的波多利斯克[69]被謀殺，在摩爾多瓦的首都基西紐[70]謀殺了一萬二千二百八十七名猶太人。

俄羅斯納粹分子發動了數百起屠殺事件，一九四一年七月至十月期間在比薩拉比亞殺害了十四萬名猶太人。秋季，貝烏熱茨滅絕營啟用。九月二十八日至二十九日，三萬四千名猶太人在基輔郊外的娘子谷[71]被屠殺。

十月，建立奧斯威辛滅絕營以消滅猶太人，吉普賽人、波蘭人、俄羅斯人和其他不同種族的人也被謀殺。十二月七日，日本偷襲珍珠港。十二月八日，海烏姆諾滅絕營開始運作，截至一九四三年四月，有三十四萬猶太人、二萬名波蘭人和捷克人被殺害。十二月十一日，美國向日本和德國宣戰。

一九四二年 格殺勿論

一月二十日，柏林萬湖會議[72]，海里奇描述謀殺歐洲猶太人計畫。三月十七日，貝烏熱茨滅絕營開始屠殺，到年底有六十萬猶太人被謀殺。五月，索比布爾滅絕營的殺戮中心開始用氣體屠殺，到隔年十月有二十五萬猶太人被謀殺。六月，在白俄羅斯和波羅的海國家的森林中建立猶太黨派單位，負責猶太事務。七月二十二日，德國建立特雷布林卡滅絕營。夏季驅逐猶太人到比利時、克羅埃西亞、法國、荷蘭和波蘭的殺戮中心，猶太人在白俄羅斯的克列茨克[73]、密爾[74]、拉奇巴[75]和烏克蘭的克列梅涅茨[76]和烏克蘭的圖欽[77]

進行武裝抵抗。冬季將德國、希臘和挪威的猶太人驅逐到殺戮中心。

一九四三年 暴風雨狂狂狂

一月，德國第六軍在史達林格勒投降。三月，克拉科夫隔都清算猶太人。四月，前戰俘營貝爾根－貝爾森受黨衛軍控制。四月十九日，華沙隔都起義，德國人試圖清算猶太居民，猶太地下組織對抗納粹直到六月初。六月，納粹黨衛軍首領、對六百萬人大屠殺和戰爭罪行負有主要責任的希姆萊命令清理波蘭和蘇聯的所有隔都。夏季，猶太人在波蘭本津[78]、比亞維斯托克[79]、琴斯托霍瓦[80]、塔爾努夫[81]和烏克蘭的利維夫隔都進行武裝抵抗。秋季，在明斯克、維爾紐斯和里加清理大型隔都。十月十四日，索比布爾滅絕營武裝起義。十月至十一月，猶太組織拯救丹麥猶太人。

一九四四年 死亡之旅，盟軍反攻

三月十九日，德國占領匈牙利。五月十五日，納粹開始驅逐匈牙利猶太人，到六月二十七日，三十八萬人被送往奧斯威辛集中營。六月六日，D日，盟軍攻入諾曼第。春夏季，紅軍擊退納粹勢力。七月二十日，一群德國軍官企圖暗殺希特勒。七月二十四日，俄羅斯人解放了波蘭盧布林附近的馬伊達內克集中營。十月七日，奧斯威辛集中營叛亂分子起義，一個火葬場被炸毀。十一月，最後一批猶太人從泰雷津被驅逐到奧斯威辛集中營。十一月八日，大約四萬名猶太人從匈牙利布達佩斯到奧地利的死亡之旅[82]開始。

一九四五年 希特勒自殺，集中營解放，二戰終結

一月十七日，疏散奧斯威辛集中營，死亡之旅開始。一月二十五日，波蘭施圖特霍夫集中營[83]囚犯展開死亡之旅，該營以人體脂肪提煉肥皂的試驗聞名。四月六日至十日，布痕瓦德集中營囚犯的死亡之旅。四月八日，布痕瓦德集中營解放。四月十五日，貝爾根－貝爾森集中營解放。四月二十二日，薩克森豪森集中營解放。四月二十三日，弗洛森堡集中營解放。四月二十九日，達豪集中營解放。四月三十日，希特勒自殺，解放了拉文斯布呂克集中營。五月七日，毛特豪森集中營解放。五月八日，第二次世界大戰歐戰勝利紀念日（V-E日），德國投降，第三帝國結束。八月六日，美國原子彈轟炸日本廣島。八月九日，美國原子彈轟炸日本長崎。八月十五日，第二次世界大戰對日戰爭勝利紀念日（V-J日）。九月二日，日本投降，第二次世界大戰結束。

以上表資料來源：猶太家譜組織[84]。

---

1 Heinrich Luitpold Himmler
2 Robert Payne
3 *The Life and Death of Adolf Hitler*
4 https://www.zwangsarbeit-archiv.de/en/zwangsarbeit/erfahrungen/lager/index.html
5 Forced Labor，一九三九年～一九四五年。
6 Fern Universitat
7 Digital Humanities Prize
8 Extermination Camps
9 Concentration Camps
10 Concentration Camp Subcamps
11 Work Education Camps
12 Prisoner-of-war Camps
13 Civilian Forced Labor Camps
14 יד ושם Yad Vashem，https://www.yadvashem.org/holocaust/about/final-solution/death-camps.html#narrative_info
15 Auschwitz-Birkenau
16 Treblinka
17 Sobibor
18 Chelmno
19 Belzec
20 Majdanek

21 Lodz
22 Topf & Sons
23 Korin GmbH
24 *Every Day Remembrance Day*
25 Cyla
26 Leviv
27 Janowska concentration camp
28 Krakow-P?aszow concentration camp
29 Gross-Rosen concentration camp
30 Chemnitz
31 Buchenwald Concentration camp
32 Mauthausen-Gusen concentration camp
33 Adolf Eichmann
34 Franz Stangle
35 Josef Mengele
36 Kalus Barbie
37 Jewish Historical Documentary Center in Linz
38 the Documentation Centre of the Association of Jewish Victims of the Nazi Regime in Vienna
39 Dachau
40 Sachsenhausen
41 Ravensbruck
42 Halske
43 Elise Rivet・Elisabeth de Rothschild
44 Anne de Bauffremont-Courtenay
45 Milena Jesenska
46 Corrie ten Boom
47 *The Hiding Place*
48 Karolina Lanckoronska
49 Theresienstad
50 Riga
51 Judenrate
52 President Von Hindenburg
53 Rheinland
54 Zbaszyn
55 Herschel Grynszpan
56 Ernst vom Rath
57 Kristallnacht
58 Piotrkow
59 Neuengamme
60 Breendonck
61 Natzweiler-Struthof
62 Hermann W. Goring
63 Byalistok
64 Minsk
65 Brest-Litovsk
66 Zloczow
67 Pinsk
68 Kamenets
69 Podolsk
70 Kishinev
71 Babi Yar
72 Wannsee Conference
73 Kletzk

74 Mir
75 Lachva
76 Kremenets
77 Tuchin
78 Bedzin
79 Bialystok
80 Czestochowa

81 Tarnow
82 死亡之旅是在嚴寒的冬天衣著單薄、缺乏食物下長途跋涉，從一個國家走到另一個國家，很多人承受不住饑寒交迫和疲憊，生病而死在途中。
83 Stutthof
84 Jewish Genealogy Org，https://www.jewishgen.org/。

第十九章

猶太小孩躲貓貓

希特勒的種族論

納粹領導人希特勒於一九三三年崛起，一九四五年二戰結束，畏罪自殺。在二戰和大屠殺的十二年間，粗估共奪走了四千萬人的生命，包括六百萬猶太人。

希特勒將人種分為多等，第一等是北歐的雅利安人，第二等是日耳曼人，第三等是義大利的亞平寧人，第四等是印度雅利安人，第五等是中國和日本的「蒙古利亞人」，和斯拉夫人及黑人並列，最劣等的是猶太人。二戰期間，因日本和德國結盟為軸心國，希特勒特地將日本人升等為「榮譽雅利安人」。

希特勒只鍾情於雅利安人，猶太人想在二戰期間存活，就得想辦法拿到假的雅利安人身分證件，但危機重重，因德國警察和部隊常檢查證件，這些持有假雅利安人身分的猶太人冒的風險極大。希特勒主張種族清洗，要滅絕猶太人。

一九三三年一月希特勒成為德國總理，開始制定政策剝奪、隔離和迫害猶太人，也支持極端德國民族主義和反猶主義。同年五月猶太作家和非德國作家的作品在柏林歌劇院公開焚燒。德國企業不再為猶太人服務，一九三五年九月紐倫堡法庭規定，只有雅利安人才是德國公民。希特勒逐漸剝奪猶太人的人權，先不准他們擔任公職，再限制職業，又抵制猶太人的企業。

納粹對猶太人的非暴力抵制在一九三八年十一月九日到十日的「水晶之夜」變調，那是由希特勒口中「鐵石心腸」、納粹菁英中最令人恐懼的劊子手海德里希執行的計畫。那一夜是猶太人的恐怖之夜，納粹焚燒猶太會堂、毀壞猶太人的家、學校和企業，殺死一百個猶太人；隨後逮捕了三萬個猶太人，並將他們送入集中營。從那時起，猶太人的處境不斷惡化。

一九四一年，希特勒決定對猶太人進行系統的大屠殺。同年六月，納粹流動殺戮小組跟隨德軍進入蘇聯，到年底的六個月之間，殺害了一百萬猶太男女老幼。十二月，波蘭總督府內爾河畔的海烏姆諾[1]殺戮中心開始運作，實際上就是滅絕營。一九四二年，納粹建立了五個死亡集中營，以消滅歐洲猶太人。

一九四三年三月開始，德國祕密國家警察蓋世太保以告密躲藏的猶太人做為交換條件，批准部分猶太人免於驅逐出境。到一九四五年春天，猶太告密者多達二千人，他們對其他猶太人的生命造成極大威脅。

根據中華民國駐維也納總領事何鳳山的自傳《外交生涯四十年》描述，他打電話聯絡不上已發簽證的猶太朋友，親自前往他家想祝福猶太朋友一家順利到達上海。抵達猶太朋友家時，他的太太說丈夫前一夜被抓走，下落不明。就在那時，蓋世太保又進入猶太朋友家搜索，還要逮捕何鳳山。何鳳山表明對方無權逮捕外交官，蓋世太保才悻悻然離去。

納粹把猶太人關入集中營，如最慘絕人寰的波蘭奧斯威辛集中營每天毒殺六千個猶太人。納粹謊騙猶太人，要他們脫光衣服進去洗澡，進入毒氣室後，納粹按下按鈕，成群的猶太生命就消失了。六百萬猶太人的生命就像水蒸氣，在二戰期間蒸發了。

納粹不只把猶太人關入集中營殺掉，許多種族的人都被抓進去，包括中國人。多數人以為納粹集中營只關猶太人、吉普賽人、同性戀者、體弱多病者等，沒想到不生純種德國人的女人也遭殃，希特勒把和外國男性同居或結婚的德國女人也關到集中營，認為她們生下的孩子是「汙染血緣」，而那些反對希特勒的德國人和外國人的下場同樣是到集中營報到。

根據鳳凰歷史網報導，有位新華社記者在二〇〇五年採訪了三個集中營，包括波蘭奧斯威辛集中營、奧地利毛特豪森－古森集中營和德國布亨瓦德集中營。

這名記者採訪中國駐奧地利大使盧永華，他說：「二〇〇二年十一月，毛特豪森－古森集中營管理委員會負責人沃爾夫岡·班丟恩教授查閱集中營保留的資料時，發現了有五名中國人遇難。

波蘭奧斯威辛集中營改成的國家博物館資料顯示，蘇聯軍隊進入集中營時，有個倖存者是中國人，編號為一八一二九二，他是一九四四年四月十日被送進集中營，直到一九四五年一月被解放，但下落不明。

有些人認為希特勒和中國關係匪淺，他曾和國民黨簽下《中德祕密合約》，派遣德國人到中國訓練軍隊，以及蔣介石派遣經濟部長孔祥熙去德國拜訪，若以為這代表希特勒喜歡中國人是過度簡化了國際關係。

二戰初期，納粹並未逮捕在德國的中國人，但中德關係轉變後，一九四四年開始掃蕩中國人，唐人街及中國餐館、其他商店都被踏平。

當時中國八路軍總司令朱德的女兒朱敏也被抓到德國集中營，長達四年。她看到十歲猶太女孩被德軍砍掉一隻手，還強迫她用另一隻手挖墳坑，再把她踢下墳坑活埋；也看到許多猶太人和蘇聯人進去「洗澡」就沒再出來過。那些慘痛經驗讓她怕得不敢說話，以致終生都有說話困難症狀。這些內容都收錄在由朱敏口述的《納粹集中營的中國女孩——朱敏回憶錄》。

旅美作家余杰在〈蔣介石為何崇拜希特勒？〉[2]中說：「毫無疑問，這是歷史教育的失敗，更是華人世界長期奉行『崇拜權力，不問善惡』思維方式的結果。」他指的是新竹光復中學學生變裝秀打扮成納粹的事件，並建議華人「讀一讀美國歷史學家柯偉林[3]的專著《德國與中華民國》」，該書被學界評為中、德關係史「難以超越」的著作，談的就是蔣介石與納粹之間的關係。

北京的歷史老師袁騰飛認為二戰期間歐洲人或沉默，或者幫助納粹揪出猶太人，甚至是擔任當地的禁衛軍都不是偶然，從歐洲基督教國家在中世紀歧視迫害猶太人，一路連結到大屠殺，那是沒有斷線的一段歷史。我的倖存朋友托夏在她的《得有人活著告訴世界》中說：「納粹以提供『糖或錢』做為引誘東歐各國的人揪出猶太鄰居。很可悲的是，效果宏大。」

海峽兩岸的歷史教育顯然是不足的。如果你有心進一步了解二戰歷史，請聽聽袁騰飛的《世界大戰課》[4]，彌補所欠缺的歷史知識吧！

二戰中只有六～一一%猶太兒童倖存

二戰中，歐洲猶太成人生存率是三三%，只有六～一一%兒童倖存。在納粹眼中，兒童沒有勞動力，只會耗掉食物，因此兒童、老人及孕婦都被視為「沒用的食客」，要優先送入毒氣室。

根據猶太組織的統計，二戰期間大約有一百萬到一百五十萬兒童在毒氣室喪生。青少年也好不到哪去，根據估計，二十一萬六千個被送進奧斯威辛集中營的青少年，只有六千七百個被選中從事勞動，其餘全送入毒氣室。

據美國大屠殺紀念博物館[5]的《陰影下的生命：躲藏兒童和大屠殺》[6]展覽顯示，戰時很難找到願意幫助猶太兒童的人，有些人向猶太父母收錢藏匿他們的孩子，最後卻違背承諾。特別是缺乏人道主義者可能會將藏匿的兒童送交出去，以換取額外好處；更常見的是因壓力、痛苦和恐懼而使幫助者將猶太兒童趕出去。

有組織的機構考慮到猶太兒童和寄居家庭的安全會不斷遷移，每個猶太孩子平均被四個家庭收留過，有的甚至改變十幾次藏身之地，可見處境有多麼危險。

二〇二〇年三月起，天主教教皇庇護十二世[7]的機密檔案即將公開，屆時可能又會引起一番風波。庇護十二世於一九三九年三月二日當選為教皇，在二戰期間備受爭議，他私下幫忙猶太人，要基督教機構接納他們，但在公開場合卻保持沉默。庇護十二世於一九三五年在演講時指出，納粹是「悲慘的抄襲者用新的金屬絲裝扮舊錯誤[8]」。一九三九年在第一個教皇通諭中，他對納粹入侵波蘭沮喪，並重申天主教反對種族主義和反猶太主義的教學。庇護十二世可影響的天主教徒高達四億人，而希特勒、希姆萊、海德里希等納粹劊子手都是天主教徒，前兩者還是素食主義者及愛護動物的人，但他卻沒有阻止大屠殺的發生。雖說如此，梵蒂岡在該期間藏匿了四百七十七個猶太人，而羅馬修道院也保護了四千二百三十八名猶太人，庇護十二世曾要拉丁美洲的十三個天主教國家發給猶太人緊急簽證，一九四二年~一九四四年時試圖阻止納粹在各國驅逐猶太人，一九四三年九月八日納粹入侵義大利時，給猶太人三十六小時限令交出五十公斤黃金，否則就要抓三百個猶太人當人質，梵蒂岡願意貸款十五公斤黃金，還將保加利亞六千名猶太兒童安排到巴勒斯坦，他做了不少，但爭議是做得不夠或對這樣的大屠殺太過沉默。

二戰時，成千上萬不同信仰的人和機構協助藏匿猶太兒童。德國占領的波蘭有數十個天主教修道院接納猶太年輕人；比利時天主教徒在家中、學校和孤兒院藏匿了數百名兒童；法國利尼翁河畔勒尚邦[9]及周圍的新教市民庇護了數千名猶太人；阿爾巴尼亞和南斯拉夫的一些穆斯林家庭也藏匿了猶太青少年。

躲藏的猶太孩子們得一再遷移，如《安妮日記》作者就是其中一例。冒充基督徒的猶太兒童等於是「假雅利安人」，卻沒有雅利安人的自由，必須小心翼翼地對好奇的鄰居、同學、告密者、勒索者和警察隱藏猶太身分，即使語言或行為的輕微暴露也可能使他們和幫助者面臨危險。

躲在酒窖和閣樓的孩子們得保持安靜，甚至數小時維持不動。在農村地區，躲藏的孩子住在穀倉、雞舍和森林小屋裡。任何交談聲、腳步聲都可能引起鄰居的懷疑，甚至引來警方的突襲。戰亂期間，猶太兒童無法逃離，只能躲起來，缺乏人際交往的機會，忍受著無聊和恐懼。

倖存者兒童描述自己：「有孩子臉孔的老人，沒有一絲喜悅、幸福或幼稚的天真。」躲藏在比利時的猶太孩子胡立茲[10]說：「我和媽媽分開了。媽媽對我而言，毫無意義！」他們的心靈創傷有如碎裂一地的玻璃。

戰後，那些藏匿或安置在寄養家庭的孩子，已習慣寄養家庭的生活，倖存的父母找到他們時，有些孩子不肯與父母回家，甚至排斥猶太人身分。有的寄養父母也會和猶太父母爭奪撫養權，而從嬰兒開始被寄養的孩子們，更是只認得寄養父母，不認識親生父母。

即便如此，在猶太人最苦難的時期，有成千上萬的人無條件地給予幫助，成為猶太兒童的寄養家庭或搶救他們的生命，仍然非常值得尊敬。

搶救兒童的難民火車

納粹大屠殺猶太人之前，德國水晶之夜之後，英國政府同情兒童，特地成立了「難民兒童運動」[11]專案，由猶太人和非猶太人共同組成，於一九三八年到一九四〇年，從納粹占領的歐洲各國用火車運送了一萬個孩子到英國，其中有七千五百個猶太兒童。

一九一二年在英國出生的舍恩菲爾德博士拉比[12]是組織「難民兒童運動」的關鍵人，他幫助三千五百個猶太人（包括一千個小孩）來英國，並在戰後安排他們離開歐洲。

以色列[13]是德國猶太商人，他的家族企業被納粹奪去，二戰時積極與英國接洽，提出讓猶太人移民英國的幾個提案都被拒絕，唯一被接受的是讓八千個年輕人移民。後來他轉戰「難民兒童運動」組織，拯救了七百個孩子。以色列於一九四三年六月一日結束從倫敦飛往里斯本參加巴勒斯坦會議後，回程在英國航空上被德國擊落身亡。

觀看紀錄片《擁抱陌生人》[14]，我內心的震撼久久不能平息。片中把納粹占領歐洲地區的猶太小孩送上火車去英國，他們和父母分離時，緊緊地抱著行李，凝聽父母殷切的叮嚀。

猶太父母做出把年幼孩子送往英國的決定並不容易，有人認為孩子太小，怎麼能離開父母，最後他們都明瞭讓孩子離開才能保住生命，而活著就是希望。

有的猶太父母懇求孩子抵達英國後，一定要設法搶救父母離開納粹的地盤。一個名叫亞蘭德[15]的女孩挨家挨戶按門鈴，最後有一戶人家答應聘雇她的媽媽幫傭、爸爸當園丁，「我真不敢相信，我終於可以把爸爸、媽媽從德國救出來。」

還有個男孩獨自搭火車到倫敦找叔公，請求把父母救出來。他的叔公說：「我沒辦法，需要有工作證才行。」男孩就去敲猶太巨富羅斯柴爾德男爵[16]家的大門。羅斯柴爾德男爵提供男孩的父母在養雞農場的工作證，終於把父母救出來了。

還有猶太孩子努力為兄弟姊妹在英國找寄養家庭，以便手足得以活命。而多數被送到英國的猶太孩子從此沒有機會和父母再見一面，因為父母都被抓去集中營了。

猶太孩子的行李箱內，有《妥拉》和家人相片。當年才八歲的男孩柯斯查蘭德[17]來自巴伐利亞，他的爸爸在《妥拉》第一頁用意第緒語寫著：「記住你離開家的那一天，上帝保佑你一路平安。」那本《妥拉》已經被翻爛了，精裝封面和內頁分離，年邁的柯斯查蘭德翻開當年帶著離開的《希伯來聖經》，不勝唏噓。

訪談當年被送到英國的猶太孩子的紀錄片《安全之旅：搶救孩子的記憶》[18]及《搶救孩子》[19]值得觀看，片中提到超過一百二十萬猶太孩子在納粹大屠殺中喪生。

一九三八年十二月二日，第一批從柏林出發的是兩百個猶太孤兒院的孩子，他們的家在「水晶之夜」被毀。當火車抵達德國和荷蘭的邊界，禁衛隊上車從行李掏出包裝精緻的衣服和玩具檢查時，孩子們驚恐地尖叫，可見已被納粹驚嚇到看到軍服的人就害怕。

二戰結束後，「難民兒童運動」專案的孩子們與闊別多年的父母相見，因分別時年紀小，有些不認得父母，有些和父母語言不通了，相處並不容易。有些孩子從上了火車那一刻，就沒再與父母見過面。

搶救孩子的英雄

歐洲有歧視猶太人的傳統，導致發生大屠殺發生，但二戰時不是所有歐洲基督徒都對猶太人面臨的悲慘袖手旁觀或視而不見。普世價值在人性中仍有如陰暗中的陽光，照亮這個世界。

一九五三年以色列大屠殺紀念館成立後，確認了二萬六千九百七十三位在二戰期間幫助猶太人逃命的英雄[20]。

除了前述的中國何鳳山和日本杉原千畝外，辛德勒救了不少猶太人，透過電影《辛德勒的名單》為世人所知；瑞典外交官華倫堡[21]和同事提供外交通行證讓十萬個匈牙利猶太人逃離；瑞士外交官盧茨[22]拯救了匈牙利布達佩斯一半的猶太人口，他用瑞士官方文件從往德國和奧地利的隊伍中，搶救出猶太人；葡萄牙外交官門德斯[23]於一九四〇年拚命簽發了三萬多張葡萄牙簽證給逃離納粹的猶太人；瑞士警察局長格林寧[24]於一九三八年至一九三九年在三千多個逃離奧地利的猶太難民的文件上變造日期，以表明他們在合法入境的時間已進入瑞士；保加利亞國會的派斯夫[25]阻止國家驅逐四萬八千個猶太人。

大屠殺猶太兒童時，一九三三年～一九四五年，納粹有一個「生命之泉」[26]計畫，要生出金髮藍眼的小孩，並對納粹忠誠，該計畫由希姆萊負責，共生了兩萬個「生命之泉」孩子。做法是安排金髮藍眼的雅利安女人和黨衛隊軍官上床交合，而那些軍官有家庭，希姆萊對他們說，這不是外遇，這是為國家繁殖「德國大師」。六〇%被選中的女人未婚，因未婚生子在當時是羞恥，那些女孩都騙父母受訓去了。

英國口述歷史作家米爾頓[27]的著作《引人入勝的歷史註腳》[28]中訪問了其中一位德國女孩特魯茲[29]，她從一群黨衛隊軍官選了一個後，對方和她上床三個晚上，其他晚上他得和其他女孩上床，有如種豬。那些女人經過「生命之泉」的醫生嚴格檢查家庭背景及是否有遺傳病，並簽下放棄孩子的契約。特魯茲懷孕後就被安排到待產之家，孩子生下兩週後就帶離母親，從此不相見。他們都是匿名方式，孩子在安排領養時出生登記的資料全毀。

二〇一三年有些「生命之泉孩子」[30]公開面世，包括海尼克[31]和魏許[32]。即便出生資料被毀，他們一路追蹤自己的出生，找到來自「生命之泉之家」，後來繼續找尋生父生母，海尼克找到他的爸爸是納粹合唱團導演，媽媽是挪威歌手，魏許也找到媽媽。

希特勒對種族如此偏執，一方面殺猶太小孩，另一方面卻花大錢在古堡搞雅利安種男、種女雜交生雅利安孩子，試圖控制人類，非常可悲。

以下的辛德勒們不分男女、貧富、職業、種族或宗教，堅持冒著生命危險「做對的事情」。

波蘭：搶救二千五百個小孩的森德勒

一九三九年，波蘭有將近一百萬個猶太兒童，戰後只有五千名存活下來。森德勒[33]有「女性辛德勒」之譽，她是波蘭的社工，共拯救了二千五百個猶太小孩，等於波蘭倖存兒童的半數，她和同事偽造了三千份假名證件給猶太人逃難。

一九四三年，森德勒加入營救猶太人的地下組織賽格達[34]，以假名擔任猶太兒童的負責人。她在社福部門工作，有權進入華沙的「隔都」，隔都有納粹士兵站崗，他們怕被感染斑疹傷寒致死，因此會讓醫生進去檢查和治療兒童。森德勒趁機偷渡食物、藥品和衣服進去，離開時再利用救護車和電車把猶太嬰兒和小孩帶出來，逼不得已時，甚至把兒童裝入手提箱帶離隔都。

有些孩子被帶出來後，森德勒將他們分散到不同的賽格達朋友家，或者安置在波蘭基督徒家庭，有些被送去華盛頓聖母瑪利亞修道院、天主教修道院或華沙孤兒院。

森德勒為孩子們取基督徒名字、教他們基督徒祈禱文，以防被測試曝光，是否會背誦祈禱文就是生與死的距離。她的最終目標是戰爭結束後將這些孩子送回家，因此仔細地記錄孩子們原來的名字和新名字，以及他們的棲身之處。森德勒將這些名單放在罐子裡，並埋在地下。

一九四二年七月，納粹進行「大行動計畫」，有系統地圍捕華沙的猶太人，把他們送上前往集中營的死亡火車。一九四三年底，森德勒被蓋世太保逮捕並刑求，卻誓死不洩漏任何孩子或同夥的名字和下落。森德勒要被處決時，賽格達的朋友們花錢買通蓋世太保，逃出魔掌後，森德勒改了名字。戰後，森德勒以護士身分繼續幫助猶太孩子，她要兌現承諾，把孩子們送回家，但很多父母已被送去集中營屠殺了。

二〇〇七年，森德勒接受採訪，她說爸爸教她：「若有人溺水，不用問那人是否會游泳，跳下水救人就對了。」她的爸爸是醫生，免費醫療貧困家庭，被病患感染斑疹傷寒過世時，森德勒只有七歲，那時許多猶太家庭要資助她們孤兒寡母，但她們堅持自己可以生存下去。

以色列在一九六三年頒獎給二戰時幫助猶太人的國際義人，當時波蘭在共產黨統治下，森德勒無法前往領獎，二十年後，「國際義人」的獎項終於送達她的手裡。教皇約翰．保羅二世於二〇〇三年寫信向森德勒致謝，波蘭也頒給她最高平民榮譽——白鷹獎，美國波蘭文化中心則頒給她「勇氣與心靈獎」。二〇〇八年，森德勒以九十八歲高齡辭世。

英國－捷克：搶救六百六十九個孩子的溫頓

股票交易員、愛好滑雪等各種運動、受過良好教育的溫頓[35]，在二戰期間救了六百六十九個孩子。他對自己的義舉保持沉默五十年，直到一九八八年，他的太太格雷特[36]在閣樓看到一本記事本，裡面貼了六百多個孩子的照片、名單、檔案和去處，這件事始為外界所知。

一九三八年十二月，二十九歲的溫頓準備要去瑞士滑雪，突然接到在倫敦的好朋友布列克[37]電話，要溫頓到捷克的英國難民委員會[38]找他。溫頓因此去了布拉格，布列克引薦同事瓦林納[39]和溫頓認識，並請他帶溫頓去難民營看猶太人，溫頓親眼看到了兒童的無助。

一九三八年十一月德國發生水晶之夜，溫頓驚訝於納粹對待猶太人如此暴力。溫頓原是德國猶太人，父母搬到英國第二年生下他，並將他受洗為基督徒。溫頓於一九三九年三月開始號召一小群人加入捷克斯洛伐克拯救孩子的行動。

溫頓在布拉格用英國難民委員會名義在下榻的旅館接受猶太父母的申請，成千上萬的猶太人上門為孩子登記，後來求助的猶太父母太多，改在市中心設立辦事處。溫頓做這件事不是沒有危險，納粹注意到他的舉動，特地安排美麗的間諜接近他，也許是間諜良心發現，後來自動消失了。

德國水晶之夜後，英國下議院規定要有接待家庭且每個孩子必須繳五十英磅的保證金才能入境英國。溫頓回到倫敦籌募資金和找接待家庭，他在報紙和雜誌上刊登廣告後，不但要面試寄養父母，也要去接待家庭看看環境是否符合。溫頓白天在股票市場工作，下班後就積極投入救援工作。

一九三九年三月十四日，德國占領捷克前一天，溫頓安排第一批兒童搭飛機離開布拉格，抵達倫敦。德國占領波希米亞和摩拉維亞期間，溫頓總共安排了七趟難民火車載孩子們抵達德國大西洋海岸，再轉搭渡輪到英國。最後一批兒童於一九三九年八月二日離開布拉格，救援行動在二戰爆發時德國封鎖了邊界而終止。

當年被救的兒童在紀錄片說他和四個男生在倫敦車站等到深夜仍然沒有人來接他們，有個計程車司機問：「你們餓了、渴了嗎？」五個男孩點頭，司機載他們到附近的小館子用餐，再帶他們回家。他說：「他家是只有一個房間的公寓，我們和他的家人擠在一起睡覺，窮人常常比有錢人更慷慨。」

當年只有三歲的麗莎[40]如今是英國的牙科醫生，麗莎的媽媽把她送上那列兒童難民火車後，捨不得又把她從火車上抱下來，火車快開動時，麗莎的媽媽含淚再度把她從窗戶送進車廂裡。

「一九八八年之前，我的生命只有『死亡』兩個字，我對五十年的生命由來一無所知。直到當年拯救我們的溫頓出現，我的生命才開始翻轉。」史樂辛格[41]說。

媒體安排這些被溫頓救出來的孩子們與他見面時，溫頓很欣慰看到大家，但也遺憾有二百五十個孩子因德國封鎖邊界而沒有救出來。

「看起來了不起，但我不覺得了不起。有些人天生偉大，有些人做到偉大，有的人被賜予偉大，而我就是第三種人。」溫頓被採訪時謙虛地說。

以色列前總統魏茨曼[42]寫信感謝溫頓，溫頓也成為捷克的榮譽公民。二〇〇二年，英國伊莉莎白女王頒給溫頓人道獎，還賜予溫頓爵士頭銜。

二〇一五年七月一日，溫頓以一百零六歲高齡過世。

荷蘭：偷渡六百個孩子離開阿姆斯特丹的范胡斯

一九四〇年五月德國納粹占領荷蘭時，在老師改革訓練大學[43]任教的范胡斯[44]，面臨政府縮減預算，取消老師工資補貼，逼迫學校關門大吉。原來的校長走了，范胡斯成為副校長。

學校對面原是猶太人劇院，後來變成猶太人驅逐中心，是集中猶太人的地方，集中後用火車把猶太人轉運去波蘭的集中營。驅逐中心管理人蘇思凱[45]是德國猶太人，他必須紀錄所有猶太人和被強迫送到對面日托中心孩子的名字。日托中心就在老師改革訓練大學隔壁，由白免特[46]主持，她也是猶太人。

納粹入侵荷蘭之前，荷蘭有十四萬猶太人，而一九四四年九月，十萬個猶太人被送入集中營，阿姆斯特丹風聲鶴唳，猶太人存活的機率非常小。

有一天，白免特來找范胡斯，請他允許孩子們到學校玩耍，並讓他們在一間教室休息。這些孩子都等著要送去集中營，他們兩人都知道被送到集中營的下場就是死。

范胡斯、蘇思凱和白免特從一九四二年到一九四三年成為鐵三角，由白免特說服猶太父母，讓范胡斯把孩子偷偷送走，蘇思凱在名單上塗銷被送走的孩子，讓行政作業看不出來。為了安全，不敢一次運送太多孩子，鐵三角一共偷運出六百個孩子，從嬰兒到十二歲都有。

有些老師和學生一起協助范胡斯把孩子們裝入籃子或布袋，一批批偷運出阿姆斯特丹到鄉下避難。為了避免被懷疑，他們會趁著電車通過時，由一個人負責擋住納粹警衛的視線，大家再趕緊騎腳踏車或用貨車趁機運出去。到一九四三年九月二十九日，白免特和一百個孩子同時被送去集中營，整個拯救行動軋然而止。

「人生最困難的是做決定。當有一百個、八十個或七十個孩子在你面前，而只能帶走其中十二個，你怎麼辦？我總是想為什麼不是帶走十三個？我希望可以拯救數千個孩子，卻無能為力。」范胡斯如此說。「我不想當英雄，獨占那個榮耀。那不是我一個人做的事，有許多人參與。」二〇一二年以色列總理納坦雅胡[47]訪問荷蘭時，親自拜訪范胡斯說：「我們說救一個人就是救一個宇宙，而你救了幾百個宇宙。請容我代表猶太人感謝你，也讓我代表人類感謝你。」

以色列於一九七三年頒發正義獎給范胡斯。他過世後不久，阿姆斯特丹第二三三號橋以他命名，而當年任教的老師改革訓練大學如今成為阿姆斯特丹大屠殺紀念館。二〇一八年八月二十二日，范胡斯走完一生，享年一百零七歲，他過世前仍懊悔當初怎麼沒有做更多。

法國：走私三百五十名小孩到瑞士的盧安熱

盧安熱於一九一〇年在德國史特拉斯堡（現屬於法國）[48]出生，那是德、法邊界的小鎮。一八七一年法國把史特拉斯堡割讓給德國，第一次世界大戰後，史特拉斯堡歸還給法國。盧安熱的爸爸是波蘭猶太人，媽媽是羅馬尼亞猶太人。

德國入侵法國後，一九三九年從軍的盧安熱[49]被俘並送去德國慕尼黑附近的戰俘營。幾個月後，收到妻子弗羅[50]的信說她在羅斯柴爾德男爵位於法國中部的城堡，照顧一百二十五個因二戰而流離失所的猶太孩子，已經陷入困境。盧安熱和一起被俘的表弟商量，決定逃離戰俘營回法國幫忙。

回到法國，盧安熱馬上加入「兒童援助協會ＯＳＥ」[51]的猶太組織。因希特勒消滅猶太人的計畫和法國北部被德國占領，那些孩子南遷到阿爾卑斯自由區拉布爾布爾城[52]。ＯＳＥ於一九四二年十二月在法國里昂召開會議，決議成立祕密網路，搶救拉布爾布爾的一千五百個孩子。領導的威爾醫生[53]要盧安熱負責偷渡孩子的計畫，將猶太孩子從法國邊界運送到中立國瑞士。

盧安熱阿姨的兒子、法國著名默劇大師馬歇．馬叟[54]也出生於史特拉斯堡；長得高大壯碩的盧安熱原是機械工程師，後來成為體育老師，因住兩國邊界且精通德語和法語。他利用訓練體育的專長，結合外貌的特點，「我高頭大馬，金髮藍眼，看起來不像猶太人，讓我得以在法國各地旅行並順利把孩子偷渡到瑞士。」兩人合作偷渡孩子到瑞士，馬叟更扮演默劇小丑讓孩子歡笑。

盧安熱先將妻子和兩個小孩安全送到瑞士後，並說：「我得回法國繼續營救孩子。」後來，他又偷渡了三百五十個孩子進入瑞士。被採訪時，他說自己非常幸運，從來沒有被逮到，其實除了幸運之外，主要歸功於各種靈活策略。

盧安熱在羅斯柴爾德男爵的法國城堡裡訓練孩子體能和足球，要他們快跑去幾百公尺外撿球，不但讓孩子們保持健康，同時有助於在邊界成功偷渡。在法國和瑞士邊界，盧安熱把足球往瑞士方向丟到很遠的地方，要孩子們快跑去撿球，就成功越過邊界鐵絲網跑到瑞士了。

另一個方式是帶孩子們從法國艾克斯萊班[55]搭乘三個小時火車到邊界的安訥馬斯[56]小城。安訥馬斯市長迪法特[57]介紹專業的偷渡者和盧安熱合作，把孩子走私進入瑞士。

邊界有墳墓區和城牆，盧安熱還要孩子們穿黑色衣服並披上黑色面紗，假扮成哀悼者，再攀爬掘墓人的梯子越過城牆進入瑞士。OSE有專人在瑞士接應，而孩子們的衣服腋窩處縫有他們的真實姓名及文件。

有時候，盧安熱帶著孩子們到邊界去「打球」，他們都忘記身陷險境，等入夜後，就帶孩子們遠離道路和小徑偷渡。

最危險也最刺激的一次是他帶著五十個孩子搭火車，除了先給每個孩子取法文假名，還吩咐他們不可說出「OSE」，以防曝光。他們在火車上遇到一群德國士兵，指揮官問這些孩子要去哪裡？他說孩子們住在馬賽，那裡發生了爆炸，他們要去健康營療傷。指揮官要五十個帶槍的德國士兵和孩子們一起下車，保護他們一路到接待中心。

以色列總統裴瑞斯於二〇一三年三月親自接待盧安熱，二〇一四年頒給盧安熱史特拉斯堡榮譽市民、法國抵抗軍獎章，以及二〇一六年的德意志聯邦共和國動章。二〇一八年十二月二十八日，盧安熱在巴黎過世，高齡一〇八歲。

1 Chelmno
2 《余杰觀點》蔣介石為何崇拜希特勒？ https://newtalk.tw/news/view/2017-01-04/80715
3 William C. Kirby
4 世界大戰 3：第二次世界大戰，https://www.youtube.com/watch?v=rmW0RS-44EM。
5 United States Memorial Museum
6 Life in Shadows: Hidden Children and the Holocaust，https://www.ushmm.org/exhibition/hidden-children/insideX/。
7 Pope Piux XII，1876 年～ 1958 年。
8 The Vatican & the Holocaust: Pope Pius XII & the Holocaust，https://www.jewishvirtuallibrary.org/pope-pius-xii-and-the-holocaust。
9 Le Chambon-sur-Lignon
10 Renee Fritz
11 the Kindertransport
12 Dr. Rabbi Solomon Schonfeldind
13 Wilfrid Israel
14 Into the Arms of Strangers
15 Lorraene Allard
16 Baron Rothschild
17 Bernd Koschland
18 Journeys to Safety: Memories of the Kindertransport，https://www.youtube.com/watch?v=Qduycstt9oE。
19 Kindertransport: A Journey to Life（2012）- Newsnight，https://www.youtube.com/watch?v=XqP0uVSj3bQ。
20 Rescuers of Jews during the Holocaust，https://en.wikipedia.org/wiki/Rescuers_of_Jews_during_the_Holocaust。
21 Raoul Wallenbergg
22 Carl Lutz
23 Aristides de Sousa Mendes
24 Paul Gruningerr
25 Dimitar Peshev
26 Lebensborn program
27 Giles Milton
28 Fascinating Footnotes From History
29 Hildegard Trutz
30 「生命之泉」孩子 (labensborn program)：The woman who gave birth for Hitler。https://www.historyextra.com/period/second-world-war/woman-birth-hitler-lebensborn-aryan-child-hildegard-trutz-germany/；https://www.historylearningsite.co.uk/nazi-germany/fountain-of-life/
31 Folker Heinicke
32 Hans-Ullrich Wesch
33 Irena Sendler
34 Zegota
35 Sir Nicholas Winton
36 Grete
37 Martin Blake
38 英國難民委員會於一九三八年十月成立，是蘇臺德地區被德國吞併後產生的。
39 Doreen Wariner

40 Lisa Dash-Midwinter
41 Joe Schlesinger
42 Ezer Weizman
43 the Reform Teachers Training College
44 Johan van Hulst
45 Walter Suskind，蘇思凱於一九四三年九月被逮捕並送到集中營中途之家 Westerbork，一九四五年一月死於奧斯威辛集中營。
46 Henriette Pimentel，白免特於一九四三年九月十七日被送到奧斯威辛集中營，享年六十七歲。
47 Benjamin Netanyahu
48 Stransbourg
49 Georges Loinger
50 Flore
51 Oeure de secours aux enfants, OSE s，http://www.ose-france.org/categories/quisommesnous/notre-histoire/en/。
52 La Boarboule
53 Joseph Weill
54 Marcel Marceau
55 Aix-lex-Bains
56 Annemasse
57 Jean Deffaugt

第二十章

戰後，猶太難民

逃難船被驅逐

二〇一八年十一月，加拿大帥哥總理杜魯道正式為一九三九年六月拒絕二戰前逃命到加拿大的一船猶太人道歉，他說：「我們可以做，卻拒絕他們。」由於反猶太主義盛行，加拿大雖地廣人稀，在戰後只接受五千個猶太人，英國接納了七萬個猶太人，美國則高達二十萬人。不過，和被大屠殺的六百萬猶太人數對比，還是小巫見大巫。

一九三九年六月二戰開戰前夕，「聖路易號客輪」[1]從德國漢堡出發，船上載著九百三十七個乘客，幾乎都是逃離納粹的猶太人。先到古巴首都哈瓦那，正值古巴大選，反猶太激烈，不讓猶太人下船，有些乘客絕望到要自殺，幾經猶太組織斡旋協商仍以失敗告終。後來船離開哈瓦那抵達美國邁阿密時，也因美國人反猶太，小羅斯福總統不接受他們入境，這艘命運乖舛的船只得開到加拿大，同樣被拒絕入境。根據《紐約時報》指出，阿根廷、烏拉圭、巴拉圭和巴拿馬都拒絕聖路易號客輪的猶太人入境。沒有一個國家的門為逃難者打開，他們到哪裡都不被接受，只好開回歐洲，在猶太組織的努力下，船上的猶太乘客最後只能分批在英國、比利時、法國和荷蘭下船，沒人回德國。不幸的是，第二年因德國入侵法、比、荷，這些人有二百五十四人死於集中營。

這批猶太人為逃命而搭船離開德國，卻因基督教或天主教國家反猶太而被拒絕，電影《苦海餘生》[2]就是根據聖路易號客輪而拍。

戰後，猶太倖存者仍不斷遇到被拒絕的窘境。一九四七年七月十一日，有一艘「出埃及記」[3]載了四千五百一十五個猶太倖存者，包括六百五十五個兒童，從法國馬賽附近的賽特港[4]出發，要移民去巴勒斯坦。當這艘船離開法國領海時，英國就意識到這艘船的目的地是巴勒斯坦，而從一戰後期至一九四八年止，巴勒斯坦由國際聯盟委託英國暫時統治，因此英國的驅逐艦就尾隨「出埃及記」。七月十八日，出埃及記在巴勒斯坦海岸附近（還在領海外），遭到英國驅逐艦撞擊，驅逐艦的軍官上船「整頓」，猶太移民擔心、絕望地防禦和對峙。美國志願者伯恩斯坦[5]在駕駛室被毆打致死，兩名乘客成為槍下亡魂，並有幾十人受傷。

為避免進一步流血事件，船長哈雷[6]和阿羅諾特[7]只能投降。英國驅逐艦把出埃及記拖到巴勒斯坦北部港口海法，為杜絕將來再有逃難船到巴勒斯坦，英國將出埃及記船上的乘客分別帶上三艘船，運回法國南部波爾德布克港[8]。船抵達法國時，雙方對峙了二十四天，乘客寧可忍受船上七月的豔陽、擁擠、短缺的水和食物而拒絕下船。英國無計可施，八月二十二日決定將倖存者送回德國，由於猶太人才被德國大屠殺了六百萬人，此舉引發國際抨擊，認為倖存的猶太人和敗戰的德國人必將廝殺一番，情何以堪！迫不得已，英國勉為其難把倖存者運送到由英國監管、位於地中海、緊鄰土耳其和希臘的賽普勒斯拘留營，那裡已監禁一些二戰時因逃離納粹違法移民的猶太人。

出埃及記的事件成為美國作家尤里斯[9]的同名小說，也拍成電影。當時八歲的伊塔馬[10]身歷其境，他於二〇〇七年以這個經驗寫成《迷霧》[11]一書。書中寫道：「聽到爆炸聲和槍聲，當英國驅逐艦撞擊倒我們的船時，感覺到顛簸和震動。催淚瓦斯穿透內層甲板，我爸爸拿出一些手帕到食堂裡沾水給我們……抽搐變得愈來愈頻繁，更多催淚瓦斯穿透船、更多射擊。突然間，我們看到人們的血液流向甲板。」

二戰結束後，猶太人的處境並未因戰爭結束而改善，他們仍然四面楚歌。因為西方和東方國家都拒絕接納猶太人，以致大屠殺倖存者和躲在各地的猶太人流離失所。至於中國，二戰結束之後就是國共內戰，戰前和戰時逃難到上海的猶太人紛紛離開。二戰結束後三年，歐洲仍有許多猶太難民無處可去。

戰後為猶太難民找久居或可容身的國家，不僅成為聯合國的重大責任，也是舉世責無旁貸的義務，因為二戰是世界的悲劇，需由整個世界共同承擔。以下是聯合國的行動：

聯合國的國際難民組織於一九四六年十二月成立，有以下四個任務：(1)處理流離失所的難民面對的國際迫害問題；(2)德國和日本兩國應該支付占領國家重新安置流離失所者的費用；(3)協助難民尋找戰時失散的親人；(4)自一九四八年開始運作此一任務。

國際難民組織共有五十四個國家簽約，美國負擔四〇%的管理費和四六%的營運費用。緊接著，一九五一年針對二戰中流離失所的猶太難民，共有一百四十五個國家簽署聯合國的《難民地位公約》，美國有自己的移民制度，並未簽署。

《難民地位公約》的定義是「由於有充分理由擔心因種族、宗教、國籍、特定團體或社會團體或政治異議而受到迫害的人不在其國籍境內，並因這種恐懼而不能或不願利用該國的保護，或由於這事件而沒有國籍或不願回歸該國的人。」

一九六七年，聯合國把《難民地位公約》擴大為保護全世界難民的《難民議定書》，共有一百四十六個國家簽署，美國因移民制度將難民和移民分開，也簽署了《難民議定書》。

現在讓我們來看看，二戰前後，猶太難民逃到哪裡去了。

美國

美國在二戰時對歐洲移民的接受度並不高，當時美國的移民法律和難民移民法律綁在一起，要移民美國必須找財務擔保人，本來只要一位，後來改成兩位，再加上一九四一年七月，美國關閉在納粹占領區的領事館，等於斷絕了猶太人在二戰期間移民美國的希望。

一九四五年，美國蓋洛普民意調查，只有五%的美國人願意接受比戰前更多的歐洲移民。即便納粹大屠殺的影片四處播放，美國人仍持續反對增加。直到一九四五年十二月二十二日，美國總統杜魯門宣布在現有的配合制度下，移民將獲得美簽的優先權，才有三萬五千到四萬人移入美國，這些移民大多是猶太難民。

如今美國已是世界上最多猶太人的國家，從拒絕猶太人到接受並支持猶太人，關鍵人物是杜魯門總統。根據華盛頓國際關係研究員沙梅特[12]發表在《華盛頓猶太週刊》[13]的〈杜魯門和猶太關係：錯綜複雜的傳統〉[14]中提到：「杜魯門個性難以捉摸，私底下嘲弄猶太人，曾短暫擔任杜魯門政府財政部長的猶太人摩根索[15]的日記中曾記錄杜魯門覺得猶太人很自私。」除了杜魯門反猶太人的言論持續曝光，他的太太貝絲也非常歧視猶太人，從不允許猶太人進入他們家。

但一九四八年五月當以色列國父本－古里昂[16]宣布以色列獨立時，十一分鐘後，杜魯門就承認了以色列獨立建國。當時美國國務院擔心杜魯門此舉將使石油產量豐富的阿拉伯國家抵制美國而減少供給石油，然而，杜魯門卻當機立斷且不顧國務院的擔憂，立刻擁抱以色列，之後，以色列也成為杜魯門反蘇政策在中東地區最堅定的力量。

因為杜魯門的關係，美國接下來的歷任總統，包括艾森豪、甘迺迪、詹森和尼克森都和以色列建立鞏固關係。一九四八年總統大選中，杜魯門得到七五%的猶太選票，主要是杜魯門在美國民眾劇烈反對下，仍支持猶太難民，為他們打開求生之門。杜魯門個人排斥猶太人，但在公共方面則擁抱猶太人，可說是公私分明的人。時至今日，美國猶太人選舉時投票仍以民主黨為主，共和黨居次。

二戰結束三年後，仍有許多猶太難民無處可去。一九四八年，杜魯門在國情咨文中，主張「適當的立法，以便這個國家可以照顧所有信仰的無家可歸者和受苦的難民，我相信接受這些人將增加國家的力量」。同年，美國針對大屠殺倖存的猶太人以及逃離蘇聯控制的人，訂立《流離失所者法》[17]，杜魯門並由國會拿到錢安置《流離失所者法》的難民。該法案授權讓二十萬名歐洲流離失所者永久居留在美國，後來又額外增加二千名孤兒配額。

杜魯門強烈支持所有移民法案，但也強烈反對法案的具體細節，例如蘇聯猶太人和波蘭猶太人若沒有在一九四五年十二月二十二日前抵達德國、義大利或奧地利，就被排除在《流離失所者法》外，只因他們不是二戰後的流離失所者，而是逃離共產黨的猶太人。針對此，美國國會在一九五〇年修改了《流離失所者法》，授權四十萬七百四十四份簽證，包括前兩年的十七萬二千二百三十份簽證，並取消了地理和時間上對猶太人的限制。因此，二戰後，美國成為接受最多歐洲猶太難民的國家。

以色列

兩個西方列強英國和美國在二戰後各為自己的利益打算，都不將猶太人視為一個國體，因此，英國不允許倖存的猶太人進入其託管地的巴勒斯坦。被大屠殺六百萬人後，猶太流離失所營內錫安主義充斥著猶太復國的思潮和行動，尤其是後來成為以色列國父和開國總統的本－古里昂於一九四五年十月訪問流離失所營時，更掀起猶太復國主義的高潮，他們進而要求英國開放巴勒斯坦讓猶太倖存者入境。

美國方面，杜魯門派遣賓州大學哈里森教授到不同的流離失所營調查做成《哈里森報告》出爐後，美國才開始視猶太人是一個單獨的國家群體。哈里森在報告中用戲劇性語言說：「就目前情況而言，我們似乎和納粹都是針對猶太人，只是我們不消滅他們。猶太人大量在我們的軍隊後方（指的是流離失所營）而非黨衛隊的集中營。人們想知道德國人民是否認為我們是追隨或至少是寬恕納粹的政策。」

這份報告中最重要的是承認猶太人是一個分治的單獨國家類別，隨後美國流離所就因這份報告而任命「猶太事務顧問」來處理猶太倖存者事務。《哈里森報告》是美國對猶太人立國態度轉折的分水嶺，美國的態度轉變後，才有之後聯合國投票以色列是否建國的行動。

聯合國大會於一九四七年十一月底通過〈分治決議〉，就是著名的「以巴分治」決議，也是第十五章提到的「聯合國大會第一八一號決議」，將巴勒斯坦分割成猶太國和阿拉伯，聯合國五大常任理事國除了美國和蘇聯投贊成票，英國、法國和中華民國都棄權，中華民國因國共內戰，無力顧及國際事務，只求不得罪他國，因此投了棄權票。

根據這個決議，以色列在一九四八年五月十四日，英國終止對巴勒斯坦託管的隔天宣布建國。英國託管巴勒斯坦的三十一年間，已經有許多猶太人湧入巴勒斯坦。以色列建國後，一九四八年到一九五一年，最多猶太人移居以色列，共有六十八萬八千人，這是原來巴勒斯坦六十五萬人口的倍數。

戰後第一批移民以色列的猶太人，主要來自歐洲的德國、義大利、賽普勒斯、保加利亞、南斯拉夫、波蘭、羅馬尼亞及奧地利，這些人歷經大屠殺，因此年紀較大，大多沒有小孩（被屠殺了），而且受過良好的教育。

其次是來自中東和非洲的猶太人。隨著以色列建國，穆斯林國家開始踢出境內的猶太人，隨後從亞洲和非洲穆斯林國家移民以色列者也大幅增加，從一九四八年到一九五一年，來自葉門、伊拉克、土耳其、伊朗、摩洛哥、突尼斯和阿爾及利亞等。這些來自穆斯林國家的猶太人相對年輕，而且有很多小孩，他們的教育程度相對較低，也缺乏農業或現代專業技能，大多數是小工匠，如裁縫、修鞋匠、木匠、鐵匠，以及商人和小販，女性通常不工作。

以色列建國後最重要的社會問題之一，就是吸收新移民所帶來的困難。若以色列沒有立國，眾多歐洲倖存的猶太人將被各國踢來踢去，猶太人的處境將更困難。以色列從建國開始，只要猶太人或其祖父母一方是猶太人者都可移民以色列。因此，美國猶太人可以擁有美國和以色列的雙重國籍，甚至可以隨時移民去以色列。我的美國猶太朋友約拿分是美國的律師，也擁有以色列的律師資格。不只如此，以色列的選舉常有美國猶太人以美國選舉方式操盤。

以色列對當年蔣介石領導的中華民國，在聯合國〈分治決議〉投下棄權票、不支持以色列建國應該謹記在心。當一九四九年中共成立中華人民共和國時，隔年以色列比其他國家早一步承認中共建國。不只這樣，還給予中共進步的武器和訓練，並提供金援，對剛立國又脆弱的中共助益良多。

澳洲

一九三三年，希特勒崛起時，澳洲因地廣人稀，又是自由民主國家，還兼具歐洲文化，是猶太人避風港的首選之一。但澳洲當時規定必須繳付五百英鎊或有親戚在澳洲才能移民。

一九三七年，澳洲政府開始關注猶太難民，成立澳洲猶太難民福利組織協助猶太難民。但一九三八年六月，澳洲還是拒絕增加移民配額，直到十一月九日，爆發納粹黨員與黨衛隊襲擊、屠殺德國全境猶太人的可怕事件，澳洲才扭轉態度，承諾在未來三年內接受三萬名猶太難民。一九三九年九月二戰爆發，超過七千個猶太人抵達澳洲。

為了安置七萬五千名猶太難民，猶太組織建議用德國猶太金融家和慈善家赫許[18]提供的資金在澳洲購買土地。赫許是猶太殖民協會創始人，該協會贊助大規模的猶太人移民到阿根廷，此外，他的錢還使用在推動猶太人的教育和受到壓迫的歐洲猶太人上。一九三九年五月，猶太領土聯盟組織創始人史坦伯格[19]律師前往澳洲西北部金伯利，調查購買七百五十萬英畝土地的可行性，是為「金伯利計畫」，但一九四一年上任的澳洲總理科廷[20]認為史坦伯格是不務實的夢想家，此案遭到擱置。

一九四二年十二月，澳洲及盟友發表聯合聲明，確認納粹大屠殺波蘭猶太人的慘劇。隨即雪梨的猶太聯合緊急委員會在墨爾本成立猶太聯合海外救濟基金會，翌年所有澳洲猶太社區組織一起向澳洲總理科廷請求支持猶太人移民澳洲和巴勒斯坦，並協助受到納粹恐怖迫害的倖存者，但科廷態度消極。

二戰結束後，一九四六年至一九五四年之間，澳洲接受了一萬七千名歐洲猶太倖存者，以及戰前或戰時逃難到上海的歐洲猶太人。一九六一年則有來自匈牙利和埃及君主制被推翻後遭迫害的猶太人，共約一萬人。稍後又有因一九五六年埃及和英國、法國、以色列因蘇伊士運河利益爆發第二次中東戰爭而逃到澳洲的埃及猶太難民。因此，澳洲猶太人口從一九三三年的二萬三千人上升為一九六一年的六萬人，增加的多數是二戰倖存者。

澳洲的地理位置屬於大洋洲，過去沒多少猶太人定居，但其母國是英國，有反猶太的傳統，因此澳洲反猶太主義濃厚，對猶太人有偏見，澳洲人會破壞猶太社區，而且替猶太人貼標籤，認為他們是放高利貸的人，甚至認為猶太人是無神論者，將摧毀基督教和道德。還指控既然猶太人是上帝的「選民」，那麼他們將是控制國際和世界的陰謀者。澳洲媒體上針對猶太人的漫畫和文章，嘲諷猶太人是「胖子、長得醜、鷹勾鼻和外國口音的人」，「若他們有機會，就會接管這個國家」。

搬到澳洲的人以英國人為主，澳洲以往並沒有移民局，卻因為反猶太人而於一九四五年成立移民局，才能合法限制移民配額。諷刺的是，澳洲工黨當時認為澳洲人口才七百五十萬人，應該達到雙倍的一千五百萬人，因此鼓勵歐洲人移民澳洲，卻為了維持白澳政策而限制流離失所的猶太人移民。限制的方式是用移民配額，有多少配額，才接受多少人移民到澳洲。

更諷刺的是，一九四七年澳洲允許上海猶太人移民，卻將他們描繪為上海犯罪分子。因為反猶太主義，再加上白澳主義政策，澳洲的政治團體反對接受更多猶太倖存者。否則，澳洲有可能取代美國，成為世界上接受最多二戰猶太倖存者的國家。

雖然澳洲對猶太倖存者、猶太難民的不友善或具有反猶太意識，但是澳洲是自由民主的國家，基礎是安全、自由和民主。因此猶太倖存者到了澳洲後，感到相當驚訝，「怎麼半夜沒有人拿手銬來敲門？」意思是沒有納粹來敲門逮捕猶太人。猶太倖存者到了澳洲，一呼吸到自由的空氣，馬上就擁抱澳洲，並將澳洲做為永久的「家」而定居下來，澳洲也成為猶太倖存者至今非常滿意的生活國度。

猶太人口的變化

猶太人口的變化是全世界人口變化最獨特的。一九三九年之前，歐洲有九百五十萬猶太人，其中八百萬人集中在波蘭和前蘇聯。一九四五年時，剩下三百八十萬人，六百萬個生命在那期間蒸發了。一九六〇年再度降低，剩下三百二十萬；一九九一年只有兩百萬，根據美國皮尤研究中心的研究，到二〇一〇年時，歐洲猶太人只剩一百四十萬，人口數一路走低主要是猶太人往歐洲以外的地區移民了。

根據猶太網路圖書館[21]上的《世界猶太人口從一八八二年至今的統計圖表》[22]顯示，歷史上猶太人口的變化，從一八八〇年的七百八十萬人一路往上升，猶太人生育孩子多，人口都是正成長。只有一九四五年因納粹大屠殺了六百萬猶太人，人口才從正成長反轉巨幅負成長，下降為一千一百萬人；一九五〇年微負成長，一千一百二十九萬七千人。到二〇一八年全世界的猶太人口是一千四百六十萬六千人，還是比一九三九年的一千六百七十二萬八千人少。

一九三九年全世界的人口是二十三億時，猶太人口將近一千七百萬，到二〇一八年九月，全世界的人口是七十五億時，若二戰沒有發生，依照世界人口成長比例計算，二〇一八年猶太人口應該上升到六千萬以上，但猶太人口卻不到一千五百萬人，這種對比差，怎不令人嘆息呢！由於二戰大屠殺的關係，猶太人的人口還沒有回升到二戰前的水準，是全世界人口變化最特殊的一個族群。（參見附表）

歷年猶太人口統計表

年分	人口
1880 年	780 萬
1900 年	1060 萬
1914 年	1350 萬
1922 年	1440 萬
1925 年	1480 萬
1931 年	1570 萬
1939 年	1672 萬 8 千
1945 年	1100 萬
1948 年	1150 萬
1950 年	1129 萬 7 千
1955 年	1108 萬
1960 年	1279 萬
1970 年	1258 萬 5 千
1980 年	1281 萬 9 千
1990 年	1286 萬 8 千
2000 年	1290 萬
2010 年	1342 萬 8 千 3 百
2017 年	1451 萬 1 千 1 百
2018 年	1460 萬 6 千

根據二〇一七年世界猶太人口統計，全世界最多猶太人的國家不是以色列，而是美國，有將近一半（四七・七%）的猶太人住在美國，總人口數是六百九十多萬人，占美國人口的一・七六%。其次是以色列，占全世界猶太人四六・二%，總人口數是六百六十九萬七千人，占以色列人口比例七五%。

遠東地區的猶太人數並不多，和往昔的數萬人無法相提並論。二〇一七年，猶太人在遠東地區的人數分別是中國二千七百人、印度五千人、日本一千人、新加坡九百人，南韓、菲律賓和臺灣各有一百人。根據我所讀的資料顯示，現在已有少數猶太人對住在臺灣感到興趣。

根據皮尤研究中心的預測，到了二〇五〇年，以色列的猶太人數將比美國猶太人還多，達到五〇・八%，首度過半數，而美國的猶太人口占全部猶太人比例將下降到三三・三%。那將是猶太人從西元七〇年第二聖殿被羅馬帝國毀滅後，二千年來第一次僑居世界的猶太人少於以色列本國的猶太人。

為何會有這樣的人口翻轉？主要是以色列的猶太人以正統猶太教為多，他們生孩子多；美國則是以改革猶太教為多，一般家庭多數擁有三個孩子。其次是猶太人有「回歸以色列」的傳統，如各地的猶太人移民到以色列，甚至那些祖先已經看不出是猶太人的猶太人，如開封猶太人「回歸以色列」，也增加了以色列的猶太人數。

雖然以色列是猶太人的國家，但散居在以色列以外的猶太人口多，英語是當今最多猶太人說的語言，其次才是現代希伯來語。以色列的猶太人英語也說得非常流利，我所認識的以色列猶太朋友都說了一口道地英語。但別忘了，一如《猶太人和你想的不一樣》中說的，多語是猶太人的傳統，特別是散居的二千年中，他們掌握了多種語言，所以生意上暢行無阻。

---

1 the MS St. Louis
2 Voyage of the Damned
3 SS Exodus
4 Sete
5 Bill Bernstein
6 Harel
7 Aronoutz
8 Port-de-Bouc
9 Leon Uris
10 Arie Itamar
11 *Misty Mists*
12 Daniel J. Samet
13 Washington Jewish Week
14 Truman and the Jews: A Complex Legacy

15 Henry Morgenthau
16 David Ben Gurion
17 The Displaced Persons Act of 1948
18 Baron Maurice de Hirsch
19 Isaac Steinberg
20 Prime Minister John Joseph Curtin
21 Jewish Virtual Library
22 Vital Statistics: Jewish Population of the World (1882-Present)

第二十一章

療傷，和解，向前走

倖存者面臨的困境

第二次世界大戰尾聲時，納粹在波蘭東部蓋了三座滅絕營，其中之一就是索比布爾集中營[1]，納粹在這裡殺掉十六萬七千名猶太人。一九四三年十月，集中營內的囚犯殺掉十一個德國看守者，有三百人成功越獄，是納粹集中營最大的一次起義，後來有一百多人被抓回。而德國納粹當時在索比布爾的做法是「逃多少，就殺多少沒逃的人」。為淹沒證據，納粹甚至挖出被一氧化碳毒氣殺死後埋掉的屍體，將骨頭碾成粉末後灑到農田當肥料。

二戰最後一個冬天，德國軍隊往西行時，為消滅所有殘暴行徑的痕跡，強迫集中營內眾多囚犯在嚴寒氣候下徒步行軍，或用鐵路貨車運送到德國和奧地利，許多猶太人不堪寒冷疲憊和饑餓在途中死亡，是為死亡之旅。

二戰結束時，歐洲有一千萬難民。其中很多難民是集中營的勞動者和囚犯，他們倖存後，卻缺乏食物和疾病纏身導致死亡；或是因饑餓太久，身體消化系統無法正常吸收食物而病死。

成人倖存者逃過一死的原因有幾種，有的在集中營苟活；有人靠假證件活下來；有人躲藏起來；還有人在森林中活下來。他們雖然僥倖逃過滅絕，並在紅十字會和其他救援組織幫助下回家，但卻面臨很多困境，如有家歸不得，他們的朋友不見了，有的連村莊都沒了。

尤其在東歐，猶太人的車子、房子等被非猶太人趁火打劫，而那些人怕猶太人要回財物，在倖存的猶太人回來時對他們充滿敵意，因而發生了一些恐怖事件。我的朋友托夏也回不了家，房子已被占去。她與丈夫數十年後再回去，住在祖母家的人善意並友善地讓她們進去看看和拍照，但自己的家卻緊閉，對方深恐托夏來要回房子。

如一九四六年七月四日，血祭誹謗在波蘭南部凱爾采城[2]復活，有四十二個猶太人被殺，八十個猶太人受傷。這個事件導致十萬個猶太人逃離波蘭，許多人往西逃到美國占領區流離失所營。從二戰結束到一九四六年夏天，有一千五百個猶太人在波蘭被殺。第二次世界大戰雖結束了，猶太人好不容易從大屠殺中脫險，解放了但不自由，因為另一波人性戰爭同時開啟。

流離失所營

盟軍解放德國占領區時發現許多集中營的倖存者，而他們的處境奇慘無比，因此戰後聯合國在歐洲設立流離失所營，暫時安置收容猶太人和其他種族的倖存者。流離失所營的四個階段是救援、救濟、康復和重建。

猶太人占流離失所者的四分之一，他們患有憂鬱症、疾病和營養不良。盟軍解放集中營和勞改營幾個月後，仍有僥倖逃脫死亡的人繼續留在這些難民營中，他們仍然在鐵絲網後面，依舊食物不足、缺乏衣服、藥品和耗材，死亡率居高不下。臭名昭彰的貝爾根－貝爾森[3]集中營轉變為流離失所者營地，解放後三個月內仍有二萬三千多人死亡，其中九〇％是猶太人。

到一九四七年，流離失所營已有二十一萬人，其中十七萬五千人在美國的德國占領區。流離失所營的環境惡劣，食物、醫藥和用品不足。初期，倖存者仍穿著集中營的制服，甚至是德國禁衛軍的制服。由於流離失所營按國籍排列，有時和猶太倖存者同處一個屋簷下的是在戰爭期間傷害猶太人的反猶太主義者，甚至是和納粹合作的德國人和奧地利人，對餘悸猶存的猶太人造成的創傷後遺症更是嚴重。

直到一九四五年夏天，賓州大學法學院院長哈里森[4]到不同的流離失所營調查，並撰寫一份關於猶太人在營中遭受苦難的報告後，猶太流離失所者因而被轉移到單獨的營地，獲得一定程度的獨立，又讓猶太人選出自己的領袖，組織猶太人的所有事務，他們在流離失所營的條件才獲得改善。後來來自捷克斯洛伐克、匈牙利和羅馬尼亞的猶太難民加入，流離失所營地居民達到約二十五萬人的高峰。猶太人為優先安置照顧和教育兒童，流離失所營還設立幼兒園和臨時學校。

許多猶太倖存者目睹親人遭受的迫害，他們的身體和精神狀況遠比其他群體差，這些猶太人必須克服的心理障礙包括學習忘記，否則無法開創新的生活。

猶太人遭受史無前例的大屠殺災難後，一般人預期他們會報復，但根據聯合國善後救濟總署活動主任史樓羅[5]的報告，大屠殺中倖存下來的猶太難民幾乎沒有關於報復的言論，而是渴望要回到正常人的生活。大屠殺倖存者格林伯格[6]在對其他倖存者的演講中說：「我們不想復仇。」倖存者最好的報復就是重建生活，最重要的是重建被撕裂的家庭、生育孩子並培養新一代猶太人，以彌補被納粹分子屠殺的人口。當然，也有少數猶太人跨不過心理障礙，依然陷入極度痛苦中。

找不到家人的倖存者在流離失所營認識和戀愛，他們相濡以沫、互求生存，結婚共組家庭。猶太倖存者阿得樂[7]回憶道：「猶太人將難民營小屋隔離成十個小房間給十對夫婦入住。他們渴望生活，極力克服……也要學習遺忘。」

為了遺忘過去的不幸，猶太流離失所營設立了劇院和管弦樂隊，也舉辦體育賽事，並有七十多份意第緒語報紙，收集倖存者的證詞、書面文件和為受難者舉行紀念儀式。在爭取其成員康復的同時也為其民族生存而掙扎。不同的猶太政黨在流離失所營競相爭取猶太同胞加入陣營，大屠殺造成的創傷和來自以色列的猶太復國主義，使流離失所營充斥著猶太復國的政治氣氛。

流離失所營只是中途之家，後來多數猶太倖存者前往以色列專為移民成立的集體農場開墾或從事其他行業。他們在集體農場一起種菜、吃飯、養育孩子，頗有人民公社的樣子。三分之一倖存者去了美國，有些轉去其他國家。一九五六年，流離失所營因需求者愈來愈少而關閉。

療傷

曾擔任聯合國創始主任也是心理學家和創傷學家、並是一九七五年共同創立的大屠殺倖存者及其子女小組項目主任達涅利博士[8]指出，大屠殺倖存者家庭出現以下四種不同模樣：麻木的家庭、受害的家庭、戰鬥的家庭及創造的家庭。

麻木的家庭不談或很少觸及大屠殺，他們的孩子們無法想像父母曾經歷的慘痛經驗，也不敢問，只想好好保護父母。如克納樂[9]在奧斯威辛集中營度過一年多後，被送往臭名昭著並有死亡三月之稱的旅途，在冰雪路上走了三十二公里到達格萊維茨的另一個營地。

一九四五年解放後，因經歷太過痛苦，克納樂拒絕透露他的故事。往後的三十五年中，克納樂每個晚上睡覺都作惡夢，以為自己又回到奧斯威辛集中營。有一次他在惡夢中，兩個女兒說服克納樂把遭遇說出來，他的惡夢才停止。

受害的家庭則是普遍感到憂鬱、憂慮和不信任。他們認為快樂和自我實現是奢侈品，也害怕外面世界，怕大屠殺再次發生，並教導孩子不信任家庭圈外的人，尤其是權威人士；戰鬥的家庭呈現的是另一種情境，父母禁止孩子有自憐、受害和弱勢出現，他們蔑視外在的一切；而創造的家庭則是尋求更高的教育、社會和政治地位、名望或財富。他們積極將大屠殺公諸於眾，以防再次發生，並確保大屠殺受害者得到應有的尊嚴對待，以及協助那些受害人。

達涅利博士道出，因為二戰大屠殺實在太殘忍、太恐怖，有些人拒絕相信大屠殺受難者說的話。一九四四年三月二十七日，托夏被俄軍解放後輾轉到了羅馬尼亞邊界未被捲入戰爭的切爾諾夫策城（Czernowitz，現屬烏克蘭），巧遇媽媽的表妹，寄居時很多人問波蘭究竟發生什麼事，她據實以告卻無人相信那是真的。從此，托夏封嘴，不再述說在二戰的遭遇。達涅利建議局外人可以做的就是傾聽和接納，聽聽他們的遭遇，不要以為他們說的是神話或不存在的經驗，傾聽也是幫助他們療傷。

忽視的創傷並沒有消失，心理學家和專門研究創傷學的安格里亞魯斯金大學修斯教授[10]表示，許多大屠殺倖存者患有創傷後壓力症候群[11]，這個症狀直到一九八〇年才成為公認的病症。

二〇一五年是二戰結束七十年，在奧斯威辛集中營倖存者紀念會時，有些倖存者說現在想起來還是不停地哭，那是難忘的記憶。尤其是老年痴呆症更讓如今已經垂垂老矣的猶太倖存者更加痛苦，因為短暫記憶失憶了，很久以前發生過的慘痛遭遇卻更加清晰。

社會學家和心理學家呈現的方式不同，「只有一八％的猶太倖存者需要看心理醫師。」紐約大學社會學教授哈姆瑞奇[12]花六年走訪美國各大城，採訪三百八十個猶太倖存者之後寫出《反對所有可能性：大屠殺倖存者及他們在美國取得的成功生活》[13]一書。哈姆瑞奇的父母雙方家族成員都在集中營喪生，波蘭出生的他們從比利時逃到法國和瑞士，並在一九四五年生下哈姆瑞奇後移民美國。

哈姆瑞奇住在紐約市大頸猶太社區，和我的朋友大衛來自相同社區，他認為最好的報復就是活得很好、發展得很成功，哈姆瑞奇寫道：「猶太倖存者的經驗適用於很多人。每個人都會在某個時候經歷個人危機，這些猶太人是如何學會生活，學會愛和信任，並把孩子帶入這個世界的？一般來說，他們應對得很好。他們發展出獨特的個性，特別團結。」

這些倖存者在美國的發展也是多元性的，他們從大屠殺走過來的調整令人驚訝，倖存者成為藝術品經銷商、商人、薪水階級，有人當上國會議員，還有人領導反誹謗聯盟組織。

挑戰上帝

猶太教崇拜獨一的神耶和華，相信祂是創造天地的上帝。在《希伯來聖經》的〈創世紀篇〉中，耶和華用六天創造了宇宙，第七天休息。猶太人敬畏上帝，不稱其名，在書寫時以 G-d 為之，口語上則稱上帝為 Adonai。

猶太人必須遵守《十誡》，安息日不工作，就是《十誡》之一；只敬拜耶和華，不拜其他的神，是《十誡》之二。上帝選擇猶太人為祂的「選民」，但二戰時猶太人遭受人類有史以來最大的慘劇時，他們開始懷疑上帝。

毛特豪森－古森集中營的牢房裡刻著：「如果有上帝，祂將不得不乞求我的寬恕。」大屠殺後，一些猶太倖存者在他們的信仰中發現新的力量，有人為上帝辯護，但也有人完全拋棄他們的信仰，還有一些猶太人成為無神論者。

大屠殺倖存者布拉凱維奇[14]說他不了解上帝「選民」的概念，「我經常認為接下來的二千年裡，上帝可以選擇其他人……我感覺很痛苦，只因為我是猶太人。」

作客他鄉二千年中，猶太人因信仰上帝而受盡無數苦難，包括十字軍東征，反覆的羞辱和驅逐，被強迫成為基督徒或穆斯林，大屠殺和無數的迫害，甚至是西班牙宗教裁判所的橫加殺害，猶太人依然挺著胸膛，繼續學習《妥拉》、《塔木德》及其他猶太經典，並和上帝保持良好的的關係。但是，猶太人和上帝的關係，卻因納粹摧毀歐洲猶太人而產生動搖，有些人的信仰甚至完全破碎了。對猶太人而言，那是巨大的毀滅，長期以來的信念「上帝通過懲罰邪惡來干預世界，以平衡不公正和獎勵好的」遭到挑戰。

「難道上帝死了嗎？或者祂只是無動於衷？甚至是虐待狂？」大屠殺後，猶太人不禁如此質疑。有的受害猶太人強烈質疑上帝和自己的信仰，他們帶著孩子離開了猶太教，不要成為猶太人了。

十五歲就被納粹抓進奧斯威辛集中營的魏瑟爾，透過寫成的自傳《夜》，獲得一九八六年諾貝爾和平獎，魏瑟爾在集中營裡，被迫從萬人坑中挖出成千上萬的猶太人屍體並燒毀，以消滅證據。其中特別艱苦的日子是猶太節慶最神聖的贖罪日，本來當天應該與猶太人一起讀《聖經》、禁食、懺悔和祈禱，但那天他卻與猶太屍體一起。

《夜》一書中，魏瑟爾寫著：「在贖罪日，沒有人談論上帝或懺悔。」《夜》和《安妮日記》齊名，都是針對猶太人在二戰被大屠殺的親身經歷。很特殊的是《夜》得到諾貝爾和平獎，而非文學獎。領獎致辭時，魏瑟爾說：「不管世上何時何地有人類受苦、受辱，一定要選邊站。保持中立只會助長壓迫者，而不是幫助受害者。」

魏瑟爾離開集中營後不再信任上帝，也不信任人類，而且保持緘默十年。直到一九五四年，他用意第緒語寫出親身經歷並在阿根廷出版，後來又出版法語版、英語版和中文版，像他這樣不再相信上帝的猶太倖存者不少。二〇一六年魏瑟爾以八十七高齡過世，但他的吶喊仍然提醒我們，當今還有約十萬猶太倖存者活著，以及眾多倖存者的後代子子孫孫。

電影製片人兼導演達悟畝[15]的父母在大屠殺後，夫妻兩人信仰的態度完全相反，他的爸爸認為人類因思想有限，無法理解上帝的道路；但媽媽則要孩子在她的墓碑刻上在大屠殺所受的苦難，而且說當她在最後的審判中被召喚到上帝面前時，她會把桌子反轉過來審判上帝。她想知道在大屠殺期間，當她的媽媽、兩個兄弟、六個姊妹、第一任丈夫及兒子都被殺時，為什麼上帝默默地站著。

達悟畝覺得父親對信仰的堅持是一個謎，他的爸爸在集中營時冒險穿著經文護文夾在身上，提醒上帝給猶太人的戒律，移民美國後甚至為了讓孩子接近猶太教，放棄了在紐約州北部很好的工作，舉家遷移到有耶路撒冷之譽的紐約市布魯克林，「我尊重爸爸對我的要求，每天要祈禱，但那不是我的信念。而爸爸的堂、表兄弟在大屠殺後蔑視宗教，這比較容易理解。」

利福科維奇[16]是家中唯一倖存者，她問：「為什麼他們得死？為什麼納粹那麼可怕？我想如果上帝如此偉大和強大，祂可以在希特勒殺死這麼多猶太人之前打垮他。」精通《塔木德》的倖存者飛葛[17]在大屠殺後也不再相信上帝，但每天早上仍然去當地的猶太廟，因為猶太廟是社區團體，在那裡可以交朋友，還可維持猶太傳統。對他來說，信不信上帝和是不是猶太人之間不一定要畫上等號。也是大屠殺倖存者的貝特爾海姆[18]則從信仰轉變為人文主義者，他非常自豪於猶太傳統及文化，認為猶太人若沒有在二戰中被大屠殺，猶太書籍和藝術沒有被瓢竊或被焚毀，猶太人可為世界貢獻更多。

讓我們來看看猶太教對上帝在二戰時沒有插手干預災難的爭辯：

正統猶太教的博科比茲拉比[19]一九七三年出版了非常重要也很有名的《大屠殺後的信仰》[20]，針對大屠殺後正統猶太教在系統上的反應：「上帝在某些時候被隱藏，以尊重人類對自由意志的使用。」

哈西迪大師則說：「一個將自己局限於我們人類可以理解行為的上帝不可能是上帝。」有個哈西迪拉比在大屠殺時失去妻子和十一個孩子後，人家問他：「為什麼奇蹟只會在《聖經》時期出現？為什麼他們不發生在我們這個時代？」拉比的回答是：「事實上，大屠殺倖存者忍受了那麼多折磨，仍然可以保持信心，這就是最偉大的奇蹟。」

納粹大屠殺猶太人的非人殘暴行徑，打垮很多猶太人原來的堅定信仰，但也有更多猶太人更堅定他們對上帝的信仰與敬畏。大屠殺後，不只是猶太人，猶太教學者和神學家都對信仰產生劇烈的爭辯與質疑。在生與死之間，在人性與神性之間，有太多超越人類思考的範疇，多數不信教的華人可能很難理解，包括我自己在內。

和解

不記恨，要寬容

歷經慘絕人寰的二戰後，德國人和猶太人之間的關係是不共戴天嗎？對於倖存者來說，餘悸猶存是必然的，害怕再回到德國或歐洲，也是自然的現象。

我的猶太課同學在紐約的大屠殺倖存者社區長大，她說社區的人都歷經過大屠殺，他們聽到「二戰」、「希特勒」、「德國」或「納粹」等字眼就會發抖，甚至不敢對別人說他們是猶太人，那種恐懼深植於心，數十年都在煎熬和療癒間震盪。

我的朋友托夏和家人在波蘭東躲西藏，又在隔都受苦受難，後來在勞動營勞動，家人都死了，不到十六歲的她成為全家唯一的倖存者，數度面臨死亡和性侵的威脅，寒冬無鞋可穿。如今九十一歲的她說解放後一直很內疚地活著，而且非常憤怒和想要報復，夜晚惡夢連連，常在驚叫聲中醒來。長她兩歲的丈夫弗烈德是德國猶太人，當時在沒有戰爭的城市讀書，解放後在流離失所營教猶太人英語，兩人因而相識。「我丈夫承受了很多夜晚的惡夢尖叫，不斷安撫我。」托夏說。而賽格夫在《魏斯塔爾：生命和傳奇》一書中也談到很多猶太人在隔都輪流睡同張木板床、吃臭麵團，一天工作十幾個小時，冬天下雪沒暖氣……面對那麼多人死了，倖存的人活得很內疚，他們很激動，也想要報復。

當我看奪得二〇〇一年奧斯卡獎的德國電影《何處是我家》[21]時，腦袋像是被雷劈一樣，頓時失去思考的能力。

這部電影改編自德裔猶太作家次茨威格[22]的自傳，敘述二戰前夕，他們一家三口逃離德國到非洲肯亞，以躲避納粹的迫害。茨威格的爸爸瑞黎奇[23]在德國原是律師，逃到非洲後變成農場管理人，並於二戰期間從軍，加入英軍對抗納粹。

在那期間，留在德國的家人都被送去奧斯威辛集中營了。二戰結束後，茨威格的爸爸決定全家從非洲搬回德國，這個決定在家中起了劇烈的衝突。對爸爸來說，雖然他的父母和手足都喪生於集中營，但德國是他的家鄉，決定回去面對。茨威格的媽媽傑特爾[24]最初是擁抱德國上層社會生活品質而抗拒非洲的猶太人，九年後她不但如魚得水，甚至愛上肯亞，德國於她則變成陌生的國度。茨威格五歲就跟著父母到肯亞，肯亞才是她的家鄉，而她離家三百二十公里去上英國寄宿學校，英語和肯亞的希瓦希里語則成為她的雙母語，搬回德國後得改變英語口音，並重新學習德語。全家只有剛出生不久的弟弟，德國才是他的家鄉。

這一家人回到德國後，爸爸成為法蘭克福的法官。然而二戰改變一切，德國已不是他熟悉的家鄉，家鄉一去不回了。整個過程中，最令我震撼的是，爸爸教女兒「不記恨，要寬容」。

怎麼可能？殺父弒母又屠殺手足的納粹，怎能被原諒？當我陷入掙扎，腦中忽然閃過曾經讀過荷裔美國歷史學家房龍的《寬容》。房龍於一九〇五年被美聯社派到蘇俄採訪「一月戰爭」，他發現波蘭人雖然是天主教徒，但他們對猶太人的仇恨達到匪夷所思的地步。房龍思考著：是什麼力量讓人與人之間造成這樣的「不寬容」？這個經驗成為日後撰寫《寬容》的動機。房龍用歷史「悲劇」提醒人們「寬容」的重要；而「不寬容」的下場就是不斷的害怕、畏懼、廝殺及迫害，造成人類悲劇的延續和循環。

德國的歷史老師就是明證，他們教到一九三三年後，就跳過納粹德國崛起到二戰的十二年，直接教冷戰，可見德國歷史老師面對二戰中德國歷史內心所產生的畏懼。寬容需要相當的智慧和勇氣，也是人類必須學習的課程，不論是個人與個人的關係，或群體和群體間的關係，甚至是國與國之間的關係。

民間的和解

我在研究猶太人人口變化時，簡直不敢相信讀到和看到的圖表。那是美國皮尤研究中心所做的一九三九年、一九四五年和二〇一〇年的猶太人人口在歐洲的變化對照圖表（見圖）。顯示與一九三九年相比，二〇一〇年猶太人口在所有的歐洲國家都呈下降現象，唯有猶太人在德國一枝獨秀呈上升趨勢。

一九三九年，德國有十九萬五千個猶太人，一九四五年降到四萬五千人，而二〇一〇年則上升到二十三萬人。

這不是奇蹟是什麼？相對於東歐，一九三九年有四百七十萬猶太人，一九四五年降到八十五萬九千人，而到了二〇一〇年更低，只有七萬人。同樣的，二戰前在歐洲第二多猶太人的國家是前蘇聯，一九三九年時有三百四十萬人，一九四五年剩下二百萬人，二〇一〇年下滑到三十一萬人。

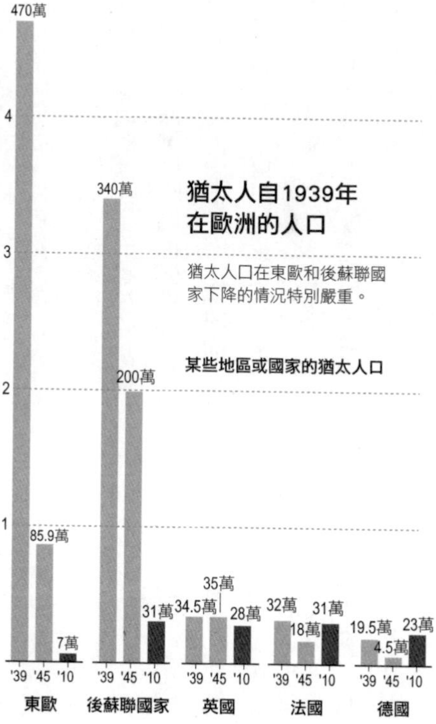

為打開心中的謎團，我繼續追查為什麼被納粹大屠殺後，猶太人敢回到德國。

哥德曼[25]的經驗可以解除我心中的謎團之一。哥德曼在猶太神學院[26]教電影課程，他有一次到德國參加一個德國與猶太影展交流會議，接待人提醒現場許多參與者都有強烈的反猶太主義，要他小心一點。

哥德曼在影展做了很多關於德國人和猶太人關係的省思，他非常震驚「一個獲得猶太研究生學位的猶太同學與德國人結婚，她的父母是德國猶太人。她在想什麼？是什麼吸引了她和她的丈夫？」同樣地，我的一對朋友夫妻，先生愛德是猶太人，妻子印尼斯是德國人，兩人都是第二度婚姻，他們相愛數十年，一起旅行幾十個國家，常出入交響音樂廳，愛德還曾經在猶太神學院讀了八年書。我雖然好奇，但從來不敢打開黑盒子問他們：「大屠殺後，你們兩人怎能結婚，還那麼相愛而不被大屠殺所影響？」

後來影展放映了紀錄片《公寓》[27]，是導演高德分格[28]於二〇一一年祖母九十八歲過世後，說出祖父母的故事，再次衝擊了哥德曼的思維。我在 Youtube 看《公寓》時，震驚不亞於哥德曼。

高德分格的祖父母於一九三〇年代逃離德國後搬到以色列，而祖母在那個公寓住了七十年。影片一開場就是家人整理祖母留下的東西，意外發現祖父母在二戰後每年回德國與朋友度假，其中一個朋友是在禁衛軍裡擔任很高職位的德國人，高德分格覺得這樣的關係太詭異了，該檢視祖父母的過去。於是，他打電話連絡並親自飛往德國。那些人都是祖父母年輕時住在德國就很好的朋友，戰後不只持續聯絡，高德分格的祖父母飛去德國時還和他們同住。

哥德曼非常肯定由猶太製片人瑞卡納提[29]和德國導演昆特[30]一起拍的紀錄片《德國人和猶太人》[31]，「我能理解德國人和今天住在德國的猶太人之間的關係不只尷尬也很複雜。從影片中，我們了解戰後德國最初如何漠視在二戰時對猶太人的所作所為。他們希望拋棄過去，繼續前進，建立一個新的社會。事實上，戰爭結束後，一些生活在資源有限國家的德國人認為自己是真正的受害者，而不是猶太人。」哥德曼指的是當時住在東德的人，二戰後德國被分為西德和東德，而東德的資源有限，在東德的德國人認為自己才是受害者。此外，西德人戰後在教育上全面去納粹化、去種族主義、去法西斯主義，走向民主主義，有歷史學家指出，西德人受到美國一九七九年播出的電視迷你劇《大屠殺》[32]影響深遠，對大屠殺的態度因而起了相當的變化，而東德人無緣看該迷你劇，會認為自己是大戰的受害者。

「一九六八年時，美國年輕人質疑越戰，年輕的德國人則詢問他們的父母在第二次世界大戰中所扮演的角色。」哥德曼從影展中得出這樣的心得。我不知道德國的父母如何和子女談二戰中的經驗，我有幾個不同年紀的德國朋友，但沒有勇氣冒犯他們，因此從來沒有觸及這個話題。

在《德國人和猶太人》中，包括德猶通婚，甚至有猶太人遺址指南，「超過四萬八千個記憶牌匾，每個都帶有大屠殺受害者的名字，現在已經遍布整個歐洲，特別令人著迷。真正讓這部電影成為必不可少的是對社會心理學家、歷史學家、猶太教育家和博物館館長的精彩訪談。電影製片人描繪了戰後德國猶太人的歷史。二萬七千名德國猶太人返回家園，隨後有大量俄羅斯猶太人湧入，最近還有許多以色列人湧入德國。這部電影講述了戰後德國猶太人回到一個仍被認為是家鄉的國家的『矛盾心理』。」哥德曼如此描述。《何處是我家》主角的爸爸不就是典型的「矛盾心理」的代表？

哥德曼說這部紀錄片「影片最後向我們展示，在教學上，德國已將二戰大屠殺做為德國歷史不可分割的一部分」。由此來看，德國的歷史老師不必再跳過十二年的納粹歷史了。

二戰前，有三分之一德國猶太人住在柏林，如今柏林已經有二十五萬猶太人，占柏林人口〇．二％，相較於其他人在歐洲城市，這個比例非常高，顯然柏林已經成為一些猶太人的新家鄉。還有人估計二十五萬柏林猶太人中，有十萬是來自以色列，因為柏林的消費比特拉維夫便宜很多，相較於以色列四周被穆斯林國家包圍，經常發生擦槍走火事件，以色列人因此認為住在柏林比住在以色列更安全。

如今，不是只有猶太人搬去德國定居，也有德國人搬去以色列定居，最有名的當推德國主廚芙蘭茲[33]，他在以色列的主廚電視秀大紅特紅。芙蘭茲高中時到以色列當交換學生，後來又回以色列的醫院擔任志工；二〇〇四年突然搬去以色列，還學希伯來文和轉為猶太人，並和猶太妻子結婚，兩人共育孩子，每天過著傳統猶太生活，每星期還去猶太會堂祈禱讀經三次。

紀錄片《以色列的德國人，德國的猶太人》[34]中，曾在法國和美國學習的德國作家史翠克[35]也搬去以色列。史翠克的祖父母在二戰時年紀還小，家裡沒有骷髏頭記憶，但她一直對德國和以色列的歷史興趣濃厚，又喜歡分享德國文化記憶，二〇〇九年史翠克申請記者交流獎學金，前往以色列。兩星期後，史翠克開始學習希伯來文，並立即愛上以色列人，便決定住在以色列，而以色列也給她居留權。這個德國人要定居以色列，讓很多以色列人震驚。

史翠克開始在以色列為德國的報紙和雜誌撰文，二〇一三年出版第一本小說，談一對親密母女的故事，立刻得到德國瑪莎－沙爾非爾德[36]作家獎。二〇一五年春天，史翠克另一本書《新德國人》同時在德國和以色列出版。

隨著在以色列住的時間久了，史翠克的希伯來語說得很流利，還常上電臺節目，她擔心會忘記怎麼說德語，但同時感覺離德國愈遠，看得愈清楚，「雖然以色列沒有出現在我的小說中，但其實我寫的每句話都很以色列。」史翠克「認養」了一個沒有家人的九十三歲大屠殺倖存者，「她是我的以色列奶奶，我是她的德國孫女。」她說。

集作家、藝術家、音樂家和喜劇演員於一身的夏匹拉[37]，他的外祖父是家中唯一倖存者。另外，他的祖父亞密特．夏匹拉[38]年輕時是以色列短跑和跳遠健將，一九七二年以色列參加德國慕尼黑夏季奧運會，他祖父是田徑隊教練，卻在慕尼黑奧運時，命喪巴勒斯坦恐怖分子手中。

雖然外祖父是唯一倖存者，祖父也在德國被殺，但二〇〇二年夏匹拉與媽媽、弟弟仍決定搬到德國，住在薩克森－安哈爾特州的勞哈[39]小鎮，隨著新納粹黨「德國國家民主黨」[40]在二〇〇九年的地方選舉中達到全州最高結果一三．五五%，他的弟弟翌年遭極端右翼分子攻擊，並被辱罵為「猶太豬」。夏匹拉一家被刺激對穆斯林的仇恨，但不上當。二〇一四年，夏匹拉在德國出版自傳，把大屠殺和在德國的成長故事寫出來，成為暢銷書作家，他在德國電視節目上也很熱門。

也是多重身分的以色列歌星、演員、模特兒、演講者和作曲家威羅[41]的姨婆也在大屠殺裡喪生，但她嫁給德國的基督徒丈夫，並在德國和以色列間飛來飛去。威羅獲得二〇〇六年和二〇〇九年以色列歌唱的「埃胡德莊園獎」，另外，她在柏林舉行二〇一五年歐洲馬加比厄運動會開幕式上演唱了德國和以色列國歌，橫跨兩國表演成了威羅跨國婚姻的神助。

這些德國人和猶太人都證明，即使在德國歷史上最黑暗的章節之後，人們也可以在和平與友誼中再次生活在一起。和解，就是人們智慧與勇氣的展現。

和解的基礎

一九四五年九月，戰後三個月，由魏茨曼[42]代表猶太人機構向盟軍，美國、蘇聯、英國和法國政府要求對德國懲罰、賠償和重建。他呼籲盟軍將這一主張納入與德國的賠償談判中，這項請求直到一九五一年三月以色列外長夏里特[43]向盟軍再度請求西德賠償十五億美元才有進展。一九五一年九月，德國總理艾德諾[44]宣布德國人民決心彌補對猶太人的恐怖浩劫，德國政府也承諾將猶太人融入平等公民，並保證猶太人在德國的政治、經濟和社會權利。

一九一七年，魏茨曼協助貝爾福勳爵寫了《貝爾福宣言》，並於一九二一年和愛因斯坦一起為耶路撒冷的希伯來大學募款。夏里特的家庭是特拉維夫的開創者之一，他也是以色列獨立宣言簽署人之一，還和前蘇聯協約，將波蘭的猶太兒童送到伊朗的德黑蘭，再與伊朗協調，將那批猶太兒童帶回以色列，保護兒童免於屠殺。

艾德諾則是在二戰前擔任科隆市市長十幾年，他拒絕和納粹合作，也不掛納粹黨旗，希特勒崛起後，艾德諾是七個被開除的市長之一，在一九三三年和一九四四年兩度入獄。二戰後，艾德諾成為德國第一任總理和基督教民主聯盟黨黨魁，被選為德國一百位最重要的政治家第一人，也是法學家。他身為虔誠天主教徒也隸屬於基督教天主教民主黨，將納粹對猶太人的行為視為犯罪並一心想贖罪。

沒有艾德諾，德國和猶太人的和解也許不會那麼順利和成功。艾德諾積極在和解上努力，透過教育喚醒德國人在二戰對猶太人的屠殺行動的內疚和責任。一九五一年，艾德諾為二戰中德國大屠殺猶太人向以色列致歉。一九五二年三月，德國代表團和以色列代表團在海牙會見，並由雷彼特[45]領導的索賠代表團負責就個人賠償進行談判。在談判中，因德國分裂為東、西德，以色列針對整個德國的十五億美元索賠減少到僅針對西德的十億美元，剩下的五億美元日後向東德要求賠償。一九九〇年，東德與西德合併前，東德承認犯了戰爭罪，並同意支付五億美元賠償金，也為他們二戰的殘暴向以色列道歉。至此，德國的十五億賠償金已完全清償。

一九五二年九月，德國總理艾德諾和以色列外長夏里特在盧森堡簽署了以色列和西德之間的賠償協議，西德承諾共支付八億四千五百萬美元：一億美元專門用於索賠會議，其餘部分用於以色列，並分十四年分期付款。以色列將賠償費用的三成用來購買英國原油，七成用來購買西德的金屬和有色金屬、鋼鐵、化工、工業和農產品，占以色列十年間進口額一二～一四%，對剛立國又資源匱乏的以色列經濟發展貢獻極大。

當猶太人投票表決是否接受德國的賠償時，許多猶太人反應相當激烈，認為德國的賠償是「血錢」，憤而丟石頭抗議。

發生了違反人性的大屠殺悲劇後，德國人和猶太人的和解過程冗長，卻成為國際世界的典範，這得歸功於懲罰 (retribution)、賠償 (restitution) 和重建 (reconstruction) 三 R 因素。加拿大的大屠殺研究學者卡蒂克博士[46]在〈兩個和解的神話故事：二戰後德國和猶太人及代頓後的波斯尼亞〉[47]一文中說，除了三 R，德國人和猶太人成功的關鍵之一，在於受害者和肇事者沒有住在同一個國家。

懲罰就是紐倫堡審判納粹領導人，包括那些直接負責的人，執行「猶太人最終解決方案」和一九六五年的奧斯威辛集中營審判。懲罰的要點是誠實和說真話，賠償是對猶太受害者和以色列國。德國同意支付賠償金則是這個過程的成功化。重建指的是德國的轉型，首先是去納粹化，重點是撤除納粹黨及其組織，解散所有納粹機構和禁止宣傳納粹。德國轉型的過程包括：(1)將納粹官員從公共生活中移除並撤銷納粹制度；(2)放棄納粹意識型態，特別是官方的種族主義和反猶太主義。

除了紐倫堡審判，還有三種審判：包括一九六〇年在以色列耶路撒冷的艾希曼審判[48]——關於滅絕種族罪，還有一九六三年～一九六五年在德國法蘭克福的奧斯威辛集中營審判——其核心是納粹針對猶太人的種族滅絕；審判戰爭罪犯於一九四六年十月結束，隨後進行其他聯合審判。最後是最著名的美國審判，總共十二次，從一九四五年至一九四九年。美國審判與紐倫堡審判同時期舉行，納粹戰犯被起訴和定罪，罪名是危害人類罪和戰爭罪。

卡蒂克博士認為審判和起訴納粹領導人的反人類罪和戰爭罪，是二戰後德國政治轉型和初期德國與猶太人和解的重要因素。而和解的表現是憐憫、寬恕、道歉和共同的全面願景，以及一起治癒這些不公正發生的背景和結束。

在和解上，德國的誠懇是以行動表現，而非文書或口頭的恩惠。除了十五億美元賠償，一九八八年，德國又提撥了一・二五億美元給大屠殺倖存者，每個人每月可得二百九十美元。一九九九年，為了回應美國眾多集體訴訟，德國政府和工業界，包括西門子和 BMW 等德國工業，同意賠償猶太人和非猶太人在二戰期間被「奴役」及「強迫勞動」，又提撥五十億美元賠償做為「責任」和「未來」的希望重建，每位倖存者可從這筆賠償金中提領二千五百至七千五百美元。由於戰後倖存的猶太人移民至不同國家，因此申請此項賠償的猶太人來自二十五個國家，總共有十四萬猶太人申請了個人賠償金，他們都是在二戰時被奴役、被強迫在德國工廠勞動的猶太人，這個賠償付款在二〇〇六年九月完成。

一九六六年五月，艾德諾以德國領導人身分訪問以色列，並重申和解的信念。一九六七年四月二十日，艾德諾以九十一歲高齡在波昂過世時，猶太媒體和各地猶太組織紛紛哀悼他，稱艾德諾是德國和猶太人和解的最明確倡導者，他教導德國人民不要忘記國家在納粹政權下對猶太人的所作所為。猶太索賠會議主席戈得曼博士[49]特地飛往德國參加艾德諾葬禮，還以世界猶太人大會主席和以色列猶太機構主席的身分發表聲明，對於艾德諾在賠償及修復決心的堅持表達敬意。

戈得曼博士是世界猶太人國會[50]的創始人兼主席，一生擁有七國國籍。一九五二年簽下賠償協議時，他感慨地說：「這是猶太人歷史上第一次在被壓迫和掠奪數百年……壓迫者和掠奪者不得不交出部分損失，並為部分物質損失支付集體賠償。」一九五四年，奧地利和以色列簽署了類似的條約。

除了艾德諾向猶太人道歉，一九七〇年十二月，德國總理布蘭特[51]出席波蘭華沙猶太受害者紀念會時，當場下跪並說：「承擔數百萬被謀殺者的負擔之後，我做了人們在言語失敗時所做的事情。」意思是德國人在二戰犯了戰爭罪和反人類罪，用言語道歉還不足表達，唯有下跪才能表達深沉的歉意。我對此的理解：德國人是基督徒，基督徒只向上帝下跪，布蘭特的下跪可解釋為向猶太人道歉就是向上帝道歉。

一九八五年五月八日，德國總統魏查克發表了「二戰結束四十年紀念」演說：「我們需要並有力量地看待真相——沒有裝飾、沒有扭曲……五月八日我們首先要記住人們所遭受的痛苦……五月八日是解放的日子。它使我們所有人擺脫了國家社會主義政權的不人道和暴政……今天，我們哀悼戰爭和暴政下的死者。特別是紀念在德國集中營被謀殺的六百萬猶太人。我們紀念在戰爭中遭受苦難的所有國家，特別是失去生命的無數蘇聯和波蘭公民。」整篇演講長達十二頁，他不斷要德國人誠實面對，還說德國老一輩欠年輕一代的就是誠實……魏查克這場演講被視為二戰後最偉大的演講。

二〇〇八年三月，德國總理梅克爾[52]在二戰結束六十年紀念日訪問以色列，並在以色列國會發表演講：「以德國的名義大規模殺害六百萬猶太人，給猶太人、歐洲，乃至整個世界帶來了難以言狀的苦難……大屠殺讓我們德國人感到羞恥。我在受害者面前鞠躬，我向倖存者鞠躬，在所有幫助他們生存的人面前鞠躬。」

梅克爾不只親自向大屠殺猶太人道歉，二〇一五年三月拜訪日本首相安倍晉三時，也鼓勵二戰時和德國聯盟的日本為第二次大戰時大屠殺中國人和侵略道歉，並說日本的鄰國也必須具備和解的精神。二〇一八年十二月，德國總統史坦麥爾[53]拜訪希臘海達里集中營[54]時向猶太人道歉。

從德國對猶太人的物質賠償和後續的鉅額再賠償，和不同時代的德國領導人以各種方式不斷公開為德國在第二次世界大戰中所犯下的錯公開向猶太人道歉，並藉此方式教育德國人和世人，德國人在和猶太人的和解上，取得極大的成就，也成為世界的典範。

向前走

以色列建國後，戈得曼博士認為以色列不可能滿足所有猶太人的需求，因此散居在外的猶太人仍然很多。我認為他說得非常對，散居二千多年的時光中，野放的猶太人要全部回歸到以色列，就像是放出去的野鳥要關回籠子，有些會回籠，有些會擁抱廣闊世界的自由。「兩個猶太人有三個意見」、「兩個猶太人應該蓋三間猶太廟」一再再說明猶太人是多意見的民族，因為他們是《妥拉》的民族，也是思考、辯論和行動的民族，和解後，猶太人會大步地向前行。

二〇一九年六月，我參加亞特蘭大猶太廟的七七節（或稱五旬節），是猶太人逃離埃及第五十天，也就是上帝頒給猶太人《十誡》的日子，我的猶太朋友們整夜讀《妥拉》，而那本慶典用書上寫的話：「世界是一座狹窄的橋，最重要的是不要害怕。」我非常震撼，這正代表著猶太人散居兩千多年的過程。

我參加一個「修復世界」[55]的討論會，主要是討論捐獻，該捐給誰？席中約三十人，每個人都有自己贊助的非營利組織或慈善機構。由於三次的分組假設捐款，獲得最多捐款的對象是國際社會，而非猶太人，兩個半小時討論結束前，凱拉比總結出我們的投票捐獻，印證了他在以色列神學院的拉比教授所說，以前「我們幫助人，因為他們是猶太人」，現在「我們幫助人，因為我們是猶太人」。以前猶太人幫助的對象是猶太人，現在猶太人幫助全人類。就像《妥拉》以愛和仁慈出發，以和平為目標，「我們不要別人仇恨我們，所以我們不仇恨別人。」

猶太人也使用農曆，只是猶太農曆算法和華人不一樣，但猶太農曆的月圓之日，也是每個月十五日。每月的第一天就是新月，之後月亮愈來愈亮直到十五月圓時，亮度最高。十五之後，月亮開始變暗，最後月光不見了，黑暗中伸手不見五指。猶太人說，亞伯拉罕代表的是農曆初一，來到所羅門王時正是第十五世紀，是猶太人最榮耀的時刻，就是十五月圓之時。

所羅門王之後的以色列王國開始衰落，分裂成南北兩個王國，接下來幾個世紀，猶太人流亡、被迫害和接近完全的精神黑暗。隨之而來，以色列國重生，和新月一樣，整個世界也因而新生，要重生，要再生，所以，猶太人每個月初一都要慶祝新月。

猶太人歷經大屠殺、療傷、和解的挫折和淬煉，更加懂得人類，並思索人類的未來，因此，猶太人對正義與和平的努力更不餘遺力，甚至將幫助猶太人轉而幫助全世界，這和佛法無邊與佛教的大愛精神又不謀而合。

1 Sobibor
2 Kielce
3 Bergen-Belsen
4 Earl Harrison
5 Leo Srole
6 Zalman Grinberg
7 Eliezer Adler
8 Yael Danieli
9 Freddie Knoller
10 Jamie Hacker Hughes
11 人在經歷過創傷事件後，再度接觸到相關事物時，心理或生理上會拒絕接觸，甚至想摧毀相關事物。
12 William B. Helmreich
13 *Against All Odds: Holocaust Survivors and the Successful Lives They Made in America*
14 Jim Burakiewicz
15 Menachem Daum
16 Dora Lefkowitz
17 Max Feig
18 Karl Bettelheim
19 Rabbi Eliezer Berkovits
20 *Faith after the Holocaust*
21 *Nowhere in Africa*
22 Stefanie Zweig
23 Walter Redlich
24 Jettel Redlich
25 Eric Goldman
26 Yeshiva University
27 The Flat
28 Arnon Goldfinger
29 Tal Recanati
30 Janina Quint
31 Germans and Jews
32 Shoah 1985 Part 1 First Era English Subtitles
33 Tom Franz
34 *Germans in Isarel, Jews in German*
35 Sarah Stricker
36 Martha-Saalfeld
37 Shahak Shapira
38 Amitzur Shapira
39 Laucha
40 National Democratic Party of Germany，簡寫為 NPD。
41 Rilli Willow
42 Chaim Weizmann，化學家，現代發酵技術之父；也是政治家，曾任世界錫安主義組織會長，是以色列立國後第一任總統。
43 Moshe Sharett
44 Konrad Adenauer
45 Moses Leavitt，美國猶太人聯合分配委員會領導人，該會花費鉅額幫助歐洲猶太倖存者。
46 Maja Catic
47 *A Tale of Two Reconciliations: Germans and Jews after World*

War II and Bosnia after Dayton

48 Eichmann trial

49 Nahum Goldmann

50 Founder and president of the World Jewish Congress.

51 Willy Brandt

52 Angela Merkel

53 Frank-Walter Steinmeier

54 Haidari，二戰時曾囚禁了二萬五千個猶太人。

55 The Repair World

後記

流亡二千年中，猶太人被歧視，受盡摧殘、折磨和踐踏尊嚴，也體悟了人性的善與惡發揮到極致時的截然不同。由於曾遭遇這麼悲慘的命運，他們把生命從猶太人放眼到全世界，極力修補這個破洞殘缺的世界，積極做自己時仍尊重其他宗教或種族，如亞特蘭大猶太廟開課教猶太人尊重和接納其他宗教，也開跨婚姻夫妻（跨宗教、跨種族、跨文化）課程，有些更與其他宗教合作。猶太人還樂於把賺來的錢及他們的才華和愛奉獻給人類，讓人類得到更和平與幸福的未來。

猶太人從極小的近東族群因流亡而跨出自己的土地，吸收了其他族群的文化，如巴比倫帝國擊敗他們後，猶太人流亡到伊拉克，吸收了當地的文明；在亞歷山大大帝征服下，腳步擴大到希臘、敘利亞和埃及的亞歷山大城，吸收了希臘的文化。猶太人是人類的先驅，走在世界前端，披荊斬棘，付出巨大的代價，甚至犧牲群體生命以換得真理的印證。

而後，羅馬帝國迫使猶太人流亡二千年，從一個城市到另一個城市，從一個國家到多個國家，流亡似乎無止盡，隨著歐洲帝國的海外殖民地興起，猶太人的腳步走得更遠，從而使文化更豐富、更扎實，並參與了西方文明。猶太人流亡埃及四百三十年，至今仍抱持著善待陌生人的傳統價值，因為他們曾是埃及的陌生人。

猶太人除了那麼多諾貝爾獎得主之外，在不同領域出類拔萃有目共睹。傑出的藝術家名單[1]中，以夏卡爾和畢沙羅的作品拍賣價格來說，紐約蘇富比於二〇一七年十一月二十五日拍賣了夏卡爾一九二八年的作品《戀人》[2]，成交價是二千八百五十萬美元（約八億五千萬臺幣）；畢沙羅一八九七年的畫作《蒙馬特大道，春曉》[3]於二〇一四年二月六日在倫敦蘇富比拍賣成交價是二千萬英鎊（約七億四千萬臺幣）。為什麼夏卡爾和畢沙羅的畫那麼令人激賞？他們以猶太文化的信仰及傳統，結合一再流亡的生命歷練和豐沛的愛，孕育了獨特的特色。

如果猶太人沒有流亡，他們將局限於以色列，近東多數土地是沙漠，資源有限，在紓解人口上必然受限，經濟、文化、政治和社會的發展亦將孤絕。

一如蘇東坡、白居易、韓愈、柳宗元等唐宋詩人，他們在官場落難遭貶、被流放，蘇東坡在黃河決口時參與徐州救災，寫下〈前後赤壁賦〉；白居易在蘇杭改善當地的飲水，寫了〈琵琶行〉；韓愈因反皇帝迎佛骨而被貶為潮州刺史，積極治民興學，以工抵債釋放奴隸，廣東人因韓愈而得福；柳宗元被貶為紹州刺史、永州司馬後貶到柳州，先後創作豐富，如〈永州八記〉、《柳河東全集》。當代大家熟悉的藝術工作者、作家蔣勳，留學法國回臺灣後曾在雜誌社擔任總編輯和大學任教，都被情治單位盯梢而失去所有工作，但他落寞過後更開闊，無論著作或授課都備受大眾青睞，影響甚廣。不同時代的他們因自己的經驗與社會民間的接觸有更多反省，以致不論在個人創作或對當地都做了更大的貢獻。同樣地，猶太人二千年流亡，使得整體在受難時昇華，世界也因他們而得福。

寫完這本書後，我終於領悟到猶太人的流亡不是悲劇，而是隱藏的禮物。上帝要他們踏出舒適圈去受苦受難、琢磨人間，讓世界更美好。當我把這個想法和猶太朋友分享時，他們露出笑容說：You got it.

二〇一九年十月九日是猶太人的贖罪日，他們不吃不喝二十五小時，整天在猶太廟祈禱、反省、懺悔、原諒別人，也請求別人寬恕自己曾經的過錯，紀念過世的親人和救濟窮人。非常震驚的是，當天一個德國年輕人對正在猶太會堂參加祈禱的猶太人開槍，導致兩死多傷，還上傳這段過程的影片到社群媒體上，聲稱世界所有的問題都是猶太人所引起，那樣的仇恨和歧視，實在令人錯愕萬分。

讓我們一起努力，把自己變成更好的人，猶太智者希勒拉比[4]說過：「如果我不為自己，誰為我？如果我不為別人，那我是什麼？如果不是現在，那是什麼時候？」[5]共勉之。

在此感謝所有參與本書的夥伴，主編邱憶伶、前總編輯李采洪、編輯陳映儒、行銷企劃陳毓雯，以及本書的第一個英文讀者東尼。您們的參與，讓本書格外完整，感恩各位的慷慨大度及敬業。

謝謝您購買本書，也歡迎上丘引的臉書或電子郵件聯絡。但願您從閱讀本書中得到猶太人的智慧，也從他們身上吸取您要的養分，擴大生活圈及未來，並壯碩您璀璨的生命。最後，我要用猶太人的方式祝福你，和羅斯柴爾德家族結婚，並活到一百二十歲[6]。Shalom!

---

1 https://www.jewishvirtuallibrary.org/jewish-artists
2 Les Amoureux
3 Le Boulevard Montmartre, Matinee de Printemps
4 Rabbi Hillel
5 If I am not for myself, who will be for me? If I am not for others, what am I? And if not now, when?
6 羅斯柴爾德家族是猶太人中最富有的，帶領猶太人離開埃及的摩西活到一百二十歲，兩者結合是猶太人最佳祝福他人的話語。

ACROSS系列 047

嫁禍、驅逐、大屠殺：求生存的猶太歷史

作　　者—丘引
主　　編—邱憶伶
責任編輯—陳映儒
行銷企畫—陳毓雯
封面設計—兒日
內頁設計—黃鳳君

董 事 長—趙政岷
出 版 者—時報文化出版企業股份有限公司
一〇八〇一九臺北市和平西路三段二四〇號三樓
發行專線—（〇二）二三〇六—六八四二
讀者服務專線—〇八〇〇—二三一—七〇五
（〇二）二三〇四—七一〇三
讀者服務傳真—（〇二）二三〇四—六八五八
郵撥—一九三四四七二四時報文化出版公司
信箱—一〇八九九臺北華江橋郵局第九九信箱
時報悅讀網—http://www.readingtimes.com.tw
電子郵件信箱—newstudy@readingtimes.com.tw
時報出版愛讀者粉絲團—https://www.facebook.com/readingtimes.2
法律顧問—理律法律事務所　陳長文律師、李念祖律師
印　　刷—勁達印刷有限公司
初版一刷—二〇一九年十一月八日
初版二刷—二〇二三年八月十一日
定　　價—新臺幣三八〇元

時報文化出版公司成立於一九七五年，
並於一九九九年股票上櫃公開發行，於二〇〇八年脫離中時集團非屬旺中，
以「尊重智慧與創意的文化事業」為信念。

嫁禍、驅逐、大屠殺：求生存的猶太歷史 / 丘引著.
-- 初版. -- 臺北市 : 時報文化, 2019.11
面； 公分. -- (ACROSS系列 ; 47)
ISBN 978-957-13-8001-8(平裝)

1. 猶太民族 2. 民族文化

536.87　　108017439

ISBN 978-957-13-8001-8
Printed in Taiwan